소프트 밸류

소프트

양자역학에서 찾은 **부의 비밀**

밸류

텅타이 지음 | 이지윤 옮김

시그마북스
Sigma Books

소프트 밸류

발행일 2019년 5월 15일 초판 1쇄 발행
지은이 텅타이
옮긴이 이지윤
발행인 강학경
발행처 시그마북스
마케팅 정제용
에디터 장민정, 최윤정
디자인 김문배, 최희민

등록번호 제10-965호
주소 서울특별시 영등포구 양평로 22길 21 선유도코오롱디지털타워 A402호
전자우편 sigmabooks@spress.co.kr
홈페이지 http://www.sigmabooks.co.kr
전화 (02) 2062-5288~9
팩시밀리 (02) 323-4197
ISBN 979-11-89199-86-9 (03320)

《软价值 : 量子时代的财富创造新范式》
作者 : 滕泰 著

이 도서의 국립중앙도서관 출판예정도서목록(CIP)은 서지정보유통지원시스템 홈페이지(http://seoji.nl.go.kr)와
국가자료공동목록시스템(http://www.nl.go.kr/kolisnet)에서 이용하실 수 있습니다. (CIP제어번호: CIP2019015637)

* **시그마북스**는 (주)시그마프레스의 자매회사로 일반 단행본 전문 출판사입니다.

과거에는 주로 자연 자원을 통해 부를 창조했다면
앞으로는 인력 자원을 통해 부를 창조하게 될 것이다.
과거에는 주로 노동에 의지해 부를 창조했다면
앞으로는 지혜에 의존하게 될 것이다.

차례

들어가는 말

1

부와 가치를 그 원천의 각도에서 정의해보자. 농업은 사실 지구 표층의 토양을 부의 원천으로 삼아, 동식물 번식의 규칙을 이용하여 부를 창출한다. 그러나 부의 총량은 지표 환경과 동식물의 생장 주기의 제약을 받는다. 공업은 물리 및 화학의 규칙을 이용하고, 지구의 자원을 가공하여 부와 가치를 창출한다. 그러나 부의 총량은 점점 필연적으로 자원의 공급과 유한한 수요의 한계에 부딪히게 된다.

산업사회 후기에는 가치를 창출하는 데 지구 자원의 역할이 점점 줄어들고, 반면 인간의 사유 활동의 비중은 점점 높아졌다. 예를 들어 소프트웨어 산업은 기본적으로 지구 자원을 소모하지 않고 주로 인간의 창조적인 사고를 통해 가치를 창출한다. 반도체는 하드웨어의 핵심 부분이지만 지구 자원 중 소량의 규소만을 소모할 뿐이며 그마저도 반도체의 전체 가치 중 극히 일부만을 차지한다. 문화 예술 산업 역시 지구 자원을 거의 소모하지 않고 주 창작자의 창조적인 사고에 주로 의존한다.

탈공업화 시대에서는 이미 인간의 창조적 사유가 가치 창출의 주요 원천이 되었다. 가치는 주로 연기자의 연기, 작가의 창작, 화가의 작품 활동, 프로그램 및 소프트웨어 개발자의 사유, 금융 산업의 설계, 운동선수의 장기 훈련과 경기 중 활약 등 차별성 및 창조적인 활동과 같은 형태로 발현된다. 우리는 이것을 '소프트 밸류'라 부른다. 연구 결과 인간의 창조적 사유는 본질적으로 양자역학과 밀접한 관계가 있다는 사실이 밝혀졌다. 따라서 소프트 밸류의 규칙을 연구하고 이해하기 위해서는 반드시 '양자적 사고'가 필요하다.

전통적인 경제학 교과서에서는 노동 가치론, 3대 요소 비용의 가격 결정 이론, 실물 가치 혹은 효용 가치론, 공급과 수요 곡선에 대한 내용이 주를 이루었다. 모두 20세기 이전의 학설로 뉴턴 시대의 세계관과 철학관의 영향을 받았는데 소프트 밸류 시대를 맞아 많은 문제점이 드러나기 시작했다. 예를 들어 '음악, 소프트웨어, 그림, 골동품, 강연, 주식 거래의 노동 비용과 요소 비용은 어떻게 계산해야 하는가?' 하는 문제가 남는다.

사실 뉴턴을 기점으로 물리학은 이미 특수 상대성 이론을 지나 일반 상대성 이론을 넘어 양자 이론 등의 단계에 접어들었지만, 경제학의 가치 이론은 아직도 19세기 말에 머물러 있다. 그러나 '하드 밸류' 경제 시대에서는 뉴턴 물리학의 사고방식으로 물질적인 부의 하드 밸류를 대부분 해석할 수 있지만, 소프트 밸류 시대에서는 뉴턴식 사고와 인지에서 많은 오류가 드러난다. 과거 경제학 가치론은 뉴턴식 사고방식으로, 순전히 객관적·절대적·실물 가치만을 추구했다. 하지만 지식 산업·문화 산업·정보 산업·금융 산업 및 기타 서비스 산업에는 객관적 가치·실물 가치가 존재하지 않는다. 소프트 밸류는 상대적인 개념으로, 순전히 객관적이지도 주관적이지도 않은 그 중간의 개념이다. 소프트 밸류는 불확정적이어서 간혹 확률로만 판단할 수 있을 뿐이다. 즉 관찰자가 실제 관측 행위를 할 때만 순간적으로 확정될 뿐이다. 많은 비용을 투자한다고 해서 반드시 소프트 밸류를 창조할 수 있는 것이 아니듯, 가끔은 전혀 비용을 투자하지 않고도 막대한 소프트 밸류를 창조할 수 있다. 마치 '반전성 비보존[1]' 이론과 마찬가지로 소프트 밸류 역시 보존성을 지니지 않는다.

하드 밸류는 '전용성專用性'을 지니고 있어 반드시 물건을 일일이 팔아야 하지만 소프트 밸류는 '공유성共有性'을 지니고 있어 제품의 판매와 가격을 기계적으로 책정할 수 없다. 일반적으로 소프트 밸류의 가격은 가입비나 선수의 이적료 등으로 책정된다. 회계 혹은 법률 사무소처럼 사안별로 수수료를 차별화하기도 하고, 금융 상품처럼 지분에 따라 분할하여 거래되기도 한다. 때론 인터넷 정보 사이트처럼 독특한 비용 지불 방식을 지니기도 한다. 하지만 지불 방식이 무엇이든 그 가격은 과거 경제학의 노동 가치·원가 가치·실물 가치·효용 가치가 아닌, 사람들의 인정·정신적인 만족도·관심도·트래픽·시간적 가치·위험가치^{VaR}로 정해진다.

인간의 창조적인 사고가 본질적으로는 양자 운동과 관련 있다는 사실을 알았다면, '양자적 사고'를 기초로 해야만 지식 산업·문화 산업·정보 산업·금융 산업·기타 서비스업의 가치 창조와 실현 규칙을 정확하게 이해할 수 있고, 이러한 정확한 인식이 있어야만 다음의 문제를 논할 수 있다는 점을 알 것이다. 문화 산업의 시간적 가치는 무엇인가? 금융 산업의 신용 가치와 위험 가치는 무엇인가? 지식 상품의 사회 심리적 가치는 무엇인가? 정보 상품에서 유량流量(트래픽)의 가치는 무엇인가? 다양한 형태의 소프트 밸류를 어떻게 창조·측정·발굴·인식·측량·환산할 것인가?

완보萬博 소프트 밸류 방정식 $V=C \cdot N^m$처럼 소프트 밸류는 요소의 비용이나 수요, 수급 관계로써 결정되는 것이 아니라 제품 자체의 유효 투

---

1) 중국인 양전닝의 이론으로, 입자의 모든 공간좌표를 뒤집었을(반전했을) 때 거울처럼 대칭성을 보이는 것이 아니라 소립자의 경우 자연 붕괴될 때 그 보존성이 깨진다는 이론이다. 옮긴이

입 요소(C), 전파 집단 범위(N), 소프트 밸류 승수(m)가 함께 작용하여 결정되는 것이다.

2

소프트 밸류 시대에는 그 가치가 곡선의 입체적인 경로를 통해 실현되며, 기업도 '하드 밸류(경성)'에서 '소프트 밸류(연성)'로 변화한다. 하드 밸류 제품을 생산 및 판매하는 기업도 소프트 밸류 가치를 창조하는 기업으로 변화하고 있다. 고정된 직장, 고정된 직업으로 탄력성이 부족한 하드 잡도 다양한 신분과 기능 및 가능성을 지닌 소프트 잡으로 변화하고 있다.

소프트 밸류 시대에는 사회 전반의 경제 구조가 소프트 밸류의 '80 대 20의 법칙'에 따라 돌아가며, 사회도 '탈중심화'와 '개방·평등·공유'라는 새로운 특징을 보인다. 누구나 소프트 밸류를 창조하고 판매할 수 있으며 소프트 밸류 제품의 공급자나 소비자가 될 수 있다. 이렇게 고정된 공간과 전통적인 생산 및 소비에 대한 관념이 완벽하게 무너져버렸다. 전 세계 누구라도 타인과 함께 상호 교류하며 소프트 밸류를 창조할 수 있다. 또한 순식간에 이것을 거래 및 전송하여 소프트 밸류로 얻은 정신적 만족감을 함께 나눌 수도 있다. 가정에서도, 도시에서도, 국가에서도 마찬가지로 소프트 밸류가 새로운 경제 모델을 제시해줄 것이다.

그럼에도 여전히 '물질적 부의 관념'을 버리지 못하고 굳이 '산술급수적 성장'을 통해 소프트 밸류의 '기하급수적 성장'을 좇고자 한다면 결국 무차별적 타격을 받게 될 것이다. 마치 근현대 제조업이 발전하면서 수공업자들이 무차별 타격을 받았던 것과 마찬가지로 말이다.

2015년 중국 국무원 총리 리커창이 주최한 경제 동향 세미나에서 중국 경제의 구조적 전환과 공급 측 개혁에 대해 토론한 바 있다. 그때 나는 벤츠와 테슬라의 일례를 들어 설명했다. "벤츠의 전임 수석 디자이너가 이런 말을 했습니다. '그들이 파는 것은 자동차가 아니라 하나의 예술품 이다. 어쩌다 보니 달릴 줄 아는 것뿐이다.' 그리고 테슬라는 단순히 교통 수단을 판매하는 것이 아니라 환경 보호와 유행을 생각하지요." 회의가 끝나고 리커창 총리는 "사람들은 저마다 일본에 가서 비데를 사오는데, 사실 일본인이 파는 것은 단순한 비데가 아니라 건강과 위생이지요⋯⋯. 과거에는 주로 자연 자원을 통해 부를 창조했다면 앞으로는 인력 자원을 통해 부를 창조하게 될 것입니다. 또 과거에는 주로 노동에 의지해 부를 창조했다면 앞으로는 지혜에 의존하게 되겠지요."라고 지적했다.

총리는 경제 구조 전환의 방향·방식·방법을 간략하게 제시할 뿐만 아니라 부의 창조 방식과 가치 원천이라는 경제 원리의 문제를 지적한 것이다. 내가 부와 가치의 원천에 대한 경제 원리를 연구하기 시작한 것은 26년 전 대학 시절 때부터였다. 그때 나는 경제학의 전통적인 가치론으로는 수많은 경제 현상을 설명할 수 없다는 것을 깨달았다. 노동 가치론으로는 자본 투자 수익과 위험 할증, 브랜드의 가치를 설명할 수 없었다. 요소 가치론으로는 인터넷 혹은 자본시장의 다양하고 복잡한 가치 실현 경로를 설명하기 어려웠다. 효용 가치론으로는 무형의 정신적 수요를 판단하기 어려웠다. 공급과 수요 결정론은 일단 공급과 수요 관계가 순식간에 역전되는 상황이나 혹은 문화 예술 상품·지식 상품·정보 상품의 경우처럼 누가 생산자고 누가 소비자인지 규정하기 어려운 상황에 부딪히게 되면 속수무책이 되고 만다. 이들 이론과 실천 사이의 괴리를 인식한 나는 경제학 각 유파의 가치 이론과 각 시대의 경제 이론을 더욱 심도 있게 연구하게 되었고, 동시에 역사학·지리학·생물학·철학·심리학까지 파고들었다. 그러다 결국 물리학의 양자 이론을 접하고서야 26년간 고민했던 문제에 대한 해답을 찾을 수 있었다. 그것이 바로 '소프트 밸류'다.

일단 소프트 밸류의 원천과 운동의 규칙을 발견하고 나니 자연스럽게 탈산업화 시대의 문제에 대한 답이 풀렸다. 그렇다면 소프트 밸류 시대에 위기를 맞은 전통 제조업은 어떻게 소프트 밸류 전략을 활용해 새롭게 부활을 꿈꿔야 하는가? 소프트 밸류 시대의 새로운 부의 흐름과 분배는 어떠한가? 기업은 소프트 밸류 창조와 소프트 밸류 경영을 위해 어떻게 차별화된 전략을 세워야 할까? 가정과 국가는 어떻게 소프트 밸류를 받아들이고 부를 창조할 새로운 전략을 세워야 할까? 소프트 밸류 시대의 사회 경제 리스크는 과거 농경사회의 주기적 식량난이나 산업사회의 주기적 생산난과는 다르다. 그렇다면 어떤 새로운 리스크가 존재하는가?

3

3년 전 나의 또 다른 책《소프트 포춘軟財富》의 들어가는 말에는 중국 공산당 18차 중앙위원회 위원으로 당선된 린줘밍의 추천사가 들어있다. "현재 경제학 이론은 철학적 측면에서의 사고와 이론적 돌파구가 필요한 시점이다. 사실 인류사회 활동을 반영하는 철학과 사상은 어느 하나 자연의 객관적인 규칙이 인간사회의 문화에 부딪히며 회절[2]되지 않은 것이 없었다. 전통적 경제학 원리가 뉴턴의 역학 이론에 영향을 받았다면 아인슈타인의 상대성 이론과 양자역학은 새로운 경제학에 어떤 영향을 주었을까? 그런 의미에서 텅타이 선생의《소프트 포춘》이 경제학사에 큰 공헌을 했다. 그는 이 문제의 해답을 찾기 위해 혼신의 노력을 기울였다."

이처럼 린줘밍 선생은 극찬을 아끼지 않았다. 그뿐만 아니라 나는 다양한 강연을 통해 오랜 세월 '소프트 밸류' 이론을 소개해왔고 투자자들의 분에 넘치는 인정과 호응을 얻었다. 금융·서화·문화재·우표·영화·수석壽石·정보통신 산업 등 다양한 분야의 경영 및 연구에 종사하는 사

---

2) 파동이 장애물 뒤쪽으로 돌아 들어가는 현상을 말한다._옮긴이

람들은 내 강연을 듣고 마치 신대륙을 발견한 것처럼 열광했다. 그도 그럴 것이 이들 기업가와 투자자들도 자신이 경영하는 상품의 가격을 정확히 어떻게 책정해야 할지 고민하는 과정에서 이런저런 문제점에 봉착했고 이를 설명해줄 새로운 가치 이론이 절박했기 때문이었다. 심지어 전통 제조업에서 최첨단 제조업과 가치 다원화 산업으로 구조조정 중인 기업가들, 예를 들어 하이얼 그룹의 장루이민 선생도 소프트 밸류 이론을 읽고 극찬을 하며 직접 추천사를 남겨주실 정도였다. 중국 광다 그룹 회장 탕쑹닝은 소프트 밸류 이론이 광다의 경영 실천 전략과 너무나 일맥상통한다며 감동했다. 장강상학원 텅빈성 부원장도 기업 경영 전략과 경제 구조 전환의 관점에서 소프트 밸류 이론을 높이 평가했다.

학계에서도 역시 많은 인정과 호응을 얻었으며 선배와 동종업계의 격려와 관심, 사랑과 지지를 한 몸에 받았다. 선배 학자인 마오위스와 중국유럽국제경영대학원 전임 원장 류지 선생 모두 여든이 넘는 노장으로 나와는 일면식도 없었지만, 내가 10년 전 출판한《소프트 포춘》을 보고 친필로 직접 편지를 써서 보내주셨다. 그 갑작스럽고도 뜻 깊은 편지에 힘이 절로 났다. 그 밖에도 나에게 큰 격려가 된 옌즈제 교수가 계신데, 베이징대학교 경제학원 원장으로 10여 년을 재직하며 무수히 많은 인재를 배출해낸 분이다. 그는 중국 경제학계에서 경제학 가치 이론 연구의 권위자로, 2009년 처음 나의 새로운 가치 이론을 듣고는 칭찬과 지지를 아끼지 않았다.《소프트 밸류》출판 전에도 광둥 시찰을 나오면서 내 글을 꼼꼼히 읽고 몇천 자에 달하는 긴 글을 남겨주셨다.

이 책에 깊은 애정을 보여주신 출판홍보업계의 지인들에게도 감사드린다. 그리고 3년 전《소프트 포춘》을 출판하는 데 물심양면으로 도움을 주신 세기화문서국의 전임 편집장 저우뎬푸와 부편집장 왕수이에게도 다시 한 번 감사드린다. 저우뎬푸는 오랫동안 출판사 사장과 편집장, 성^省

신문출판국 관리자를 역임한 출판업계와 이론계 선배다. 그는 2014년 《소프트 포춘》을 단숨에 완독하고는 직접 9쪽에 달하는 '《소프트 포춘》원고 검토 및 제안서'를 작성해주셔서 상당히 많은 도움을 받았다.

2016년 8월 《소프트 밸류》의 탈고가 어느 정도 끝났을 때 나는 미국 여행 중이었고, 어느 호텔에 앉아 중신출판그룹 부편집장 차오웨이빙에게 SNS로 이 책을 소개하는 글을 보냈다. 부편집장은 메시지를 받자마자 모 고속도로에서 차를 멈추고 곧장 나에게 전화를 걸어 책에 대한 깊은 관심을 보였다. 나는 귀국 후 차오웨이빙과 편집팀을 만나 여러 차례 대화를 나누었고 양자 이론의 기본 원리를 이 책에 도입하여 이 책의 제목을 《소프트 밸류》로 정하기로 결정했다. 양자 이론의 원리를 좀 더 쉽게 경제학에 도입하고, 경제학의 이 혁신적인 이론을 전문 용어가 아닌 일반인들도 이해할 수 있는 문장으로 표현하기 위해 나와 연구진은 꼬박 9개월 동안 고심했다. 그리고 2017년 5월 드디어 최종 탈고할 수 있었다. 완보연구소 소프트 밸류 연구센터 주임 장하이빙, 완보연구소 신공급 연구센터 주임 류저, 완보연구소 연구원 자오징, 왕자오 모두 이 책과 관련한 학술 연구를 하는 데 지대한 공헌을 했으며, 일부 혁신적인 이론들은 모두의 지혜가 더해진 산물이다. 중신출판그룹의 차오웨이빙 부편집장, 리야팅, 주샤오란, 류제 역시 여러 차례 토론에 참가하여 이 책의 이론 체계를 정립하는 데 도움을 주었을 뿐만 아니라 우리가 좀 더 일반적인 문체로 글을 완성할 수 있도록 조언해주었다. 모두에게 진심으로 감사의 뜻을 전한다.

26년간의 연구를 거듭하면서 많은 고수들의 지적과 귀인들의 도움을 받았다. 소프트 밸류 이론은 여전히 부족하고 오류가 많다. 독자들의 아낌없는 질타를 기다린다.

텅타이

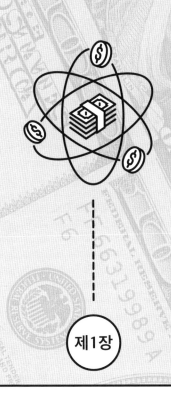

제1장

양자 이론을 통해 사유 활동에 대한 가치를 측정하는 방법

사유 활동도 가치를 측정할 수 있을까?

성공 속에 숨겨진 비밀

"차 문에 다가서자 손잡이가 자동으로 튀어나온다면, 차가 손인사를 하고 있다는 생각이 들지 않을까요? 지금 이 순간 차와 소통을 하고 있다고 느끼지 않을까요? 차와 대화를 나누고 있다는 생각이 들지 않을까요?" 테슬라 수석 디자이너 프란츠 폰 홀츠하우젠은 테슬라를 설계할 때 '차주와의 소통'에 주안점을 두었다고 소개했다.[1]

그렇다면 차주가 자신의 차와 대화를 하고 있다고 느끼는 이유는 무엇일까?

이는 옹알이를 시작한 아기가 자신에게 손을 벌렸을 때의 느낌과 유사하다. '당신이 필요해요. 저도 따라 갈래요'라고 말하고 있는 것처럼 느껴지기 때문이다.

소비자의 사랑을 받는 성공작들에는 모두 소비자와 상호 작용을 한다는 특징이 있다. 가슴속 가장 여린 감정을 자극하여 과거의 아름다웠

---

[1] '좋은 디자인은 말을 할 수 있다', https://www.autohome.com.cn/tech/201504/865613-all.html?pvareaid+101380#p2.

던 추억이 떠오르게 한다든가, 미래에 대한 동경을 품게 만든다든가, 이 제품만 소유하면 자신의 값어치가 좀 더 올라가리라고 느끼게 만든다.

성공한 디자이너들은 고객의 진심을 이해하고 제대로 파악하여 고객과 소통할 수 있는 성공적인 제품을 설계한다. 마치 뛰어난 요리사가 식객의 입맛을 잘 파악하여 각종 식자재와 양념에 자신의 남다른 요리 솜씨를 더해 식객에게 잊을 수 없는 훌륭한 요리를 선보이는 것과 같은 이치다.

〈인셉션〉의 연출 겸 감독 크리스토퍼 놀란은 작품 제작 과정에 대해 이렇게 언급한 적이 있다. 지금까지 〈인셉션〉과 같은 영화들에서 관객은 그저 방관자에 지나지 않았다. 이야기가 시작되어 끝날 때까지 관객은 그저 방관자로서 신선하고 치밀한 스토리 설정에 감동할 뿐이었다. 하지만 놀란은 기존의 틀을 완전히 뒤집으며, 관객이 영화 밖에 있는 것이 아니라 전 과정에 함께 참여할 수 있도록 설정했다. 이런 작은 변화가 관객을 극중의 등장인물로 끌어들이며, 사건이 발생할 때마다 함께 놀라고 함께 손에 땀을 쥐게 만들었다.[2] 〈인셉션〉은 성공적으로 관객들의 뇌 속 뉴런의 전기적 시냅스를 동시에 자극하여, 감독이 설정한 대로 함께 걱정하고 함께 긴장하며 함께 감동을 느끼도록 만들었다.

공급자의 마음(정신, 감정, 사유)과 소비자의 마음(정신, 감정, 사유) 사이에 제품이라는 시냅스가 미묘하게 연결되면, 소비자는 크나큰 정신적 만족감을 느끼며 고가를 지불하더라도 기꺼이 그 제품을 구매하고자 한다. 그렇게 막대한 가치가 창조되며, 이것이 바로 성공작의 비결이다.

이것이 바로 우리가 논하고자 하는 '가치 창조와 가치 평가의 비밀'이다.

---

2) '〈인셉션〉은 어떻게 만들어졌는가? 놀란의 비하인드 스토리', http://news.mtime.com/2010/09/13/1440626.html.

풀어야 할 과제

내 주변에는 그렇게 성공적인 제품과 서비스를 창출한 사례가 늘고 있다. 공급자의 발상과 소비자의 감정이 만나 막대한 가치를 창출한다. 그렇다면 이들 성공작의 가치는 도대체 어떻게 책정해야 할까? 이는 앞으로 우리가 풀어야 할 과제다.

GM(제너럴 모터스)의 연간 판매량은 1,000만 대에 육박하지만, 테슬라의 전기자동차는 친환경적이면서도 세련된 최첨단의 자동차임에도 전 세계 연간 판매량이 8만 대에도 못 미친다. 하지만 시가로만 치자면 GM이 513억 달러, 테슬라가 497억 달러[3]를 창출해 큰 차이가 없다. 그렇다면 도대체 무엇이 테슬라에게 이처럼 높은 가치를 창출해준 것일까?

비트코인은 특수한 알고리즘을 기초로 할 뿐, 실물 상품의 생산 능력도, 국가가 신용을 보장하지도 않는다. 한데 어째서 등락을 반복하면서도 꾸준히 신고가를 경신할 수 있었던 것일까?

위챗은 이미 수억 유저가 매일 이용하는, 없어서는 안 되는 소셜 네트워크 프로그램이 되었다. 위챗을 열면 제일 먼저 익숙한 푸른 행성과 소년의 뒷모습이 등장한다. 위챗은 친구와의 소통, 정보 교류, 쇼핑 및 결제, 교통 및 음식, 재테크 등 생활에 다양한 편의를 제공하고 있다. 그런데 우리는 그 대가를 지불하고 있는가? 정답은 그렇지 않다. 텐센트 QQ는 계속해서 투자 규모를 늘리며 위챗의 기능과 유저의 체험을 업그레이드하고 있다. 위챗은 보답이라도 하듯 텐센트에 시가총액 800억 달러 이상의 가치를 창출해주고 있다. 그렇다면 가치 창조의 원동력은 어디에 있을까?

네덜란드 출신의 저명한 화가 반 고흐는 붓을 들 때마다 극도의 흥분을 느꼈다고 한다. 이런 심적 충동으로 결국 자해하기에 이른다. 그는

---

3) 자료 출처: Wind 데이터.

생전에 1,700점의 작품을 창작했지만 그중 걸작이라 할 만한 작품은 수십 점뿐이다. 하지만 그마저도 그의 생전에는 400프랑이라는 헐값에 거래되었다. 그의 작품을 이해해주는 사람은 오직 동생뿐이었다. 하지만 그가 세상을 떠나고 그의 작품도 재평가를 받았다. 그의 작품 중 9점은 수천만 달러에 거래되며 세계 예술품시장의 블루칩으로 떠올랐다. 이처럼 그의 작품이 퀀텀 점프할 수 있었던 배경은 무엇일까?

사실 우리 생활 속에는 과거의 전통적인 경제 원리로는 설명할 수 없는 현상들이 늘어나고 있다. 동일한 제도의 설계 방안, 동일한 책의 저작권이더라도 미국과 중국에서의 상대적 가치가 크게 다르다. 또 다른 일례로 어떤 OS(운영체계)의 어떤 온라인 게임이 인기를 누리다 사람들의 취향이 다른 종류의 OS의 온라인 게임 쪽으로 바뀌면 기존 프로그램의 가치는 급락하게 된다. 이 같은 현상은 모두 근본적으로 인간의 사유 활동에서 비롯되었다고 할 수 있다. 그렇다면 '인간의 사유 활동의 가치를 어떻게 책정해야 하는가?'라는 문제가 남는다. 브랜드, 제도 설계 방안, 책의 내용과 저작권, 그림, 프로그램, 온라인 게임 심지어 특허, 레시피 하나하나가 모두 인간의 사유와 정신 활동의 산물이다. 이들의 가치 대부분은 인간의 주관적인 느낌으로 결정된다. 그렇다면 이 같은 산물의 가치를 어떻게 책정할 수 있을까?

사유 활동의 가치가 양자 이론을 만났을 때

뉴런의 동기화 방전: 양자 세계의 가치 창조

공급자가 창작을 할 때, 그것을 수요자가 감상할 때, 그들의 내면에는 어떤 변화가 일어나는지 관찰하기 어렵다. 하지만 최근 과학 연구 결과 인간의 의식 활동도 사실은 일종의 양자역학 현상이며 인간의 대뇌는 마치 양자 컴퓨터와 같다는 사실이 밝혀졌다. 또한 일각에서는 대뇌의 뉴런이 흥분할 때 전자기장이 발생하는데, 이것이 뉴런의 방전放電 활동에 영향을 주며 자기 조절 회선을 만든다고 주장했다. 이것이 의식 활동의 필수적인 부분이라는 것이다. 즉 전자기장이 대뇌 중 서로 다른 곳에 위치한 이온채널을 연결하면서 뉴런이 동기화 방전되도록 돕는데 이것이 의식을 결정하는 핵심 키일 것이라는 학설이다[4]. 또 다른 학설은 '양자 얽힘 현상'[5]이 나타나는 원자가 대뇌에 분산 분포되어 있으며 서로 일정한 거리를 두고 신경전달물질의 방출을 조절하는데, 이것이 뉴런의 시냅스 사이

---

4) 짐 알칼릴리 외, 《생명, 경계에 서다: 양자생물학의 시대가 온다》.
5) 과거에 서로 상호 작용했던 전자와 같은 작은 입자들이 멀리 떨어진 후에도 특별한 관계를 유지하는 현상을 말한다._옮긴이

의 활동전위의 전도에 영향을 주고 이를 통해 무형의 대뇌 활동에 참여하게 된다는 이론이다.[6]

상상해보라. 당신이 테슬라 문 쪽으로 다가가자 손잡이가 튀어나온다. 그때 당신의 대뇌에서는 당신의 아기가 당신에게 손을 내밀 때와 동일한 전자기장이 형성되거나 그와 유사한 양자 얽힘 활동이 일어나는 것이다. 그러면 마치 당신은 동일한 부름에 답하는 느낌이 들 것이다. '차가 지금 나에게 말을 걸고 있어요. 나를 따라가고 싶다는데요.' 그러면 설계자의 목적은 달성된 것이다.

예전에 누군가 "성공한 상품은 누구도 거부할 수 없는 매력을 지녔으며, 그 매력은 '뛰어난 성능'에 '감정에 호소'를 곱한 값이다."라고 말했다.[7] 그게 뛰어난 성능이든 감정에의 호소든 결국 공급자 내면의 사유 활동을 통해 창조된 것이다. 만약 누군가 사유 활동을 통해 창조한 작품이 다른 사람의 대뇌 뉴런의 동기화 방전을 일으켰다면 바로 그것이 가치 창조인 것이다. 물론 이들 가치를 어떻게 계산하고 측정할 것인가는 현재 경제학 이론으로는 설명하기 어렵다.

이러한 현상은 금융 분야에도 고스란히 적용된다. 왜 사람들은 지분 '유지'를 선택하는 것일까? 그건 투자자가 주식을 보유하고 있으면 향후 주가가 상승할 확률이 하락할 확률보다 훨씬 높을 것이라는 '믿음' 때문이다. 사실 그 '믿음'은 인간의 주관적인 감정에 영향을 준다. 이때 지분을 유지하겠다고 생각한 투자자의 머릿속에는 뉴런의 방전 활동이 일어나는데 이것은 마치 원시인이 야수를 사냥할 때나 농부가 농작물을 수확할 때의 심리 상태와 유사하다. 즉 '안전하다', '만족한다', '심지어 행복하

---

6) Jennifer Ouellett: A New Spin on the Quantum Brain, Quanta magazine, https://www.quantamagazine.org/20161102-quantum-neuroscience.

7) 에이드리언 슬라이워츠키 외, 《디맨드: 세상의 수요를 미리 알아챈 사람들》.

다'라는 생각이 들기도 한다. 증시의 분위기가 불 마켓(강세장)일 때는 주가 하락의 확률이 더 높아지기 때문에 서둘러 보유하고 있던 주식들을 현금화하기 바쁘다. 이때는 현금이 사람들에게 안정감과 만족감, 행복감을 주기 때문이다.

동일한 원리로 실물 상품을 생산할 능력도, 그렇다고 국가가 신용을 보장하는 것도 아닌 비트코인이 등락을 거듭하면서도 계속 신고가를 경신할 수 있었던 것은 사실 비트코인의 독특한 블록체인[8] 기술 때문이다. 블록체인 기술은 디지털화폐가 복제되는 것을 막아주고 공급이 제한적이기 때문에 남발되는 것을 방지한다. 이처럼 안전하고 독특한 전자 장부 기록 방식은 사람들에게 신뢰감을 준다. 심지어 양호한 화폐 발행 메커니즘이 부족한 정부와 중앙은행보다 더 신뢰하기도 한다. 한 차례씩 가격이 하락하고 나면 투자자들은 고심 끝에 결국 상술한 블록체인의 장점을 다시 한 번 깨닫게 된다. 그렇게 비트코인에 대한 믿음이 굳어지며 좀 더 비트코인을 매입하게 되고 그 결과 가격이 점점 천정부지로 치솟게 된다.

덧붙이자면 모든 금융자산의 가치 핵심은 신용에 있다. 그리고 그 신용의 본질은 사람의 주관적인 감정이다. 사실 이 또한 일종의 뉴런이 동기화 방전되는 과정이거나, 혹은 일종의 양자 얽힘 현상이다. 그리고 결국 이 모든 것이 양자 현상이라 결론지을 수 있다. 어떻게 감히 상상이나 할 수 있을까? 매일 전 세계에서 벌어지고 있는 수조 달러에 달하는 금융 거래가 사실은 투자자와 펀드매니저의 머릿속 수많은 양자역학 현상의 산물이라니!

---

8) 네트워크에 참여하는 모든 사용자가 관리 대상이 되는 모든 데이터를 분산하여 저장하는 데이터 분산 처리 기술로, 모든 비트코인 거래 내역이 기록된 공개 장부를 의미한다._옮긴이

사유 상품의 가치 창조는 퀀텀 프로세스

상대성 이론과 양자역학이 발전하면서 사람들의 인식 세계도, 세상을 변화시키는 능력도 진화하고 있다. 하드 밸류 제품의 관점에서 보자면 우리에게 이제는 익숙한 위성항법이라든가 컴퓨터 반도체, 하드디스크 메모리, 원자력이 모두 상대성 이론을 응용한 것이다. 하지만 이들 정보기술의 핵심 부품인 반도체도 역시 양자역학의 원리를 응용하여 설계하고 제조한 것이다. 그러니 양자역학이 우리 주변의 세상을 얼마나 변화시키고 있는지 알 수 있을 것이다. 현재 양자 통신, 양자 컴퓨터가 획기적인 발전을 거두며 인류는 양자 시대로 접어들었다.

과학 발전사 관점에서 보자면 양자 이론으로 생리학, 심리학, 심지어 역사와 경제에 대한 사람들의 인식도 바뀌기 시작했다. 생명의 기원과 의식의 기원 등의 문제를 풀 새로운 도구를 얻게 된 것이다. 생물학 분야 역시 생명체를 기계적으로 연구하려던 사고방식은 버림을 받았고 고정불변의 진화 노선 역시 불확정성 원리에 흔들리고 있다. 미국 학자 조나 레러는 "물리학계에서는 불확정적인 양자의 세계를 발견했다. 이로써 시간과 공간이 고정불변의 객관적인 사실이라는 기존 관념이 철저하게 무너졌다. 양자 세계의 발견과 마찬가지로 생물학 역시 미지와 혼란의 중심에서 그 베일이 벗겨졌다. 즉 생명은 무작위성이라는 방대한 축조물 위에 세워진 존재다."라고 말했다.

연구 결과 '양자의 결맞음quantum coherence'이 생명의 기원에 중요한 작용을 했을 것으로 밝혀졌다. 전자기장이 대뇌 중 서로 다른 곳에 위치한 이온채널을 연결하면서 뉴런이 동기화 방전되도록 돕는데, 이것이 의식 혹은 무의식을 결정하는 키일 것이라는 학설이다.[9]

---

9) 짐 알칼릴리 외, 《생명, 경계에 서다: 양자생물학의 시대가 온다》.

심리학 분야에서는 미국 심리사학자 듀에인 슐츠가 이렇게 설명했다. "20세기 초 물리학은 아인슈타인, 닐스 보어, 베르너 하이젠베르크의 연구로 새로운 관점이 탄생하며 갈릴레오, 뉴턴 시대 이후의 기계론적 우주관(뉴턴의 시계)을 탈피하게 되었다. 기계론적 우주관은 분트 및 스키너 이후 심리학자들이 줄곧 지지했던 기계론과 환원론, 결정론 관점의 원형이다. 물리학의 새로운 세계관에서는 기존에 순전히 객관성만을 강요하던 관념을 탈피하여, 외부세계는 관찰자와 분리하여 생각할 수 없다."

"물리학자들은 우리가 자연을 관찰하는 행위 자체가 교란을 일으킨다고 인정했다……. 물리학자들은 점차 그 관점을 받아들이며 객관적인 지식이란 게 사실은 관찰자에 따라 좌우되는 극히 주관적인 것이라 판단했다. 물리학의 이러한 혁명적인 이론은 심리학에 영향을 주며, 의식이 심리학의 중요한 연구 대상이 되었다. 과학 심리학의 전통이 신물리학을 반세기 넘게 억압해왔다……. 하지만 결국 그들도 시대정신에 반응을 보이며 자신을 반성했고, 인지에 대한 새로운 시각을 받아들였다."[10]

이 모든 발견과 발전은 세계에 대한 인식의 폭을 넓혀주었다. 그뿐만 아니라 사유 상품의 가치 창조가 사실은 일종의 퀀텀 프로세스라는 것을 깨닫게 해주었다. 즉 공급자 사유를 통해 만들어진 산물은 소비자 특정 패턴의 뉴런의 동기화 방전을 일으키며 가치를 창출한다. 그런데 이렇게 창출된 가치를 전통적 경제학과 가치 이론을 가지고 과학적으로 설명할 수 있을까?

---

10) 듀에인 슐츠, 《현대심리학사》.

비물질적 자산의 가치 측정:
전통적 가치론의 한계

알리바바 회장 마윈은 강연에서 이런 말을 한 적이 있다. "요즘 많이들 MBA(경영학 석사) 과정을 밟으러 가더군요. 한데 가기 전에 총명했던 사람들이 돌아오면 바보가 되어 있더란 말입니다. '이건 교수님께 배운 거야, 경제학에선 이렇게 말해.' 이런 생각들을 하기 때문입니다. 가기 전에는 생각이 꽤 유연했었는데 돌아오면 마치 머리가 굳어버린 것 같더군요." 마윈의 관점이 물론 극단적이긴 하다. MBA는 성공한 경영학 교육 방식이자 이미 유럽과 미국, 중국에서 수많은 전문 경영인과 기업가를 배출해내지 않았던가. 투자의 대가 워런 버핏, IBM 전 회장 루이스 거스너, 심지어 미국의 전임 대통령 아들 부시와 현재 트럼프 대통령에 이르기까지 모두 그 수혜를 받은 사람들이다. 하지만 비물질적 자산의 가치를 측정하는 문제에서 전통적인 경제학 가치론은 이미 한계에 부딪혔다.

노동 가치론과 월가의 현실

L은 졸업 후 미국으로 유학을 갔다. 그리고 월가에 입성해 한 투자은행에서 컴퓨터 하드웨어 유지 보수 업무에 종사했다. 중국에서 대학을 다닐

때만 해도 그는 구체적 노동과 추상적 노동[11]의 이론에 빠삭했다. 구체적 노동은 사용 가치를 창조하고, 추상적 노동은 가치를 창조한다고 알고 있었다. 가치는 상품에 녹아 있는 인간의 추상적인 노동이고, 그 추상적 노동(제품을 생산하기 위해 사회에서 필요한 노동시간)은 가치의 유일한 원천이라고 배웠다.

하지만 월가의 현실은 그의 생각과는 달랐다. 매일 힘들게 일해도 주식 거래와 발행 대행 업무, 인수 합병 업무를 하는 동료들보다 수입이 훨씬 적었다. 퇴근 후 동료들과의 술자리에서 L이 물었다. "너희들은 편하게 일하고 나는 매일 힘들게 일하는 것 같은데, 왜 너희들 월급이 나보다 몇 배나 많은 거지? 노동이 가치를 창조한다는 건 거짓말인 거야?"

그러자 주식 발행 대행 업무를 하는 동료가 대답했다. "이번에 내가 첨단기술업체의 IPO(주식 공개상장)를 하나 따냈지. 그 회사 최대 투자자가 내 동문이었거든. 내가 가진 사회자원이 가치를 창조한 거지."

이번엔 인수 합병 업무를 담당하는 동료가 말했다. "이번에 내가 두 회사의 주식 교환 합병 업무를 맡게 됐어. 제약업계 회의에 참가했는데 그중 한 회사 CEO(최고경영자)가 적합한 합병 대상을 찾고 있더란 말이지. 때마침 내가 그들이 찾는 적합한 회사를 알고 있었으니, 내가 가진 정보가 가치를 창조한 거지!"

주식 거래 업무를 담당하는 친구도 거들었다. "매일 수천억 달러의 거래를 책임지다 보니 사전에 주도면밀하게 준비를 한다 해도 매번 상당한 리스크를 떠안게 되지. 내가 창조한 가치는 자본 환급이자 위험 할증이라고."

---

11) 상품에 구현되는 두 가지 가치는 그 속에 들어가 있는 두 가지 형태의 노동과 연관되어 있다. 마르크스는 이 둘을 '구체적 유용 노동'과 '추상적 인간 노동'으로 구분했다. '구체적 유용 노동'은 사용 가치를 생산하고 '추상적 인간 노동'은 교환 가치를 생산한다. 옮긴이

때마침 길을 지나가던 사장님이 우리의 대화를 듣고는 잠시 생각하더니 말했다. "우리 회사가 월가에서 100년간 경영하며 지속적으로 수익을 낼 수 있었던 건 물론 자금력이 탄탄해서이기도 하지만 그보다 신뢰할 수 있는 브랜드가 있었기 때문일세. 그래서 고객이 자신의 재산을 우리에게 위탁하고 그 자산을 운용해달라는 것일세. 우리의 자산과 브랜드가 가치를 창조한 거지."

L은 깊은 생각에 빠졌다. '내가 오랫동안 연구하고 굳게 믿어왔던 노동 가치론이 월가에서는 통하지 않는단 말인가?'

요소 가치론이 지식 경제와 인터넷 경제를 만났을 때

품행이 단정하고 성적도 우수한 F는 처음 경제학 공부를 시작했을 때만 해도 고대 경제학의 시조인 윌리엄 페티의 명언 '토지는 부의 어머니, 노동은 부의 아버지이자 능동적 요소'라는 명언을 맹신했다. 농민은 씨를 뿌리고 공장 노동자는 제품을 생산하고, 이 모든 것이 노동과 자연 자원이 결합하여 만들어낸 물적 제품이며 이것이야말로 부의 창조라고 생각했었다.

졸업 후 F는 경영 컨설턴트 회사에 취업해 기업의 엔터프라이즈 아키텍처[12]와 공정 관리에 대해 자문하는 업무를 맡게 되었다. 1년이 지난 후 F는 의아했다. 회사는 업계 3위 안에 드는 선두기업인데 사실상 자산이라 할 만한 것도 없고 사무실도 임대한 것이었다. 모두 출장을 다니느라 바빠 사무실에 앉아 일하는 사람이 거의 드물었다. 하물며 서버도 임대한 것이었다. 업무 대부분은 컴퓨터와 핸드폰이 없으면 안 되는 일이었

---

12) 정보화를 체계적으로 추진하기 위해 조직 및 업무 활동, 정보기술 간의 상호 관계에 대해 현재의 모습과 향후 추진해나갈 모습을 미리 규정한 정보화 종합 설계도를 말한다._옮긴이

는데 그 자산이라 할 수 있는 것마저도 성능은 점점 좋아지고 가격은 점점 저렴해졌다. 사실 이 회사의 최대 자산은 사람의 두뇌였다. 기업의 가치 창조 방식은 토지를 일구는 것도 기타 자산을 가공하는 것도 아닌, 끊임없는 연구와 사고 그리고 토론이었다. F는 '부의 창조는 자연 자원이 아닌 인력 자원에서 나오는 것이구나' 하고 큰 깨달음을 얻었다. 회사에서 실적이 가장 좋은 사람은 하루 종일 머리를 처박고 일만 하는 것이 아니라 가벼운 마음으로 즐겁게 일하는 사람이었고, 그러한 사람들이 제안한 전략 방안 또한 고객의 사랑을 받았다. 부의 창조는 사실 노동뿐만 아니라 지혜가 필요한 일이었다.

또 다른 F는 졸업 후 전자상거래 회사에 들어갔다. 설립된 지 10여 년이 된 이 회사는 이미 업계에서 손꼽히는 곳이었다. 미국 증시에 상장까지 했으니 달리는 말에 날개를 달아준 격이었다. 한데 이상하게도 사세가 계속 확장되며 신규 업무도 늘어나고 물류 시스템도 완비되어 가는데 회사는 적자를 면치 못했다. 그런데도 회사의 시가총액은 늘 수백억 위안을 유지했고 회사 사장도 일찌감치 중국 대부호에 이름을 올렸다.

F가 가전 제조업을 하는 아버지와 회사에 대해 이런저런 이야기를 나눌 때였다. 경영난에 허덕이던 아버지는 아들의 회사 이야기를 듣고 언짢아했다. "인터넷 상거래를 하는 녀석들은 그저 온라인에서 돈을 주고받는 것밖에 더 되냐? 그러니 실물경제를 움직이는 게 얼마나 힘든 일인지 알기나 할까? 각종 원가 비용을 떠안고 힘들게 제품을 생산해봤자 이윤은 얼마 되지도 않지. 그런데 너희 한마디에 50퍼센트나 할인을 해야 한다고. 그게 가치 창조니? 제조업 죽이기지!"

그러자 억울해하는 F와 아버지 사이에 설전이 벌어졌다. "우리 홈페이지가 있으니까 다들 집에 앉아서 편안히 핸드폰으로 웃으며 가전, 갖가지 신선 제품까지 살 수 있는 거죠. 멀리서도 주문만 하면 며칠 후 물건을 받아볼 수 있으니까요. 근데 이게 가치 창조가 아니라고요?"

"너희 같은 회사는 내가 잘 알지. 돈을 물 쓰듯 쓰지 않니? 나도 오랫동안 기업을 경영했지만 매출이 원가 비용을 넘어야 돈을 벌지. 적자 기미가 보이면 지출을 가능한 줄여야 하는 거야. 그래야 이렇게 오랜 세월 살아남을 수 있는 거다. 너희야 물 쓰듯 쓸 돈을 누가 투자해주지 않으면 바로 무너지는 거지."

아버지는 다시 말을 이었다. "장사를 해서 성공하려면 자원 중 어느 하나 부족해선 안 된다. 첫째, 자금이 필요하다. 난 처음 장사를 시작할 때 힘들게 모은 얼마 안 되는 목돈으로 시작했다. 그러다 친구와 동업을 하고 어려울 때는 대출을 받아 잠깐 융통하기도 했지. 둘째, 인력이 필요하다. 시작할 때만 해도 인건비가 쌌었는데 요즘은 점점 올라서, 이젠 주문이 들어와도 임금을 지출하고 나면 돈이 없으니 인력 충원은 꿈도 못 꾸지. 셋째, 기술이 필요하다. 매년 연구비와 특허 사용료로 나가는 지출이 상당하다. 넷째, 경영 관리 능력이 있어야 한다. 지금 회사에 중견 간부가 10여 명은 된다. 다섯째, 다행히 내가 일찌감치 산업단지에 땅을 좀 사 놨다. 매년 공장 임대료가 그 수익의 대부분을 까먹지만 말이다."

F는 아버지의 말이 왠지 낯설지 않았다. 그것은 대학 교과서에 나와 있는 요소 가치론으로 토지, 노동, 자금, 기술, 관리 모두 어느 하나 부족해서는 안 된다. 그런데 왜 요소의 생산 효율이 높아졌는데도 아버지의 사업은 부진을 면치 못하는 걸까? 우리 회사는 몇 년간 적자를 면치 못하는데도 어떻게 가치는 수백억 위안에 달하는 것일까? 이 차이를 어떻게 이해해야 할까?

한계효용 가치론이 불확정적인 정신적 수요를 만났을 때

U는 동기 모임 중 유일한 여성이다. 그러니 누구보다 효용 가치론이 가장

효과적인 이론이라는 것을 실감한다. 효용이 상품의 가치를 결정하지 않던가. 사람들은 서로 다른 욕구를 가지고 자원을 분배한다. 최종적으로 각자의 욕구에 맞는 자원을 얻게 되면 각자가 느끼는 만족감(효용)은 동등해진다. 이것이 바로 한계효용의 가치 결정 규칙이다.

졸업 후 U는 뷰티숍 체인점에 입사하여 고객 발굴과 관리 업무를 맡게 되었다. 그녀는 고객을 관찰하고 분석하여 자신의 효용 가치를 높이고 고객이 이성적으로 소비할 수 있도록 돕고 싶었다. 하지만 매장을 방문한 한 부인에게 자신의 생각을 이야기했더니 부인이 혼란스럽다는 듯 대답했다. "전신 마사지랑 네일 아트, 피부 마사지 같은 다양한 소비 항목에 점수를 매기고 순위를 정하라고? 난 결정 못 하겠어!"

U는 부인을 붙들고 '한계효용의 가격 결정론'에 대해 한바탕 일장연설을 늘어놓았다. 부인은 더 혼란스러워하며 대답했다. "이봐 아가씨, 대학을 나온 사람들은 책에서 배운 이론이 진리인 줄 알더라. 아가씨가 말하는 효용이라는 거 나도 잘 알아. 즐거우면 돈을 써도 만족한다는 거잖아! 하지만 그 만족이란 것도 때에 따라 변하기 마련이라고! 오늘은 피곤하니까 전신 마사지를 받을 수도 있는 것이고, 또 내일은 다른 사람이 네일 아트한 게 예쁘니까 네일 아트를 하고 싶을 수 있는 거야. 기분이 좋아 그 비싼 피부 시술을 받고도 행복할 수 있는 거고, 또 기분이 나쁘니 피부 시술을 받고 기분이 풀리기도 하는 거지. 그건 뭐라 단정할 수 없는 거야. 아가씨처럼 이리저리 계산하다 보면 어디 기분 좋을 일이 있겠어?"

부인의 말을 들은 U는 수요가 수시로 변할 수도 있다는 사실 때문에 혼란스러워졌다. 어려서부터 지금까지 효용에 순위를 매겼는데, 업무에는 아무 도움이 되지 않았다.

공급 가치론이 주식을 만났을 때

우등 졸업생 D는 공급 곡선과 수요 곡선이 만나는 교차점에서 시장 가격이 결정된다는 사실에 왠지 끌렸다. 그는 졸업 후 펀드회사에 들어가 펀드매니저가 되었다. 공급과 수요론을 굳게 믿었던 D는 공급과 수요 관계가 주가 등락을 결정한다고 믿었고, 매일 다양한 루트를 통해 정보를 수집하고 시장의 공급과 수요를 분석했다. 그리고 사회보험자금의 시장 유입, 공모 및 사모 규모의 변동, 신주 발행, 보호예수 주식 해제[13] 등의 요소를 고려하여 엑셀 모형을 만들었다. 매일 그렇게 수집한 데이터들을 분석하면 시장의 공급과 수요 변화를 예측할 수 있을 것이라 생각했다. '주식 공급이 늘어나면 주가가 하락하고 수요가 공급을 넘어서면 주가가 상승한다.'

하지만 반년 넘게 일하면서 자신의 계산적 투자 판단은 늘 시황과 정반대로 돌아갔다. 계산상으로 대호황을 예측하면 이틀을 못 가 하락장으로 돌아섰다. 계산상으로 주가 하락을 예측해서 주식을 매도하고 나면 주가가 대폭 상승했다.

회사의 한 상사가 D의 분석법을 보고 비웃으며 말했다. "만약에 내가 어떤 회사의 연간 실적이 좋지 않을 것 같아 주식을 매각하려고 한다 하자. 그럼 나는 이 주식의 공급자일까, 수요자일까?"

D는 조금의 망설임도 없이 대답했다. "실적이 좋지 않을 것을 예상하고 매각하는 것이니까 당연히 공급자죠!"

상사가 다시 물었다. "그런데 오늘 개장 전 이 회사 소재지가 국가급 특구로 지정되었다는 기사를 봤어. 그래서 다시 생각을 바꿔 이 회사의

---

13) 보호예수 주식이란 '다샤오페이(판매 제한된 비유통주)'라고도 한다. 중국이 폐쇄적 사회주의에서 시장 사회주의로 전환되면서 기업들이 속속 증시에 상장되었고, 국가는 이들 주식에 대해 일정 기간 동안 거래를 금지했다._옮긴이

주식을 매입하기로 했다 치자. 그럼 난 공급자일까, 수요자일까?"

D는 대답했다. "매입하기로 했다면 당연히 수요자가 되는 거죠."

상사가 말했다. "현재 A주 시장[14]에 상장된 기업이 3,000개가 넘고 보유 지분 시가가 1억 위안이 넘는 투자자가 1만을 넘지. 게다가 정보화 시대에 정보 하나가 순식간에 어떤 주식에 대한 투자자의 생각을 바꿔놓기도 해. 그러니 주식의 공급자와 수요자는 절대 고정적인 게 아니야. 오히려 시시각각 상호 전환되는데 어떻게 자네가 주식시장의 공급과 수요 관계를 판단할 수 있지?"

D는 꼼짝도 할 수 없었다. '경제학의 기초인 공급과 수요의 가격 결정론이 주식시장에서는 통하지 않는단 말인가?'

---

14) 상하이와 선전 증시에 상장된 중국 내국인 전용 주식으로 위안화로 거래되는 시장을 말한다. 외국인은 QFII(적격외국인
기관투자가) 자격을 가진 기관투자가만 참여할 수 있다._옮긴이

가치의 원천이 변하는데
가치에 대한 인식도 달라져야 하지 않을까?

가치라는 것은 대개 철학과 인식론의 문제일 때가 많다. 그런데 철학과 인식론은 오히려 물리학 등 자연과학이 밝혀낸 물질운동의 규칙을 기초로 삼는다. 가치 이론은 '물리학-철학-가치론(경제철학)-경제학'의 기본 노선을 따라 발전했다.

뉴턴의 세계관: 기계론, 결정론, 환원론

뉴턴의 물리학이 출현하기 전 몇천 년 동안, 사람들은 조석 간만의 차가 달나라와 밀접한 관계가 있으며 마치 시계처럼 정확하게 돌아간다고 생각했다. 하지만 정밀 측정하면 달이 지구를 한 바퀴 도는 데 24시간 48분이 걸리고, 조석의 주기 역시 24시간 48분이나 된다. 당시 사람들은 그 이유를 설명하지 못하고 '달의 여신이 해수면의 조석도 관장한다'고 생각했다. 그러다 1687년 뉴턴이 《자연철학의 수학적 원리》를 출간해 만유인력설을 소개했다. 그는 달과 해수면의 거리가 가장 가까울 때 달이 해수를 끄는 힘도 최대치가 되고 이때 해수면이 최고점에 달한다는 가설을 제시하며 조석 간만의 차를 명확하게 설명했다.

뉴턴의 설득력 있는 물리학 이론은 당시 생물학, 생리학, 심리학 등에 지대한 영향을 끼쳤다. 당시 사람들은 뉴턴의 물리학으로 설명할 수 있는 세계는 마치 잘 설계된 시계처럼 정확하게 돌아간다고 생각했다.

뉴턴의 물리학은 절대 공간, 절대 시간, 절대 운동을 정의했을 뿐만 아니라 당시 자연과학과 사회과학 연구 전반의 인식론의 토대(기계론, 결정론, 환원론)가 되었다.

기계론이란 마치 이 세계가 기계처럼 규칙적으로 운행된다는 것이다. 신은 시계를 만드는 장인이고 그가 만든 세계는 오차가 영원히 발생하지 않는 시계처럼 정확하게 운행된다. 결정론은 모든 사건의 발생에는 이를 결정하는 원인이 있고, 그로 인한 결과가 정해져 있다는 이론이다. 마치 달의 표면이 해수면의 조석 간만의 차를 만드는 것처럼 말이다. 환원론은 모든 복잡한 현상을 간단한 현상과 원소로 환원하여 설명할 수 있다고 보는 것이다. 매 단계마다 분석된 결과는 좀 더 간단하고 원시적이다. 마치 물질을 분자로, 분자를 원자로, 원자를 양자·중성자·전자로 분해할 수 있으며, 그러다 더는 분해할 수 없는 소립자가 나타나는 것을 물질의 기초라 하는 것과 마찬가지의 원리다.

뉴턴 물리학이 우세하면서 절대 시간, 절대 공간, 절대 운동과 기계론, 결정론, 환원론으로 쌓아올린 아성은 하늘 높은 줄 모르고 점점 높아만 갔다. 게다가 물리학, 화학, 생물학과 심리학에서도 절대적인 존재가 되었고, 역사학과 경제학에서도 뉴턴의 물리학적 사고방식을 고수했다.

뉴턴의 사고는 우연성과 자유의지를 완전히 무시하며, 확정적이고 안전하기는 하지만 재미는 없는 세계를 만들었다. 간단히 말해 우주 탄생 당시의 초기 값을 넣고 사물이 발전한 과정함수를 대입한다면 과거에서 현재에 이르는 모든 것은 이미 결정되어 있다는 것이다. 모든 과거, 현재, 미래를 계산을 통해 산출할 수 있다는 이야기다. 생각해보라. 우주 빅뱅의 순간부터 당신의 일생은 정해져 있었고 심지어 앞으로 당신이 어떤 식당에서 누구와 함께 저녁을 먹을 것인지도 정해져 있다고 말이다.

물리학의 비상과 가치론의 도태

뉴턴 이후 수백 년 동안 물리학은 특수 상대성 이론, 일반 상대성 이론, 양자 이론, 비선형성 물리학의 단계를 거쳐 왔다. 인류의 세계관은 뉴턴의 상대성 이론을 기반으로 한 저속의 거시적 관점에서 양자학의 고속의 미시적 관점으로 발돋움했다.

우리에게 익숙한 아인슈타인과 보어, 하이젠베르크의 업적을 기반으로 물리학은 상대성 이론, 양자 이론, 우주 기원 등 비약적인 발전을 거두었다. 양전닝과 리정다오는 '약상호작용[15] 중 비보전성'을 발견했다. 20세기 70년대 이후 '끈 이론[16]'과 '초끈 이론'이 발전하면서 자연계의 기본 단위가 전자, 광자, 중성미자(뉴트리노), 쿼크와 같은 점상 입자가 아니라 작은 선 모양의 '끈'이라는 가설이 힘을 얻었고, 인간의 경험적 인식을 기반으로 한 세계관을 뛰어넘었다.

물리학은 인간의 인식의 폭을 넓혔을 뿐만 아니라, 동시에 과학기술과 생산 능력에 비약적인 발전을 가져다주었다. 전기 에너지, 열에너지, 운동 에너지, 빛에너지, 입자의 핵분열 등의 에너지를 인류에게 부를 안겨줄 광파, 음파, 전자파 등으로 성공적으로 전환하여, 현대 통신과 공간 탐측 기술을 발전시켰다. 정보화 세상은 전통적인 언어, 문자의 한계를 뛰어넘으며 사회와의 소통과 연계 방식을 완전히 뒤바꿔 놓았다. 양자 컴퓨터, 양자 전송, 양자 통신 등의 기술은 이미 실제 응용 단계에 접어들었다.

---

15) 이온결합, 수소결합, 반데르발스 힘 등의 원자 간의 힘을 말한다. 공유결합보다 힘이 약하다._옮긴이

16) 만물의 최소 단위가 점 입자가 아니라 '진동하는 끈'이라는 물리 이론이다. 입자의 성질과 자연의 기본적인 힘이 끈의 모양과 진동에 따라 결정된다고 설명한다._옮긴이

뉴턴의 물리학이 당시 철학의 인식론의 토대를 마련한 것처럼 특수 상대성 이론, 일반 상대성 이론, 양자 이론, 불확정성 원리 등 현대 물리학은 인류 부의 모델에 비약적 발전을 가져왔을 뿐만 아니라 동시에 철학과 인식론에도 변화를 가져왔다.

그러나 근현대의 학과 분류는 점점 더 세분화되며 사회과학과 자연과학의 간극이 벌어졌다. 이제는 예전 과학 계몽 시대처럼 모든 분야에 능통한 만물박사는 찾아보기 힘들어졌다. 그 때문에 20세기 이후 물리학은 새로운 단계로 도약했지만, 그 영향이 철학과 사회과학·경제학에까지 파급되지는 못했고, 철학·경제학·가치 이론은 결국 돌파구를 찾지 못했다.

물리학의 눈부신 발전과 달리 가치 이론은 정체기에 빠져들었다. 물리학과 철학, 인식론이 고리타분해서 그런 면도 있겠지만 철학과 가치론이 사람들 마음속에서 강한 사유적 관성을 일으키기 때문에 더욱 그러하다. 몇백 년이 지났지만 사람들은 여전히 애덤 스미스와 리카도, 세이, 마셜 등 뉴턴 시대의 철학과 인식론, 가치론에 머물러 있어 실천을 이끌어내는 것은 고사하고 오히려 발목을 잡는 꼴이 되었다.

표 1.1을 보면 근대 경제학의 토대를 마련했던 가치 이론의 주요 저서들이 1890년 이전 뉴턴의 고전물리학 시대에 주로 출현했고 또 거기서 끝났다는 것을 알 수 있다. 그 결과 경제학은 주로 절대 시공, 절대 운동과 결정론, 기계론, 환원론적 사유 방식의 영향에서 벗어나지 못하고 있다.

1900년 플랑크가 양자 개념을 도입하면서 물리학에 신지평을 열었다. 이후 아인슈타인이 1905년에 특수 상대성 이론을, 1915년에 일반 상대성 이론을 주장했다. 1923년 드브로이의 물질파 이론이 대두되었으며, 1925년 파울리의 배타 원리, 1927년 하이젠베르크의 불확정성 원리, 보른의 파동 함수의 통계적 해석, 1935년 슈뢰딩거의 파동 방정식이 등장했다. 1956년 '반전성 비보전 현상'이 발견되었고, 1957년 평행우주론을

뉴턴: 3대 법칙, 만유인력의 법칙	1687	1676	페티 《정치산술》
뉴턴: 빛의 입자설	1704	1776	애덤 스미스 《국부론》
		1803	세이 《정치경제학개론》
		1817	리카도 《정치경제학과 과제원리》
맥스웰: 맥스웰 방정식	1865	1861	마르크스 《자본론》 제1권
헤르츠: 광전효과	1887	1871	멩거 《국가경제학원리》
플랑크: 양자 개념	1900	1890	마셜 《경제학 원리》
아인슈타인: 협의 상대성 이론	1905		
보어: 원자 모형	1913		
아인슈타인: 광의 상대성 이론	1915		
드브로이: 물질파	1923		
파울리: 배타 원리	1925		
하이젠베르크: 불확정성 원리	1927		
보른: 파동 함수의 통계적 해석	1927		
슈뢰딩거: 파동 방정식	1935		
양전닝, 리정다오: 약상호작용 중 반전성 비보전 현상	1956		
에버렛: 평행우주론	1957		
1차 초끈 혁명	1984		
2차 초끈 혁명	1995		

표 1.1 _ 물리학의 발전과 가치 이론의 정체

거쳐 두 차례의 '끈 이론'과 양자 전송에 이르기까지 비약적인 발전을 거듭하며 인류의 세계관이 완전히 뒤바뀌었다. 하지만 경제 이론의 기본인 가치 이론은 여전히 '냉동' 상태로 저 옛날 뉴턴 시대에 머물러 있다.

가치의 원천이 변하는데 가치에 대한 인식도 달라져야 하지 않을까?

뉴턴 물리학 시대에는 주로 지구 자원을 가공해서 가치를 창조했기 때문에 전통적 가치론으로 당시 가치 창조와 규칙을 설명할 수 있었다. 노동 가치론, 요소 가치론이나 효용 가치론, 공급과 수요 이론 모두 그 논쟁의 대상이 단순했다. 부의 가치를 결정하는 것은 노동인가 아니면 각종 생산 비용인가? 효용인가 아니면 생산 원가인가? 상품의 희소성인가 아니면 정해진 공급과 수요의 관계인가?

각 주장들을 내세우는 경제 유파들은 서로 의견 차가 큰 것 같지만 본질적으로 모두 하드 밸류 시대의 이론이다. 모두 뉴턴의 저속의 거시적 물리 세계를 철학과 인식론의 기초로 하여 하드 밸류를 연구함으로써 절대적이고 정확한 가치를 찾고자 했다. 모든 가치는 뉴턴 물리학 모형으로 결정된다고 생각했다. 불안정한 가격도 결국에는 고정된 균형점으로 돌아올 것이라 판단했다.

하지만 양자 시대에 가치 창조의 주요 원천은 이미 크게 달라졌다. 지구 자원이 차지하는 비중이 점차 줄어들고 인류의 창조적 사유와 기능적 활동이 창조한 가치의 비중이 점차 높아졌다.

일례로 최근 중요해지고 있는 소프트웨어 산업은 지구 자원은 거의 소비하지 않고 주로 인간의 창조적 사유를 통해 가치를 창출한다. 소프트웨어 산업에 기초가 되는 반도체가 하드 밸류 제품이기는 하지만 반도체는 지구 자원 중 그저 소량의 규소만을 소모할 뿐이며 그마저도 반도체의 전체 가치 중 극히 일부만을 차지할 뿐이다.

문화 예술 산업도 마찬가지다. 지구 자원은 거의 소비하지 않고 주 창작자의 창조적 사유와 기능적 활동에 의존한다. 영화 〈해리포터〉 시리즈의 입장료 수익이 70억 달러를 돌파했지만 실제 이 영화에 들어간 의상·도구·세트는 지구 자원을 일부만 소비했을 뿐이다. 진정한 가치를 창조할 수 있었던 것은 작가, 시나리오 작가, 감독의 창조적 사유와 연기자의 뛰어난 연기, 억 단위 팬들의 열정적 참여와 홍보 덕분이었다.

과학 연구, 교육, 자문, 콘퍼런스 산업 모두 사람의 두뇌와 지혜에 의지해 부를 창조한다. 글로벌한 최대 제약회사들의 가장 큰 재산은 약품을 생산하는 생산라인이 아니라 수석 과학자의 두뇌와 연구 개발진의 개발 능력이다. 맥킨지와 롤랜드버거와 같은 자문 회사에서는 고정자산이 중요하지 않다. 업계 전문가를 얼마나 자신의 회사로 초빙하는가가 중요하다. 마찬가지로 캠퍼스에 건물이 몇 채고 몇 평이나 되는지로 대학을 평가하지는 않는다. 저명한 전문가와 학자, 과학원 원사가 얼마나 되는지가 중요하다.

금융업계는 더하다. 신용과 신용 창출 능력이 자금을 얼마나 보유하고 있는지보다 중요하다. 실물 담보도 국가 지원도 없는 비트코인이 블록체인 기술을 선점하면서 해당 기술을 통해 암호화폐가 함부로 남용되지 않도록 신용을 보장할 수 있었고, 그 결과 전 세계에 암호화폐 발행의 새로운 붐이 생겨나게 되었다.

양자 시대에는 인간의 창조적 사유와 기능적 활동이 가치 창조의 주요 원천이 된다. 그럼에도 지구 자원이 가치를 창조한다는 고리타분한 이론을 버리지 못하는 것은 마치 고사성어 '각주구검'의 이야기처럼 세차게 흐르는 물결 속에 빠져 허우적거리는 것과 다르지 않다.

양자 세계의 가치는 주로 인간의 정신적 수요를 만족시키는 것에서 출발하기 때문에 좀 더 주관적이고 전자 파동처럼 추상성, 변동성, 모호성 등의 특징을 지닌다. 전통적 가치론의 생산 함수와 효용 함수, 공급과 수요 함수는 양자 세계에서 대개 무용지물이 되고 만다. 고리타분한 가치 이론은 이제 새로운 시대의 발목을 잡는 걸림돌이 되고 있다. 양자 시대의 경제 철학에는 새로운 혁명이 절실하게 필요하다. 경제학 전반에 새로운 가치 이론의 토대가 필요하다. 그리고 그 새로운 가치 이론은 반드시 먼저 양자 세계의 운동 규칙을 이해한 후, 양자 시대의 새로운 사유의 기초 위에 세워져야 할 것이다.

제 2 장

양자 시대의 사상 혁명과 소프트 밸류 이론

인식도 판단도 상대적이다

"아름다운 아가씨 옆에선 한 시간을 앉아 있어도 순간처럼 느껴집니다. 하지만 뜨거운 난로 위에 앉아 있다면 순간도 한 시간처럼 길게 느껴질 것입니다." 아인슈타인은 통속적인 예를 들어 상대성의 의미를 설명했다.

경찰이 빛을 따라잡을 수 있을까?

상대성 이론의 전형적인 예를 살펴보자. 경찰관이 차로 빛을 쫓는다. 우리는 일상에서 경찰관이 차를 타고 과속 차량을 쫓는 장면을 흔히 볼 수 있다. 만약 과속 차량이 빛이라 가정하고 경찰이 빛의 속도를 따라잡아 나란히 달릴 수 있다고 가정해보자. 옆에서 지켜보는 우리는 경찰이 줄곧 빛을 따라 빛만큼 빠른 속도로 움직이는 모습을 볼 수 있다. 하지만 경찰에게 물으면 자신은 빛을 따라잡지도 못하고 빛이 자신에게서 광속처럼 빠져나갔다고 대답할 것이다.

이것이 바로 상대성 이론의 상대성과 참조 체계의 원리다. 우주의 다른 공간에 있다면 시간의 속도도 달라진다. 시간은 우리의 운동 속력에 따라 결정된다. 우리가 빠르게 움직일수록 시간은 느리게 흘러간다. 즉 어느 참조 체계에서는 진행 속도가 같아도 다른 참조 체계에서는 그 진행 속도가 다를 수 있다는 의미다.

사실 우리가 관찰할 때는 경찰과 빛이 같은 속도로 달리는 것 같아도, 경찰이 만약 시계를 차고 있다면 그 시계는 거의 정지 상태에 가까울 것이다. 또한 그의 대뇌도 느리게 움직이게 될 것이다. 경찰과 그가 탄 차량이 모두 빛의 운동 방향으로 달릴 때 그들의 길이가 아주 짧게 축소될 것이다. 이를 지켜보던 우리에게는 마치 그의 몸통이 압축되는 것처럼 보일 것이다. 하지만 경찰도 차량도 모두 아무 이상은 없다. 그들을 이루고 있는 원자도 함께 압축되었기 때문이다.

차량이 천천히 멈추면 차량과 경찰의 길이도 우리가 정상적으로 관찰할 수 있는 길이로 천천히 회복될 것이다. 마찬가지로 경찰이 우리를 볼 수 있다면 그는 관찰자의 시간이 느리게 변하고 길이도 압축된 것처럼 보일 것이다. 그렇다면 누가 진짜 압축된 것일까? 상대성 이론에 따르면 길이와 시간의 개념 모두 절대적이지 않기 때문에 이 문제에 정확히 답하기는 어렵다.[1]

상대 속도 합의 원리와 빛의 절대 속도 원리[2]가 상호 모순되는 상황에서 아인슈타인은 '에테르'라는 갇힌 생각에서 벗어나, 과감하게 절대 시간·절대 참조 체계·절대 운동을 부정하고 물리학계에 일련의 상대성 이론을 제시하며 시간의 터널을 열었다.

---

1) 미치오 카쿠, 《아인슈타인의 우주》.

2) 어떤 한 계에서 다른 계를 본 상대적인 속도를 상대 속도라 하며, 운동하고 있는 두 물체계 A와 B가 있을 때, 물체계 A에 있는 관찰자가 물체계 B를 볼 때(동일한 방향의 경우) 그 상대 속도는 물체계 B의 속도와 물체계 A의 속도를 더한 벡터 값이다._옮긴이

여름 벌레는 겨울을 모른다,
그렇다면 우리의 관점은 절대적이라 할 수 있는가?

물리학은 '절대'에서 '상대' 사이의 이론적 간극을 뛰어넘으며 미래의 블루오션을 발견하게 된다. 철학도 마찬가지로 절대에서 상대에 이르는 사유의 계단을 쌓아올릴 수 있다면 절대화된 틀을 벗어날 수 있지 않을까? 그럼 세계를 인식하는 또 다른 시각과 방식을 제시해줄 수 있지는 않을까?

누군가 트위터에 '지금은 낮인가요? 밤인가요?' 하고 묻는다면 베이징 사람은 낮이고, 뉴욕 사람은 밤이라고 서로 상반된 대답을 할 것이다. 이 사실이 우리는 더 이상 놀랍지 않다. 낮과 밤이라는 상대적 개념은 지리적 위치에 따라 차이가 있다는 것을 잘 알고 있기 때문이다.

마찬가지로 앞서 경찰이 빛을 쫓는 예시를 들었을 때 당신은 혹시 아직도 경찰이 착각하고 있는 것이라고 생각하지는 않는가? 아니면 관찰자의 눈이 스스로를 속이고 있는 것이라고 생각하지는 않는가? 관점을 바꾸어 참조 체계를 달리하면 둘 다 틀린 말은 아니다.

《장자》 외편 〈추수〉에 보면 "우물 안 개구리가 바다에 대해 이야기하지 못하는 것은 공간에 갇혀 있기 때문이다. 여름 벌레가 얼음에 대해 말하지 못하는 것은 시간에 갇혀 있기 때문이다."라는 글이 있다. 여름 벌레는 3계절만 살기 때문에 겨울과 얼음을 알지 못한다. 사람도 3차원의 세계에 사는 생물에 불과한데 세계를 바라보는 관점이 여름 벌레보다 낫다고 말할 수 있을까?

현실에서도 국가마다 한 사물에 대한 인식이 다를 수 있다. 대마초가 중국에서는 다른 마약류와 함께 금지 품목에 속하지만 네덜란드에서는 일상 소비 품목과 같아 국가가 지정한 커피숍에서 5그램 이내까지는 구매할 수 있고 개인적인 공간에서 소비할 수 있다. 총기류도 중국에서는 일반인이 사적으로 소유하는 것을 엄격하게 금하고 있지만 미국에서는 국민이 무기를 소유하고 휴대할 수 있는 권리를 헌법으로 보장하고 있다. 중국은 일부일처제를 시행하고 있지만 아랍에서는 아직도 일부다처제의 전통을 고수하며 법률로 보장하는 국가도 적지 않다. 도박 산업은 중국과 수많은 이슬람 국가에서는 불법이지만 라스베이거스에서는 상업과 농업처럼 합법적인 산업이다.

인간이 관찰하는 사물과 국가의 법률도 상대적이지만 인간의 느낌도 상대적이다. 양귀비는 당 현종 인생에 첫 번째 지음知音이었다. 당 현종의 야심작 〈예상우의곡〉의 예술적 경지를 오로지 양귀비만이 알아주었기 때문이다. 하지만 양귀비는 안사의 난과 당나라 쇠락과 관계가 있는 인물이다. 누군가에게는 달콤한 사탕이 누군가에게는 위험한 비상이 되기도 한다. 중국 고대 사상가 장자는 외편 〈지락〉 첫머리에 "천하에 지극한 즐거움이란 있는 것일까?"라고 반문했다. 세상에 가장 큰 즐거움은 무엇일까? 부유하고 지위가 높은 사람들은 밤낮으로 일해 부와 명성을 얻지만 건강을 잃는다. 하지만 오랜 빈곤과 우환을 가득 안고서는 장수한다고 해도 즐겁게 생활하기 어렵다.

사람의 마음도 환경에 따라 달라지기 마련이다. 도가의 창시자 노자는 〈태일생수〉에서 "위와 비교하여 부족함이 있으면, 아래와 비교하여 남음이 있다. 아래와 비교하여 부족함이 있으면 위와 비교하여 남음이 있다."고 말했다. 자신보다 나은 사람과 비교하면 자신의 부족한 점만 보여 비관적인 생각이 들고 소극적이고 태만해지게 된다. 하지만 아직도 발전할 수 있는 가능성이 많이 남았다며 낙관적으로 생각한다면 발전할 수 있는 동력이 생긴다. 반대로 자신보다 못한 사람과 비교해도 서로 다른 상반된 생각을 할 수 있다. 그러니 동일한 사건이 인간의 심리 상태에 일으키는 파문은 절대적인 잣대로 판단할 수는 없다. 나보다 나은 사람과 비교하면 내가 부족해 보이지만 나보다 못한 사람과 비교하면 내가 넘치는 법이니까.

맹물을 마시면 맛이 밍밍하다 느낄 것이다. 하지만 쓴 약을 먹은 뒤 맹물을 마신다면 달콤하니 입에 감길 것이다. 돈이 없을 때는 비싼 술을 마시지도, 명품 옷을 입지도, 호화로운 차를 타지도, 영화를 보지도, 오락을 하지도, 여행을 가지도, 주식 투자를 하지도, 안마를 받지도 않을 것이다. 이 모든 것이 생명에 영향을 주지는 않는다. 하지만 일단 백만장자가 되고 나면 그것들에 대한 수요가 달라질 것이다.

시간도, 공간도 상대적인 세계에서는 한 사물에 대한 인식도 상대적이 된다. 한 사건에 대한 판단도 상대적이 된다. 만약 절대적인 사고의 틀에서 벗어나지 못한다면 나무에 올라 고기를 잡으려는 것(緣木求魚)과 무엇이 다를까? 그건 마치 수백 년 전 뉴턴의 시대에 살고 있는 것과 마찬가지다.

관찰자의 개입과 불확정적 세계

말 한 마리가 사람들 앞을 빠른 속도로 지나가자 누군가가 물었다. "말이 무슨 색깔이었어?" 대부분의 사람은 '흰색'이라고 대답했고 색맹 한 사람만이 '붉은색'이라고 대답했다. 누가 틀리고 누가 맞을까? 당신은 분명 색깔을 제대로 구분하지 못하는 색맹이 틀렸고, 말은 '원래' 흰색이 맞다고 대답할 것이다. 하지만 누가 말의 '원래' 색깔을 안다고 말할 수 있을까? 예를 들어 세상 사람의 절반이 색맹이라면 누가 그 '진상'을 판단할 수 있을까?

관찰자의 개입

이런 실험을 해보자. 사전에 아이들에게 두 종류의 생쥐 실험군이 있으며, 한 종류는 똑똑하고 한 종류는 멍청하다고 말해주자. 그리고 아이들이 생쥐가 미로를 빠져나오는 모습을 지켜보도록 한다. 그럼 아이들은 똑똑한 쥐가 멍청한 쥐보다 빨리 미로를 빠져나왔다고 대답할 것이다. 사실 모든 실험 쥐는 임의로 선별한 것인데도 말이다.

　뉴턴의 거시적이고 저속의 세계에서는 이런 실험 결과를 설명하기 힘들다. 그 시대의 물리학은 객관적이고 고정적이며 측량이 가능해야 하고, 하나의 쇳덩어리의 무게는 그 무게와 길이가 정해져 있으니 말이다. 가열 후 쇳덩어리의 온도 역시 측량이 가능하다. 사람이 굳이 측량하지 않아도 그 값은 원래부터 정해져 있다. 그러니 뉴턴의 물리학에서 관찰자는 그다지 중요하지 않다.

하지만 양자 세계에서 소립자의 위치와 운동량은 측정이 불가능하다. 매번 측량할 때마다 그 결과 값이 다른데, 그건 관찰자가 관찰함으로써 가해진 에너지가 서로 다르기 때문이다. 관찰 대상의 위치와 에너지는 언제나 주관적인 영향을 피할 수 없다. 처음에는 아인슈타인도 이 이론을 받아들이지 않았다. 아인슈타인은 보어와의 논쟁에서도 "달이 설마 사람들이 바라봐줘야만 존재하는 것이란 말인가? 그렇다면 관찰자의 주관이 어떻게 사물의 상태에 영향을 주고 또 상태를 결정할 수 있다는 것인가?"라고 반문했다.

오스트리아의 물리학자 슈뢰딩거는 1935년 고양이 실험을 통해, 고양이의 생사는 관찰자가 확인하는 '순간 결정'된다고 주장했다. 일반적인 상황에서 고양이 한 마리를 상자 안에 가두면 고양이는 살았거나 죽었을 것이다. 고양이의 생사 여부는 우리의 관찰과는 아무런 관계가 없다. 하지만 '슈뢰딩거의 고양이'라는 이 유명한 사상적 실험에서 '죽었으면서 살아있는 고양이'라는 괴설이 등장한다.

상자 안에 고양이가 있다고 가정하자. 상자에는 방사성 물질인 라듐과 라듐이 붕괴될 때 방출하는 알파 입자를 감지하는 검출기, 알파 입자가 감지되면 독성 물질이 나오는 유리병이 들어있다. 라듐이 붕괴되면 망치가 작동해 유리병이 깨지도록 설정해놓았고, 그럼 고양이는 독성 물질에 중독되어 죽게 된다. 라듐이 붕괴되지 않는다면 유리병이 깨지지 않아 고양이는 살 수 있다.

그림 2.1 _ '슈뢰딩거의 고양이' 실험

양자역학 이론에 따르면 라듐원자는 직접 관측하기 전까지는 '붕괴되었으면서 붕괴되지 않은' 중첩의 상태다. 라듐원소를 관찰할 때만 그것이 일정한 확률로 붕괴되거나 혹은 붕괴되지 않거나 한다는 내용으로 학술상으로는 이를 '파동 함수의 붕괴'가 발생했다고 말한다. 마찬가지로 관찰자가 상자를 여는 순간 비로소 고양이의 생사가 최종적으로 결정된다.

피그말리온 효과

사실 생활 속에서도 인간의 사유 활동, 주관적인 판단과 관계된 일은 대개 관찰자의 영향을 받는다. 우리 아이 본래의 모습과 부모가 바라본 아이의 모습은 어째서 다를까? 혹시 부모의 감시 때문에 아이의 행동이 달라진 건 아닐까? 마찬가지로 청중의 반응은 강연자의 기분과 행동에 영향을 미치기도 한다. 지나치게 부정적인 평가는 마지막 생명줄마저 끊어버리는 행위다. 하지만 적재적소의 격려는 성공을 향해 놓인 마지막 계단과도 같다.

높은 기대(혹은 낮은 기대)를 걸면 좋은 결과(혹은 나쁜 결과)를 가져오는 현상을 심리학에서는 '피그말리온 효과'라고 한다. 이 용어는 그리스의 신화에서 유래했다. 조각가 피그말리온은 자신이 조각한 여신 조각상을 사랑하게 되어 매일 조각과 이야기를 나눈다. 그러자 여신 조각상이 진짜 여신으로 변했다고 한다.

생물학 연구 결과 칭찬은 사람을 즐겁게 만들어 다량의 신경 전달 물질을 분비시키고, 대뇌피질 합성물질 중 하나인 엔도르핀이라는 호르몬의 분비를 촉진시켜 인체의 면역세포를 활성화시킬 뿐만 아니라 업무 혹은 학습 효율을 높여준다는 사실이 밝혀졌다. 교육학의 '칭찬 교육'과 현대 의학에서 우울증 환자에게 시행하는 '심리 치료법' 모두 아이들이나 병자에게 주관적인 기대를 걸어 뉴런을 자극함으로써 그들의 상태와 방식을 변화시키는 방법이다.

이처럼 주관적 생각이 객관적인 사실을 변화시키는 작용은 군사 전략에도 응용되는데 그 사례를 역사에서도 쉽게 찾아볼 수 있다.

미시적이고 고속 운동하는 세상에서 물리학만 객관적이고 고정적인 것을 추구할 수도, 정확한 측량을 고집할 수도 없다. 오히려 연구 대상에 대한 관측자의 주관적인 관찰을 주목해야 한다. 이중 슬릿 실험을 통해 전자가 파동인지 입자인지 밝히고자 했지만 사실 이는 관측의 여부에 따라 달라진다. 주관적인 요인이 관찰 대상의 상태에 개입되었기 때문이다. 관측자는 측정 대상에 영향을 줄 뿐만 아니라 측량 결과를 결정하기도 한다. 뉴턴의 물리학 세계에서나 통했던 '객관적인 세계가 사람의 의지에 따라 변하는 것은 아니다'라는 진리는 이제 양자 시대를 맞아 그 설득력을 잃었고, 주관성이 양자 시대 사유의 새로운 관점이 되었다.

불확정성 원리

전통의 뉴턴 물리학에서는 물체의 운동이 명확한 궤도를 지닌다. 구체적인 매 시점마다 물체의 위치를 명확한 점으로 표시할 수 있다. 실험실의 공이든, 도로를 달리는 자동차든, 하늘을 나는 비행기든, 심지어 우주의 천체까지 초기 값이 주어지면 뉴턴의 역학 원리에 따라 특정 시간에 대한 위치를 계산할 수 있다.

공이 위치한 시각을 T, 위치 좌표 10m, 속도 5m/s라고 하자. 우리가 그 위치를 먼저 측정하든 아니면 그 속도를 먼저 측정하든 최종 결과에는 영향을 미치지 않는다. 그렇다면 측량의 과정을 면밀히 살펴보자. 측량을 할 때는 눈에서 출발한 광자가 작은 공에 부딪히고 다시 눈으로 반사된다. 그렇게 우리는 공의 위치를 파악한다. 하이젠베르크는 광자가 작은 공에 부딪히는 과정을 개미가 코끼리에 가서 부딪히는 것에 비유했다. 그 영향은 너무 미미하여 계산에 넣지 않아도 무관하다. 하지만 만약 같은 상황을 전자를 측량하는 데 적용한다고 해보자. 그래도 그 영향을 무시할 수 있을까? 그렇게 해서 하이젠베르크의 운동방정식이 탄생하게 되었다. 위치의 불확실성을 Δq, 운동량의 불확실성을 Δp라 하면 이 둘의 곱한 값은 플랑크 상수 h보다 크다. 이것이 바로 불확정성 원리다.

미국 물리학자 파인먼은 "이중 슬릿 간섭 현상에는 양자역학의 유일한 신비가 들어있다."고 표현했다. 그럼 우리도 한번 이중 슬릿으로 간섭이 일어나는 명장면을 감상해보자. 전자빔(수많은 전자 다발)이 슬릿의 얇고 긴 2개의 틈을 통과하면 뒤쪽 스크린에 줄 모양의 간섭무늬가 나타난다. 이는 전자빔이 파동의 성질을 지님을 의미한다. 이번에는 전자빔의 강도를 조절하여 전자 하나하나를 직접 틈으로 통과시킨다. 이때 발사된 전자는 대부분 입자라는 사실은 의심의 여지가 없다. 전자 하나하나가 틈을 통과해 뒷면의 스크린에 도달하면 처음에는 하나하나의 점으로 나타난다. 하지만 시간이 얼마 지나면 스크린에 다시 줄 모양의 간섭무늬가 보일 것이다. 우리는 파동의 간섭은 파봉과 파곡의 중첩이 필요하다는 것을 알고 있다. 그렇다면 하나하나의 전자가 좁은 틈을 통과할 때 어떻게 파봉과 파곡이 생기는 것일까? 이런 파동성은 어떻게 발생하는 것일까?

신기한 현상을 더 살펴보자. 앞쪽 슬릿 구멍에 각각 검지기를 하나씩 설치한다. 전자가 지나갈 때 해당 부분의 검지기가 울리도록 설정한다. 그럼 우리는 전자가 어떤 틈으로 날아드는지 확인할 수 있다. 이 장비로 실험을 진행하면 더 놀라운 현상이 나타난다. 검지기가 계속 울리면서 전자가 스크린을 향해 날아간다. 하지만 아무리 오랜 시간이 흘러도 줄 모양의 간섭 현상은 나타나지 않고 오히려 전자가 스크린과 충돌하면서 생긴 두 덩어리의 밝은 점이 나타난다. 이런 신기한 변화가 바로 '붕괴' 현상이다. 전자가 방출하는 파동의 함수가 순간적으로 붕괴되면서 다시 완벽한 입자로 변화하여 어떤 지점에 무작위로 출현하게 된다. 당신이 측량을 할 때마다 파동 함수는 다시 무작위로 새로운 위치를 결정하게 된다.[3]

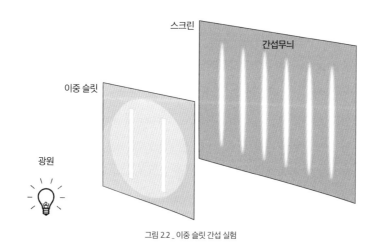

그림 2.2 _ 이중 슬릿 간섭 실험

3) 曹天元,《上帝擲骰子嗎? 量子物理史話》.

양자 세계에서 모든 양자는 각각의 p, q 두 개의 변수, 즉 켤레(공액) 변수로 두 개의 변수가 동시에 존재한다. 하지만 동일한 시간에 두 개 변수 각각의 정확한 값을 측정하기는 어렵다. 이는 일반적인 상식의 범주를 벗어나는 획기적인 양자 시대의 개념이다.

뉴턴의 거시적이고 저속의 세계에서는 예를 들어 하나의 숫자가 0이거나 1이어야 한다. 0이면서 1일 수는 없다. 마찬가지로 하나의 색깔이 붉은색이 아니면 녹색이어야 한다. 붉은색이면서 녹색일 수는 없다. 하지만 양자 세계에서는 양자 운동에 대한 측량이 정확해질수록 그 위치는 점점 부정확해진다. 우리는 그것이 지금은 어디에 있고 또 앞으로는 어느 방향을 향할 것인지 동시에 알 수 없으며, 더욱이 양자의 상태를 정확하게 파악할 수도 없다. 마치 이중 슬릿 간섭 실험에서처럼 물질의 상태를 하나로 확정 지을 수 없고, 파동과 입자 두 개의 상을 가지는 상태와 비슷한 이치다. 즉 빛은 파동일 수도 있고 입자일 수도 있으며, 또 파동이면서 입자일 수도 있다.

신의 주사위: 당신이 보고 있는 진짜 세계라는 것은
사실 일종의 '확률'에 지나지 않는다

꿀벌은 노란색보다 파장이 긴 빛은 보지 못하지만 자외선에는 민감하다. 만약 앞서 말한 '백마'를 꿀벌이 보게 된다면 아마도 자주색으로 보일 것이다. 하지만 보통 사람의 눈에 이 말은 흰색이다. 그렇다면 누가 맞고 누가 틀린 걸까? 사실 우리가 눈으로 보는 세상은 특정 관찰 방식하에 존재하는 '진상眞相'에 불과하다. 숫자 '9'와 '6'을 한 장의 종이 중앙에 놓아보자. 종이의 위아래 방향이 정해져 있지 않다면 종이 위의 이 숫자는 '6'일 수도 '9'일 수도 있다. 숫자를 어떤 각도에서 읽느냐에 따라 달라지기 때문이다.

아인슈타인은 결국 양자물리학을 인정하게 되었지만 그 전까지 "신은 주사위 놀이를 하지 않는다."며 보어를 비웃었다. 아인슈타인은 한동안 보어를 필두로 한 코펜하겐 학파의 확률적 해석을 믿지 않았다. 무작위로 선택된 세상에서 살고 있다고 생각하지 않았던 것이다. 아인슈타인은 보어와 대립하는 과정에서 '광전자 실험[4]'을 통해 양자 이론의 모순을 설명하려 했다. 하지만 시간의 속도가 거리에 영향을 받는다는 '적색편이 현상[5]'을 미처 생각지 못했고, 결국 아인슈타인의 실험은 오히려 하이젠베르크의 불확정성 논리를 뒷받침해주는 좋은 근거가 되었다.[6] 신이 정말 주사위 놀이를 하고 있었던 것이다. 구체적으로 주사위의 어떤 면이 위를 향할지는 순전히 확률의 문제다. 슈뢰딩거의 고양이가 살아있는지 죽어있는지, 또한 이중 슬릿을 통과한 전자가 스크린 어디에 위치할지 역시 확률의 문제다. 심지어 인간의 인식도 일종의 확률에 지나지 않는다.

블랙스완이 발견되기 전까지 17세기 유럽 사람들은 자신의 경험에만 의존해 고니는 흰색이라고 단정 지었다. 후대 사람들은 '블랙스완'이라는 표현을 발생 확률이 적고 예측 불가능한 사건을 묘사하는 데 사용하기 시작했다. '회색 코뿔소(그레이 라이노)'가 떼로 몰려와도 피할 길이 없다고 단정하긴 어렵다. 이는 단지 '당신이 어떤 식으로 위장을 해서 회색 코뿔소를 피할 것인지', '어떻게 공격받을 확률을 낮출 것인지' 하는 다양한 확률을 지닌 사건일 뿐이다.

남송 시대 유가경전인 《명현집》을 보면 "3,000명의 제자 중 72명만이

---

4) 상자 안에 약간의 광자를 넣어두고 셔터를 설치해 광자가 하나하나 상자를 빠져나가도록 한다. 상자에서 광자 하나가 빠진 후 감소한 중량을 용수철저울로 측정한다. 상대성 이론대로라면 질량 에너지 등가 방정식 $E=mc^2$을 이용해 상자에서 감소한 중량을 측정할 수 있다. 즉 ΔT와 ΔE는 확정적이며 하이젠베르크의 $\Delta T \times \Delta E > h$이론은 성립하지 않는다.

5) 물체가 내는 빛의 파장이 늘어나 보이는 현상이다. 일반적으로 전자기파의 가시광선 영역에서, 파장이 길수록 (진동수가 작을수록) 붉게 보이기 때문에, 물체의 스펙트럼이 붉은색 쪽으로 치우친다는 의미에서 적색편이라고 불린다.

6) 상자의 중량 변화를 관찰할 때, 상자의 위치가 Δq라 하면 적색편이 현상에 의해 시간의 속도도 ΔT만큼 변한다. 즉 $\Delta T > h > \Delta mc^2$이 되고, $E=mc^2$을 대입하면, $\Delta T \times \Delta E > h$가 된다.

현인"이라는 글이 나온다. 즉 공자가 아무리 '수준별 교육'을 하고 '온고지신'했어도 구체적으로 어떤 제자가 현인이 될지는 역시 확률 사건에 지나지 않는다. 의학 연구에서도 마찬가지로 암세포의 변이 시간을 예측하기도 전이 방향을 확답하기도 어렵다. 인체에서는 매일 3,000여 개의 암세포가 만들어지지만 그렇다고 모두 암에 걸리지는 않는 것과 같다.

17세기 80년대 스위스 수학자 베르누이는 극한 정리를 이용하여 사건의 확률보다 빈도로 사건의 발생을 설명하는 것이 더 안정적이라고 주장했다. 프랑스 수학자 드 무아브르는 1733년 처음으로 일부 확률 변수가 양쪽 끝은 낮고 중간이 높은 좌우대칭의 '정태 분포'를 따른다고 주장했다.

사회생활 곳곳에서 '정태 분포'의 규칙이 나타난다. 우선 생산 과정에서 상품의 품질 지표가 '정태 분포' 곡선을 보인다. 생물학에서도 동일한 집단의 어떤 특성에 대한 지표에서 정태 분포의 규칙이 나타난다. 예를 들어 12~16세 청소년의 신장과 체중이나, 동일한 자연환경에서 자란 밀의 생산량 등이 그러하다. 기상학을 살펴보면 모 지역의 매년 1월 평균 기온과 강수량 역시 이 정태 분석의 규칙을 벗어나지 못한다. '정태 분포'의 규칙은 의학에서 더 광범위하게 응용되고 있다. 어떤 연령대 성인의 혈압, 적혈구 수치 등 지표의 정상 범주가 의학에서는 가이드라인과 참고지표가 된다.

러시아 수학자 체비셰프, 마르코프 등은 대수의 법칙 및 중심극한 정리의 일반 형식을 구축하여, 왜 대부분의 확률 변수가 '정태 분포'를 보이는지를 설명했다. '정태 분포'는 확률 분포 중 하나의 상황에 불과하며 이항 분포, 푸아송 분포, 로그 분포, 이산 분포, 지수 분포, 균등 분포, 코시 분포 등도 존재한다. 이들 분포 법칙을 이해하여 시간 출현의 확률을 판단하는 것이야말로 양자 시대의 올바른 사유 방식이다.

확정성의 제갈공명 VS 불확정성의 마오쩌둥

'모든 것은 확정적이다'라는 사고 패턴을 버리지 못해 실패한 사례가 역사적으로도 비일비재하다. 가장 대표적인 예가 귀신같은 예지력을 지닌 제갈공명이다. 제갈공명이라 하면 초가집을 나서지 않고도 '삼분천하三分天下'를 알 수 있는 전략가였다. 몇 시 몇 분에 풍향이 바뀔 것을 예상하여 화공火攻을 펼치는가 하면, 사람의 마음을 읽을 줄도 알았다. 조조가 어떤 길로 도주할 것인지 예측하여 관우를 화용도 초입으로 보냈고, 그러면 관우가 조조에게 길을 내어줄 것이라는 사실도 이미 알고 있었다. 그는 사마의와의 오랜 두뇌싸움에서 사마의의 심리 변화를 시시각각으로 파악하고 있었다. 그랬던 그가 결국은 어떻게 되었는가? 현명한 제갈량은 패할 것을 뻔히 알면서도 유비와의 의리를 지키기 위해 기산祁山에 여섯 번 나와 전쟁을 했고 모두 실패했다. 결국 제갈량은 오장원에서 죽음을 맞았고 촉국은 조위曹魏와의 전쟁으로 멸망하게 되었다.

　하지만 반대로 마오쩌둥은 시국을 잘 살피고 잘 활용하여 불확정성을 적절히 통제함으로써 성공을 거두었다. 초기에는 부르주아 혁명을 굳게 믿었지만 5·4 운동 전후로 마르크스주의를 접하게 되면서 공산주의 운동으로 빠르게 전향했다. 그리고 1927년 대혁명에 패한 후 과감하게 농촌으로 들어가 징강산에 혁명 근거지를 마련했다. 그러나 다섯 차례 역포위 토벌이 실패로 돌아가고 홍군은 어쩔 수 없이 장정에 오르게 된다. 그러다 '중국 공산당 중앙정치국 확대 회의'에서 기회를 잡아 군사 전략을 조정한다. 그 후 일본의 침략이라는 민족적 위기를 맞아 '토지 개혁'을 포기하고 곧바로 '8·1 선언'을 발표하여 장쉐량뿐만 아니라 장제스와도 연합하며 항일통일전선을 구축한다. 《논지구전》을 발표할 때만 해도 미국이 일본에 원자폭탄을 투하하여 일본이 그렇게 빠르게 투항하리라고는 생각지도 못했다. 하지만 전 세계 반파시스트 공동전선의 협공으로 일본을 언젠가는 무너뜨릴 수 있으리라는 확신은 있었다. 물론《신민주주의론》을 발표할 때도 해방 전쟁에서 이렇게 빨리 승리할 것이라고는 예상치 못했다. 이후 그렇게 빨리 사회주의 노선을 걷게 되리라는 것 역시 예상하지 못했다. 하지만 불확정 세계에서 마오쩌둥은 언제나 전략을 빠르게 수정하며 연승을 거두었다.

얼핏 제갈량이 뉴턴보다 더 대단한 인물 같기도 하다. 제갈량은 사람의 마음을 판단하거나 통찰할 줄 알았고 장막 안에서도 모든 전략을 세울 정도였으니까. 그런데 결국 사마의가 천하를 통일하지 않았던가. 마오쩌둥은 제갈량처럼 '초가집을 나서지 않고도 삼분천하를 안다' 할 정도로 정확한 예지 능력을 지니지도 못했고, 심지어 그의 계획들은 불확정적이었던 미래에 수없이 수정을 거듭해야만 했다. 하지만 늘 승리는 그의 편이었다. 확정적인 제갈량과 불확정적이었던 마오쩌둥 중 누가 한 수 위인지는 굳이 말하지 않아도 알 것이라 생각한다.

원인과 결과의 가역성

삼국시대 촉한의 장수 위연은 무예가 뛰어날 뿐만 아니라 용맹하고 책략에도 능했다. 하지만 제갈공명은 "위연의 뒤통수는 반골이어서 훗날 반드시 반역을 도모할 것이다."라고 단정 지었다. 위연에게 편견을 가지고 있던 제갈량은 그의 병권을 제압했고, 기산으로 출병할 때 자신의 정예부대를 이끌고 자오곡을 막겠다는 위연의 계책도 철저하게 무시했다. 그리고 가정街亭을 지키는 임무를 마속에게 맡겼다. 위연은 뛰어난 재능이 있었지만 마땅히 펼칠 기회가 없었다. 위연의 뒤통수가 반골이어서 모반을 꾀한 것일까, 아니면 제갈량이 위연이 모반할 것이라고 단정하고 위연을 구석으로 몰았기 때문에 위연이 어쩔 수 없이 양의를 죽이고 권력을 찬탈한 것일까? 만약 당시 제갈량이 '위연의 반골'을 걸고 넘어가지 않고 그를 중용했더라면 결과가 완전히 달라지지는 않았을까? 후대에 '위연의 난은 제갈량에게서 비롯되었다'라는 말이 생겨났다.

미래의 행위가 과거의 역사를 바꿀 수 있을까?
프린스턴의 물리학자 존 휠러가 이중 슬릿 실험을 추가 연구하여 관찰자의 측량 행위가 '역사'를 바꿀 수 있다는 것을 증명했다. 즉 광자가 자신의 여정 대부분을 마치고 곧 종점에 다다르려는 순간에, 관찰자는 두 번째 광속 스플리터를 설치할까 말까 결정한다. 그럼 그 순간 관찰자의 행동 때문에 광자는 이미 정해놓은 여정을 바꾼다. 이것이 바로 '미래의 행위가 과거의 역사를 바꾼다'는 논리다.[7]

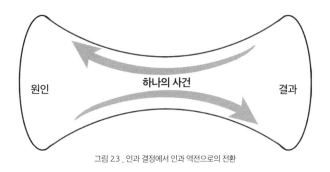

원인   하나의 사건   결과

그림 2.3 _ 인과 결정에서 인과 역전으로의 전환

뉴턴 물리학의 세계에서 일종의 현상 혹은 사물에는 반드시 발생 원인이 존재한다. 이것이 바로 인과 원리의 기본 정의다. 하지만 미시적인 고속 운동의 세계에 사는 과학자들은 특정한 양자의 과정 중 사건이 정해진 순서대로 발생하는 것이 아니며 동시에 두 개의 서로 다른 순서(선A후B, 선B후A)에 따라 발생한다는 사실을 밝혀냈다. 이러한 직관에 반하는 현상을 '인과 불가분리성causal nonseparability'이라 부른다.[8] 간단히 말해 양자 세계에서 원인과 결과는 동시에 존재하여 서로 전환될 수도 있다. 이러한 '원인과 결과의 상호 역전' 현상 역시 우리의 사유 방식에 큰 전환점을 마

---

7) 이 실험의 상세한 과정은 아미르 D. 액설의 《얽힘》을 참고하기 바란다.

8) '양자역학에서 아직도 원인과 결과에 순서가 있을까?', 중국과기망-과기일보, 2015년 11월 23일.

련해주었다.

뚱보가 말라깽이에게 묻는다. "넌 왜 이렇게 말랐니?" "적게 먹으니까." 뚱보가 다시 묻는다. "왜 적게 먹는데?" "그거야 말랐으니까." 일상에서 흔히 접할 수 있는 대화 방식이다. 말라깽이의 대답은 모두 틀린 말이 아니다. 하지만 뚱보는 알고 싶었던 해답을 영원히 들을 수 없을 것이다. 원인이 있어야 결과가 있다는 식의 사유 방식은 양자 이론에서는 이미 통하지 않는다.

이제는 모두에게 익숙한 '양자 얽힘' 이론 역시 전통적인 인과관계론에 대한 일종의 도전이다. 서로 얽혀 있는 두 개의 입자 중 하나의 상태가 변하면 다른 입자의 상태도 동시('즉시', '순간'이 아니라 '동시'라는 점에 주목)에 변하게 된다. 동시에 변하다니, 예전에 우리가 알던 인과와 전후 순서가 분명한 이치와는 완전히 상반된다. 그러니 이제는 이것 때문에 저것이 변했다고 이야기해서는 안 된다. 그 반대도 역시 마찬가지다.

제3의 관계

인과가 서로 얽혀 있고 상호 역전할 수 있는 상황에서는 무엇이 원인이고 무엇이 결과인지 구분하기 어렵다. 사람들이 그토록 집착하는 인과관계가 애초에 존재하지 않는 경우도 있다. 이제는 빅 데이터 기술 중 '상관관계 분석'이 인과관계 연구를 대신해 넘쳐나는 정보의 바다 속에서 사건과 동향을 파악할 수 있는 비밀병기가 되었다.

빅 데이터의 대표적인 성공 사례는 구글이 2009년에 발표한 분석 결과에서 찾아볼 수 있다. 구글은 2003~2008년 사이에 검색 건수 5,000만 건에 달한 검색어를 통해 빅 데이터 '훈련'을 실시했다. 이를 통해 검색어의 지리적 위치와 미국 질병통제예방센터(CDC) 데이터와의 상관성을 분석하고자 한 것이다. 구글은 총 4억 5,000개의 서로 다른 데이터 모형을 처리하여 얻은 독감 동향에 대한 예측 결과를 미국 질병통제예방센터에서 발표한 2007년과 2008년 실제 독감 발생 결과와 서로 비교했다. 빅 데이터 처리 결과 45개 검색어 조합을 발견할 수 있었다. 이를 데이터 모형에 응용한 결과 정부 당국의 데이터와의 상관성이 97퍼센트에 달했다. 실제 미국 질병통제예방센터가 전국 각지의 병원과 환자를 추적하여 발표한 예측 정보는 언제나 1~2주 뒤처졌지만, 구글은 실시간 추적이 가능했다.

어떻게 45개 검색어 조합이 독감 발생의 추세를 읽을 수 있었을까? 여기에도 인과관계가 존재하는 것일까? 사실 빅 데이터에서 인과관계는 중요한 요인이 아니다. 오히려 45개 검색어 조합이 독감 추세와 깊은 관련이 있다.

'닭이 먼저냐, 달걀이 먼저냐?' 정답은 닭이 먼저일 수도, 달걀이 먼저일 수도 있다. 또 닭과 달걀이 아닌 제3의 요인으로 닭이나 달걀이 생겨났을 수도 있다. 원인이 결과에 선행하므로 원인이 있어야 결과가 있고, 결과가 있으면 원인이 있기 마련이라는 고정관념은 이젠 깨져버렸다. 원인과 결과는 동시에 존재하며 결과가 원인을 역행하거나 혹은 상호 전환되기도 한다. 전혀 새로운 물리학의 세계가 열리면서 다른 영역에서도 인과관계의 사유 방식이 바뀌기 시작했다.

퀀텀 점프

뉴턴 물리학 세계에서는 물리학의 모든 변수가 상호 연속적이었고, 길이와 속도도 무한대로 미분이 가능했다. 시간과 변화 역시 연속성을 지녔다. 하나의 물체에서의 작용하는 힘이 점점 커져서 마찰력을 넘어서면 직선 운동을 하기 시작한다. 이것이 바로 뉴턴 세계에서 흔히 말하는 '변화는 연속적이어서 질적 변화가 양적 변화로 이어지고, 양적 변화가 질적 변화로 이어진다'는 (마르크스의) 결정론적 철학이다. 미시적인 고속의 양자 세계에서는 이러한 법칙이 더 이상 쓸모없으며, 대부분의 변화들이 연속적이 아니라 퀀텀 점프식으로 일어난다는 사실이 밝혀졌다.

퀀텀 점프

마치 사람이 한 다리로 동시에 두 개의 계단에 설 수 없듯이, 양자는 불연속적이다. 즉 하나하나의 에너지로 되어 있고 그 복사 에너지가 모두 불연속적으로 변화하며, 에너지 최소 단위의 정배수로 표현된다. 미시적인 고속 운동의 세계에서 입자의 각운동량angular momentum, 선회, 전하 등이 양자의 불연속 현상을 말해준다. 예를 들어 원자에서 전자는 서로 다른 전자껍질에 분포해 있으며 각자 다른 에너지 준위를 갖는다. 서로 다른 전자껍질 사이를 이동할 때 에너지를 흡수 혹은 방출하게 되며, 에너지의 양도 불연속적이다. 즉 '양자화'되어 있어 1준위, 2준위, 3준위 등으로 나눌 수 있을 뿐, 두 개의 준위 사이는 전자의 '출입 금지' 구간이다.

보어가 발견한 이 기이한 현상은 전자의 퀀텀 점프와 관련이 있다. 점프하는 과정에 전자가 어디에 위치하는지는 아무도 모른다. 궤도 사이의, 에너지 준위 사이의 도약은 단숨에 이루어진다. 그렇지 않다면 전자가 다른 궤도로 이동하는 사이 에너지 방출이 연속적으로 일어났을 것이다. 보어의 원자에서는 전자가 궤도와 궤도 사이의 공간을 차지할 수 없다. 마치 마술처럼 하나의 궤도에서 펑 하고 사라져 다른 궤도에서 펑 하고 출현하게 된다.[9]

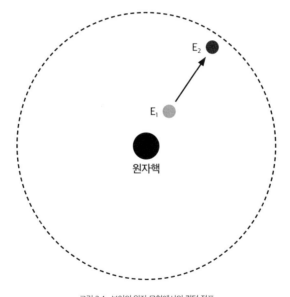

그림 2.4 _ 보어의 원자 모형에서의 퀀텀 점프

9) 만지트 쿠마르, 《양자혁명: 양자물리학 100년사》.

그뿐만 아니라 양자 세계에서는 '돌변'이 종종 발생한다. 예를 들어 광 주파수가 높지 않으면 금속판에 아무리 강한 빛을 조사照射하여도, 금속판에서는 전자가 탈출하여 전류가 발생하는 일이 벌어지지 않는다. 입사광의 광선이 차단 주파수보다 커야만 광전 효과가 나타나게 된다. 이것이 바로 돌변이다. 또 다른 일례로 두 개의 우라늄-235의 체적이 임계 체적을 넘어야 중성자가 연쇄 반응을 일으켜 핵분열이 일어나게 된다. 임계 체적보다 낮은 두 개의 우라늄-235는 함께 두어도 안전하다. 이러한 반응은 모두 순간에 발생한다.

"퀀텀 점프는 모든 천체, 항성계, 저 먼 우주의 구석구석에서도 일어나고 있다. 퀀텀 점프가 일어날 때마다 우리 지구상의 어디선가 분열하면서 무수히 많은 복제품이 만들어지고 있을지도 모른다." 평행우주론의 아버지 휴 에버렛은 물리학의 세계를 이렇게 묘사하고 있다.

의식의 돈오와 세계를 바꾸는 우연한 사건

불교학에서는 혜능의 《육조단경》에 이런 구절이 있다. "앞 생각에 붙들려 있으면 (대상에) 미혹되어 범부가 되고, 뒷 생각을 하면 (空을) 깨쳐 부처가 된다." "어리석은 채 들으면 몇 겁을 거쳐도 알지 못하지만, 깨달음은 순간이다." 이것이 소위 '돈오頓悟'다. 이처럼 수신修身을 통해 성불成佛하는 것은 순간에 이루어진다. 사실 끊임없는 수련의 과정이 불연속적인 순간에 의해 이루어지며 증오[10]로 성불하는 순간적 전환이 발생하게 된다.

게슈탈트 심리학자는 인류의 문제 해결 과정이 '돈오'라고 주장했다. 어떤 문제는 아무리 머리를 굴려도 풀리지 않을 때가 있다. 그러다 문제의 상황에서 각종 관계를 들여다보고 있노라면 문득 이해가 될 때가 있

---

10) 올바른 지혜로 진리를 얻어 깨닫는 것을 말한다. _옮긴이

다. 이것이 바로 돈오다. 여기서 가장 중요한 특징은 돌발성, 불안정성, 불연속성이다. 이러한 갑작스러운 변화는 예술가의 '영감' 같은 것이다. 궈모뤄는《나의 시 창작 과정我的詩的經過》에서 "저녁에 잠자리에 들려는데 또 시의 마지막 구절이 불현듯 떠오르는 것이다. ……이놈의 발작이 흔히들 말하는 '영감'인가?"라고 말했다. 이것은 수많은 가수들 머릿속에 갑자기 떠오른 선율일 수도 있고, 화가의 화폭에 담긴 세기의 걸작이 되기도 한다. 이런 변화와 창작 모두가 불연속적으로 일어난다.

의식은 일종의 양자역학 현상이다. 의식의 변화는 마치 양자의 도약(퀀텀 점프)과도 같다. 불교에서 말하는 깨달음과 예술가 눈 속의 영감은 모두 인간의 의식이 하나의 에너지 준위에서 또 다른 준위로 도약하는 과정과 같다. 의식은 우리가 눈으로 확인할 수 있는 궤도를 뛰어넘어 생각과 감정을 또 다른 불연속선상의 경지로 데려간다. 이러한 변화는 마치 고속도로를 달리는 자동차, 즉 양자 자동차와 같다. 우리는 양자 자동차가 가속을 하든 감속을 하든 전혀 느끼지 못하는 것처럼 '일념성불一念成佛[11]'과 머릿속에 갑자기 떠오른 '영감', 이 모든 변화가 순간에 이루어진다.

2001년 9월 11일, 두 대의 민항 여객기 중 한 대가 미국 뉴욕에 위치한 세계무역센터로, 또 다른 한 대가 워싱턴의 국방부 청사(펜타곤)로 돌진하여 맨해튼 상공을 온통 잿더미가 뒤덮는 사태가 벌어진다. 누구도 예상하지 못했던 9·11 테러가 한순간에 미국 국민의 정서와 미국 외교정책, 심지어 전 세계 정세를 바꾸어 놓았다. 그 전까지만 해도 아들 부시가 취임하면서 외교정책을 수정, 미국과 러시아 사이에 '냉전' 모드가 조성되었고 중국을 전략적 경쟁관계로 규정하며 전 세계가 긴장 모드로 돌아섰다. 그러나 9·11이라는 돌발 사태가 발생한 후 미국은 '대테러'를 주요

---

11) 처음 마음을 일으킬 때 곧바로 정각을 성취한다._옮긴이

정책 과제로 삼으며 중국 및 러시아와의 외교관계를 발전시키고 국가 간의 협력을 강화했다. 이러한 돌발적인 사태가 글로벌 다원화를 촉진했고 전 세계 정치 국면이 안정기에 접어들었다.

9·11 테러로 인한 이러한 정치 구도의 미묘한 변화는 본질적으로 하나의 퀀텀 점프 과정이라고 할 수 있다. 아무런 잡념도 없던 '일념불생一念不生'의 상태였으나 외부 세계와 갑자기 부딪히면서 인간의 사유가 순간적으로 다음 단계로 도약하기도 한다. 국가와 국가 간의 정치관계에도 그 우선순위가 바뀌며 대테러가 첫 번째 정책 과제가 되었다. 사유의 도약으로 국가 정세에도 불연속적이며 도약적인 변화가 발생하게 된 것이다.

경제 분야에서도 이러한 갑작스런 변화가 일어난다. 한 가지 기술 분야에 매진하며 경험을 쌓고 지속적으로 개발하던 제품 혹은 기업도 신기술 혹은 신제품의 출현으로 갑작스럽게 벽에 부딪히기도 한다. 정보화 시대 이후의 AT&T와 이동통신 출현 이후의 노키아 등의 기업을 예로 들어보자. 모두 기존의 기술과 경영 방식을 토대로 승승장구하던 기업이었다. 하지만 갑작스럽게 출현한 새로운 기술과 경영 방식으로 전체 업계의 판도가 바뀌면서 마이크로소프트와 애플이 신예로 등장하고 AT&T와 노키아는 역사의 뒤안길로 사라지게 된다.

소프트 밸류: 양자 시대의 새로운 경제 철학

절대 시간·절대 공간·절대 질량의 개념은 물리학의 발목을 장장 200여 년간 붙잡고 있었다. 아인슈타인의 '특수 상대성 이론'과 '일반 상대성 이론'이 등장한 뒤에야 그간 기계론·결정론·환원론의 비호하에 있던 '과학의 아성'이 양자 이론에 무너지고 말았다. 더 이상 신은 시계 장인이 아니다. 신이 만든 세계는 더 이상 오차가 없는 시계처럼 정확히 돌아가는 세상이 아니다. 우주 속 사물은 도약성, 우연성, 불확정성으로 충만하며, 인간은 입자의 위치와 운동 에너지를 동시에 측량할 수 없다. 하나의 입자는 동시에 두 가지 상태를 띠는 '양자 상태'다. 그러니 사람의 눈으로 확인 가능한 것은 진실이 아닐 수도 있으며, 그것은 일종의 '확률'일 뿐이다.

여름 곤충이 겨울을 알지 못하는 것처럼 사람의 인지와 판단 능력도 상대적이다. 양자 물리학은 절대적 사고와 상대적 사고 사이의 간극을 뛰어넘으며 전혀 새로운 세계관을 제시했고 인간의 사고방식에 커다란 충격을 주었다. 마치 퀀텀 점프처럼 세상에 일어나는 변화 또한 대부분 불연속적이며 도약적으로 일어나고, 하나의 우연하고 돌발적인 변화 혹은 사건으로 세상이 바뀌기도 한다. 이 세상의 어떤 사물도 수학 방정식처럼 계산을 통해 완벽한 해답을 구할 수 없다. 원인과 결과는 서로 '얽혀' 있어서 동시에 존재하기도 하고 서로 영향을 주기도 하고 또 서로 역행하기도 한다. 그러니 이제는 결정론적 사고의 틀에서 벗어나야 한다. 사실 우리 눈에 보이는 모든 사물들은 그저 관찰된 하나의 '확률'에 지나지 않는다는 사실을 인정해야 한다. 관찰자는 사물이 나타나게 할 수 있을 뿐만 아니라 '슈뢰딩거의 고양이'를 죽일 수도 살릴 수도 있다. 이처럼 세계는 인간의 의지에 따라 달라진다. 따라서 그 출현 확률로 판단해야 한다. 이것이야말로 양자 시대의 진정한 사유 방식이다.

뉴턴의 물리학이 당시 철학 인식론의 기초가 되었던 것처럼, 특수 상대성 이론·일반 상대성 이론·양자 이론·불확정성 원리 등이 현대 물리학의 세계를 뒤바꾸었고, 인류 부의 형태에 비약적인 발전과 철학의 인식론에 변화를 선사할 것이다. 하지만 가치의 문제는 어떻게 보면 물리학 운동 규칙 위에 발생하는 철학과 인식론의 문제다. 그런데 인식론이 변하는데 경제학과 철학이라고 변화하지 않을 수 있을까?

상대성 이론과 양자역학이 물리학과 철학적 인식의 기초가 되면서, 가치론의 새로운 연구 대상으로 떠올랐다. 가치론의 연구 대상은 생산과 매매가 가능한 공산품, 의식주 등 기본적인 수요에만 국한되는 것이 아니라 미시의 고속 운동하는 문화 상품·지식 상품·정보 상품·금융 상품·서비스 상품 등으로 확대되고 있다.

인류사회의 발전 과정에서 물질과 정신은 불가분의 관계였다. 매슬로우 욕구 단계론만 보아도 생리적 욕구, 안전 욕구를 넘어 감정적 욕구(소속의 욕구, 존경의 욕구), 자아실현 욕구로 확장 및 발전되었다. 콘서트, 온라인 게임, 스포츠 경기, 미용 등과 같은 상품도 언어·데이터·부호·이미지·소리·전자정보·인터넷 등을 통해 소비자에게 색다른 심리적 체험을 가능하게 만들어주며, 인간의 정신적 욕구를 채워주고 있다. 그 결과 기존 하드 밸류와는 다른 가치 체계가 정립되었다.

각종 물리와 화학적 방식으로 지구 자원을 가공하여 창조한 가치를 우리는 하드 밸류라 한다. 지구 자원을 소모하지 않고 주로 인간의 창조적 사유 활동을 부의 원천으로 하는 지식 가치·정보 가치·문화 가치·금융 가치·서비스 가치를 우리는 소프트 밸류라 한다.

하드 밸류와 달리 소프트 밸류는 지구의 생태계 환경을 파괴하지도 않고 에너지 자원과 하드 밸류 자원도 많이 소비하지 않으며, 인간의 사유 활동 혹은 기타 활동을 통해 창조된다. 이렇게 인간의 창조적 사유와 기능적 활동으로 창조되는 소프트 밸류는 참여자의 체험과 전파를 통해 그 가치가 확대된다. 소프트 밸류는 일종의 뉴런이 전자기장의 영향으로 동기화 방전되는 과정으로 일종의 양자역학 현상과 비슷하다.

전통적 하드 밸류 제품과는 달리 소프트 밸류 가치 원천이 달라지면 소프트 밸류 창조, 가치 실현과 가치 운동 규칙도 본질적으로 달라진다. 소프트 밸류는 참조 체계에 따라 받는 영향도 상대적이기 때문에, 서로 다른 참조 체계에서는 그 소프트 밸류의 크기도 달라진다. 또한 주관과 대중의 인식에도 영향을 받아, 소비 및 체험 주체의 느낌과 주관적인 인지에 따라 달라진다. 뉴런이 동기화 방전되어 공감(사유의 공명)을 얻을 수 있는가에 따라서도 달라진다. 소프트 밸류에는 질량보존의 법칙이 적용되지 않는데, 대중의 인정이 있으면 가치가 증가하고 어떤 사건의 영향을 받아 갑자기 퀀텀 점프하거나 붕괴되기도 한다. 소프트 밸류는 선형線形 운동을 하지 않으며 계단식 수렴과 비선형적 발산과 불연속성을 보인다. 소프트 밸류는 하나의 점이 아니라 확률로 나타나는 일정한 구간이다.

소프트 밸류 이론은 양자 시대의 신경제 철학으로 경제학의 사유와 산업의 발전, 기업과 국가의 발전 전략 및 거시적 리스크 관리 등에 어떠한 영향을 줄 것인가?

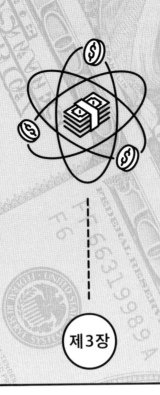

제3장

소프트 밸류의 새로운 규칙

상대성과 참조 체계의 법칙

참조 체계의 영향

경찰이 빛을 쫓는 일례를 기억하는가? 관찰자와 경찰의 시각에 따라 하나의 사건이 서로 다른 두 개의 장면으로 나타난다. 관찰자는 경찰의 속도가 빨라질수록 결국 빛과 같은 속도로 달리고 있다고 느낀다. 경찰의 시계 초침과 얼굴의 표정은 점점 느려지고 차체는 점점 짧아진다. 하지만 경찰의 시각으로 보면 그는 결국 광선을 따라잡지 못했다. 광선은 일정한 속도(초당 30만㎞)로 먼지만 날리며 그에게서 도망간다. 이런 차이는 관찰자와 경찰의 참조 체계가 다르기 때문에 나타난다.

마찬가지로 소프트 밸류 세계에서는 환경에 따라 동일한 소프트 밸류 상품이라도 사람들의 반응이 크게 갈린다. 중국 동북 지역에서 사랑받는 이인전二人轉[1]이 남쪽 지방에서는 냉대를 받을 수도 있다. 반대로 동북 사람이 쑤저우 '평탄評彈'을 들으면 도무지 뭔 소린지 이해가 안 갈 것이다. '귤이 회남에서 나면 귤이 되지만, 회북에서 나면 탱자가 된다'는

---

1) 설창 문예의 하나로 두 사람이 춤추며 노래를 주고받는 민간 예술을 말한다._옮긴이

말처럼, 같은 제도 설계 방안, 같은 책의 판권이라도 미국과 중국에서의 상대적 가치가 크게 다르다. 같은 문화 예술품도 10년 전과 오늘날의 가치가 하늘과 땅 차이처럼 클 수 있다.

따라서 모든 소프트 밸류 상품은 우선 시간과 공간 등의 참조 체계를 설정한 다음 그 상대적 가치를 논해야 한다.

참조 체계의 참조

현재 90여 개의 기업이 A주와 H주 시장에 동시 상장되어 있다. 하지만 같은 기업이라도 종종 두 개 증시에서 서로 다른 주가 흐름을 보이기도 한다. 예를 들어 2014년 이후 남방항공의 A주 주가가 H주보다 빠른 상승세를 보인다. 2015년 7월 동일한 회사의 H주 주가가 A주 주가의 57.8퍼센트 수준까지 떨어진 적도 있었다.

주가가 펀더멘털로 결정되는 것이라면 상하이 거래소와 홍콩 거래소에 상장된 남방항공은 같은 회사이고 그 펀더멘털도 같은데 어째서 이처럼 큰 차이가 나는 것일까? 만약 주가 차이가 발생하는 것이 단지 시장 단절 때문이라면 상하이와 홍콩 증시를 연계하는 교차거래 제도인 '후강퉁'이 도입된 후에도 왜 여전히 A주와 H주의 주가 차이가 존재하는 것일까? 심지어 그 격차가 점점 벌어지는 것일까?

금융자산은 사실 소재 금융시장의 환경이 그 가치를 결정한다. 환경적 요인은 전체 금융 시스템에서도 중요한 요인 중 하나다. 모든 금융자산의 가격은 그 자체의 수익과 리스크 요소 외에도 시스템 내 기타 요인의 영향을 받는다. 즉, 환율, 금리, 물가지수, 시장에 대한 투자자의 신뢰도, 전반적인 밸류에이션(가치평가), 투자 위험 프리미엄 등의 영향을 받는다.

상하이와 홍콩 거래소에서 남방항공의 주가가 서로 다른 이유는 두 거래소의 금리, 환율, 거래소 규정(주식발행 제도, 거래 제도), 자금 구조, 투자 위험 프리미엄, 대체 투자 종목 등의 여건이 서로 다르기 때문이다. 즉 두 증시의 소프트 밸류가 처한 참조 체계가 서로 다르다. 이러한 이유로 동일한 회사라도 서로 다른 시장에서 서로 다른 주가와 동향을 보이는 것은 정상적인 현상이다. 주가와 동향이 유사하다면 그것이 오히려 우연일 뿐이다.

미국의 자본시장에서는 구글과 바이두, 알리바바, 아마존과 같은 인터넷 과학기술업체의 밸류에이션이 높다. 하지만 중국 시장에서는 개혁주, 테마주, 소형주가 가장 각광을 받는다. 따라서 두 시장을 구성하고 있는 참조 체계가 서로 다르기 때문에, 구체적으로 어떤 참조 체계인지를 고려하여 밸류에이션을 진행해야만 한다.

소프트 밸류는 참조 체계에 따른 상대적인 가치의 변화가 해당 제품 자체의 원가 구조와 수요 구조에 따른 가격 변화보다 크다.

참조 체계가 소프트 밸류에 미치는 영향은 크게 두 가지로 나타난다. 첫째, 동일한 소프트 밸류 제품이라도 참조 체계에 따라 소프트 밸류가 달라진다. 둘째, 동일한 소프트 밸류 제품을 다른 참조 체계로 전환하고자 할 때는 반드시 적절한 조절이 필요하다. 하지만 참조 체계의 차이가 너무 커서 제대로 전환되지 않을 수도 있다.

갈릴레이의 변환에서 로렌츠 변환으로의 세대교체

국제 무역을 통해 미국에서 생산하는 자동차를 일본 시장에 직접 판매할 수도 있고, 중국에서 생산하는 가전을 유럽 상점에 직접 입점할 수도 있다. 이때는 전압과 같은 제품 자체의 '하드 밸류 참조 체계'만을 변환해주면 그만이다. 하드 밸류 제품의 무역은 상대적으로 간단한 편이다. 반면 패션과 같은 소프트 밸류의 함량이 높은 제품을 거래할 때는 반드시 수출 상대국의 문화와 풍습 및 현재 트렌드 등 참조 체계의 차별성을 고려해야 한다. 이처럼 소프트 밸류 제품의 무역 절차는 상당히 복잡하다.

예를 들어 오페라는 유럽 사람이라면 누구나 쉽게 접할 수 있는 예술 장르 중 하나로, 그중 일부 유명한 아리아는 일반 사람들에게도 익숙하다. 반면 중국 청중에게는 낯설기만 한 장르로, 서양 고전음악을 접하고 교육을 받은 일부 교양인들만이 아리아의 뜻과 가치를 이해할 수 있다. 하지만 뮤지컬처럼 통속적인 예술 형식은 줄거리 소개나 가사 번안 등의 변화를 거치면 중국 일반 관중들도 〈캣츠〉나 〈오페라의 유령〉 등의 명작을 감상할 수 있다. 〈맘마미아〉 제작진은 재창작을 통해 중국판(열네 번째 글로벌 버전)을 제작하여 중국 시장에서 대성공을 거두었다.

상대론의 원리로 살펴보자. 하드 밸류 제품의 무역은 절대적 공간에서 발생하므로 '갈릴레이 변환[2)]'만 거치면 된다. 하지만 소프트 밸류 제품의 무역은 상대적 공간에서 발생하므로 반드시 '로렌츠 변환'을 거쳐야 한다.

전통적 뉴턴 물리학에서는 시간과 공간은 운동 속도와는 무관하며, 등속직선운동을 하는 관성계에서는 그 값이 모두 동일하다. 따라서 하드 밸류 제품은 시장이 달라도 거래에 아무 문제가 없었다. 이것이 바로 하드 밸류 시대의 '갈릴레이 변환'이다. '갈릴레이 변환'은 사실 '불변으로 다양한 변화를 대처'하는 방법이다. 이는 절대적 시간과 절대적 공간에서만 가능한 개념이다.

하지만 운동 속도가 광속에 가까워지면 시간은 관성계에 따라 상대적으로 달라진다. 관성계의 속도가 빨라질수록 시간은 느려지고, 길이가 짧아지며 질량은 커진다. 따라서 하나의 참조 체계에서 물리량을 측정하여 도출한 좌표 값은 그 참조 체계에만 적용된다. 만약 다른 참조 체계에서 해당 물리량을 측정하고자 한다면 먼저 특정 변환을 거쳐야 한다. 우선 첫

---

2) 시간이 모든 기준 틀에서 동일한 절대적인 개념이라는 것을 전제로, 상대 속도가 일정한 두 관성 기준들 사이 시공간 좌표의 변환을 말한다._옮긴이

번째 참조 체계에서 묘사한 해당 위치의 좌표 값을 변환해야만 다른 참조 체계에서의 좌표 값을 도출할 수 있다. 이것이 바로 '로렌츠 변환'이다.

소프트 밸류 제품의 가치는 주로 사람들의 주관적인 느낌과 참조 체계의 특징에 의해 결정된다. 따라서 소프트 밸류를 배양하거나 적용하기 위해서는 반드시 '로렌츠 변환' 과정이 필요하다. 〈캣츠〉와 〈오페라의 유령〉처럼 뮤지컬의 줄거리 소개나 가사 더빙 등만을 변환하기도 하고, 〈맘마미아〉처럼 완전한 '로렌츠 변환'을 거쳐 아예 중국판으로 제작되기도 한다. 마찬가지로 거래 제도와 경영 방식 역시 소재지의 정치·경제·법률·문화 등 참조 체계에 대한 설정 혹은 조정을 거쳐야 한다.

[사례] 중국에서의 이베이: 로렌츠 전환 부족

2003년 이베이는 이치넷을 인수합병하면서 중국 시장에 진입하여, 2006년 말 중국 사업에 3억 달러를 투자했다. 하지만 이렇다 할 수익을 거두지 못하고 시장 점유율 또한 계속해서 하락했다. 결국 2006년 알리바바 산하의 타오바오와 텅쉰 산하의 파이파이에 추월당하며, 이베이의 중국 시장 점유율이 20퍼센트까지 떨어진다. 2006년 12월 20일 TOM(모바일 인터넷 기업) 닷컴은 49퍼센트 지분으로 이베이 이치넷 경영에 참여한다고 발표한다. 이베이는 중국에 대한 투자를 모두 철수하지는 않고, 새롭게 설립된 TOM 이치넷의 51퍼센트 지분만을 보유한 채, 실질적인 경영에서는 물러난다. 이베이의 퇴각은 사실상 이치넷을 인수하여 중국 시장에 진출했던 이베이의 실패를 의미한다.

이베이 이치넷은 중국 시장에 진출하면서 소프트 밸류에 대한 로렌츠 변환의 적기를 놓쳤기 때문에, 후발주자인 타오바오에 자리를 내주게 된 것이다.

우선, 글로벌화만을 추구하다 현지화에 실패했다. 타오바오가 설립될 당시, 이베이는 이치넷의 글로벌화에만 온 정신을 쏟았다. 중국 사이트를 글로벌화하려다 현지화에 실패한 케이스다. 이베이 본사는 중국 경영진을 위에서 컨트롤하려고만 했지 현지 시장에 대한 그들의 노하우를 제대로 활용하지 못했다.

둘째, 판매자의 입장은 전혀 고려하지 않고, 중국 실정에 맞지 않게 커미션 제도를 도입했다. 이베이는 초창기 유럽 시장에 적용했던 경영 방식을 그대로 중국 시장에 적용했다. 판매자에게 입점비를 받고, 거래가 성사된 후에는 판매가에 비례하여 커미션까지 챙겼다. 이는 이베이가 중국 시장을 제대로 이해하지 못했기 때문에 발생한 사태였다. 중국 시장에서는 커미션 제도가 통하지 않을 뿐만 아니라 오히려 커미션을 지불할 필요가 없는 플랫폼이 더욱 사랑을 받는다.

셋째, 소비자와의 신뢰 구축이 중요함에도 소비자의 입장을 전혀 고려하지 않았다. 이베이는 초창기에 소비자와 신뢰관계를 구축하는 데 주력한 것이 아니라, 판매자와 소비자가 직접 오프라인에서 거래하게 되면 수수료를 챙기지 못하게 될까 우려하여 판매자와 소비자의 소통을 원천 봉쇄했다. 하지만 타오바오는 달랐다. 소비자와 판매자가 직접 온라인에서 대화할 수 있도록 '왕왕'이라는 실시간 대화 채널을 구축했다. 중국 소비자의 심리를 제대로 파악한 결정이었다.

그 밖에 이베이의 지불 방식 '페이팔'은 전체 거래에 전자결제 대행 서비스를 적용하지 못했기 때문에 더 많은 중국 고객을 끌어들이지 못했다.

결국 이베이는 소프트 밸류 참조 체계에 맞게 제대로 수정을 거치지 않은 채, 미국과 유럽식 전략을 중국 시장에 그대로 적용했기 때문에 타오바오와의 경쟁에서 결국 판매자도 잃고 소비자도 잃는 꼴이 되어버렸다.

집단 인지 법칙

만족이 가치를 창조한다

하드 밸류 시대에 자동차 한 대의 가치는 자동차의 기능과 옵션 등 경성^{硬性} 지표에 의해 결정되었다. 기능이 좋고 옵션이 고급스러울수록 자동차의 가치는 상승했다. 소비자가 만족한다고 해서 상품의 가치가 높아지는 것은 아니었다. 하지만 소프트 밸류 시대에는 예술 작품·주식·온라인 게임을 사용하는, 좋아하는, 만족하는 사람이 많을수록 그 가치가 올라간다. 그 이유가 무엇일까?

먹을 것이 부족하던 시대에는 배불리 먹는 것, 즉 기본 생리적 수요를 만족시킬 수 있는 열량이 가장 중요했다. 맛이 있고 없고는 따질 겨를이 없었다. 더군다나 식사 환경, 분위기, 문화적 의미 따위는 전혀 고려 대상이 아니었다. 하지만 소프트 밸류 시대에서는 배불리 먹는 것보다 어디서, 누구와, 어떻게 먹느냐 하는 인간의 주관적·감성적 요인이 더 중요해졌다. 일반 식당보다 가격이 수십 배에서 수백 배나 비싼 미슐랭 식당이 바로 소프트 밸류의 주관성을 보여주는 좋은 예다.

뉴턴 물리학 시대에서는 모든 것이 객관적·고정적·독립적인 물리적 성질을 가진다고 생각했다. 관측자가 누구든, 무엇을, 어떤 방법으로 관측하든 아무 상관이 없었다. 하지만 양자 시대에서는 '슈뢰딩거의 고양이'와 같은 기묘한 현상이 나타난다. 관측하고 있지 않을 때는 고양이는 '죽었으면서 살아있는 상태'이며, 고양이가 진짜 죽었는지 살았는지는 전적으로 관측자가 어느 순간에 관찰하는가에 달렸다. 객관적인 세계가 '인간의 의지에 따라 달라지지 않는다'는 정설은 더 이상 통하지 않고 사람의 인식과 참여가 결정적인 역할을 하기 시작했다.

소프트 밸류 시대에는 기존의 자연 자원을 가공하여 하드 밸류 가치를 창조하던 것에서 주로 인간의 창조적인 사유와 기능적 활동을 통해 소프트 밸류를 창조하는 방향으로 변화하고 있다. 소프트 밸류 창조의 목표 또한 사람의 정신적 욕구를 충족시키는 쪽으로 무게가 실리고 있다. 소프트 밸류 제품에 대한 사람들의 전파와 체험 그리고 평가가 제품의 가치를 살리기도 혹은 죽이기도 한다. 이 같은 상황에서 창조적인 사고와 집단의 인지가 소프트 밸류의 크기를 결정하는데, 이는 소프트 밸류의 중요한 특징이다. 정보·지식·문화·금융·서비스 등 소프트 밸류 상품의 가치는 단순히 상품 자체의 객관적인 성질에 의해 결정되는 것이 아니라 상품에 대한 소비자와 체험자의 주관적인 느낌과 인식에 따라 결정된다.

모두가 좋으면 진짜 좋은 것

만약 '어떤 음식이 가장 좋아요?' 하고 설문 조사를 한다면 대부분 '엄마가 해준 음식'이라 대답할 것이다. 엄마가 해준 음식은 허기를 달래줄 뿐만 아니라 모정과 가정의 따뜻함, 어린 시절 추억과 같은 정신적 만족을 주기 때문이다. 이 순간 엄마가 해준 음식이 각자의 자녀에게 '소프트 밸류'를 창조했다고 말할 수 있다. 하지만 영희의 엄마와 철수의 엄마가 해주신 요리는 영희나 철수의 마음속에서만 '개인적인 인정'을 받을 수 있다. 그러니 이는 '소량'의 소프트 밸류만을 창조한 것이다. 한 엄마가 모든 자녀가 좋아할 만한 요리, 즉 진정한 의미의 '소프트 밸류'를 창조하기는 어렵다.

〈혀끝으로 만나는 중국〉이라는 다큐멘터리는 뜻밖에도 모든 중국인이 인정할 만한 '엄마의 요리'를 선보였다. 풍부한 소재와 뛰어난 촬영 기법 덕도 있겠지만 사실 이보다 더 주효한 원인은 이 다큐멘터리가 가정 중심, 가족 중심의 중국인의 정서를 제대로 공략했기 때문이었다. 전국 각지의 엄마가 만든 가정식 요리를 선보이며 서로 다른 지역에 살고 있는 관객도 천리 밖의 맛있는 요리를 맛볼 수 있었고, 사람들은 그 안에서 '엄마의 요리'의 향과 맛을 느낄 수 있었다. 이는 성공적으로 '집단 인지'를 촉발한 것으로, 사실 대다수 사람의 뉴런이 동기화 방전되며 일어난 결과다.

주관적인 감정은 소프트 밸류의 가치 결정에 핵심적인 역할을 한다. 하지만 개인의 주관적인 감정은 개인의 소비와 효용만을 결정할 뿐 상품의 소프트 밸류 크기를 결정하지는 못하며, 소프트 밸류의 크기를 결정하는 것은 집단의 인지다.

문화·정보·지식·금융 등 소프트 밸류 상품의 가치는 한 개인이 인식하는 중요도가 아닌 광범위한 집단의 인지에 의해 결정된다.

주관적 체험과 암시: 집단 인지의 기본 요소

옥스퍼드대학교의 과학자가 진행한 다음의 실험은 참조 체계가 없는 상황에서 단어 하나만으로도 우리의 생각이 얼마나 달라질 수 있는지를 보여준다. 피실험자에게 무색무취의 공기 냄새를 맡게 한 후 영국산 체더치즈라고 말해주었더니 '배고픔'으로 인해 피실험자의 대뇌 중 후각을 지배하는 영역이 활발하게 움직이기 시작했다. 다시 '체취'라고 말해주자 대뇌의 후각 영역이 활동을 멈추었다. 공기는 처음부터 깨끗한 상태였고, 아무런 변화가 없었지만 대뇌에 새겨진 '서로 다른 낙인' 때문에 후각 반응이 달라진 것이다.[3]

이처럼 사람이 어떠한 대상의 가치를 판단할 때 정보 암시가 주관적인 인식에 큰 영향을 미친다는 사실을 알 수 있다. 참조 체계가 부족할수록 자신의 심리적 체험, 주관적·심리적 암시가 더 중요한 역할을 한다.

이와 같은 정보는 업체의 광고 문구나 소비자의 체험 평가에서도 얻을 수 있는데, 소비자는 주로 사용자의 체험 평가를 참고하여 자신의 소비 행위를 결정한다.

[사례] 당신이라면 어떤 그룹의 노래를 다운로드하시겠습니까?

컬럼비아대학교의 사회학자 던컨 와츠는 다음의 실험을 진행했다. 인터넷 사이트를 개설하여 1만 4,000명의 참여자의 회원 가입을 받는다. 참여자에게는 인지도가 낮은 그룹의 노래를 미리 듣고 다운로드할 수 있는 기회가 부여되며 곡마다 점수를 매길 수도 있다. 실험자는 참여자를 두 개의 조로 나누어 한 조는 곡명과 그룹명만을 열람할 수 있게 하고 다른 조는 노래 다운로드 횟수를 볼 수 있도록 설정한다.

던컨 와츠는 두 번째 상황을 '사회적 영향'이라 불렀다. 와츠는 실험을 통해 다운로드 횟수가 타인의 곡 선택에 어떤 영향을 미치는지를 밝히고 싶었다. 결과는 그의 예상대로였다. 사회적 영향하의 참여자는 예상대로 다운로드 횟수의 영향을 받았고, 다운로드 횟수가 많은 곡일수록 더 많은 새로운 참여자들의 참여를 유도했다. 하지만 다운로드 횟수를 알 수 없는 독립적인 실험조는 곡의 선호도가 전혀 달랐다.

---

3) 조나 레러, 《프루스트는 신경과학자였다》.

이 실험을 통해 소비자의 주관적 선호도가 다른 소비자의 평가를 기초로 한다는 것과, 이런 주관적인 선호도가 오히려 상품에 대한 객관적인 품질 평가보다 더 큰 영향을 준다는 사실을 알 수 있었다.[4]

수용, 전파, 감상 주체에 따른 차별화

주로 사람의 주관적 체험을 기준으로 소프트 밸류를 판단하기 때문에, 생산 비용 이론으로는 스타의 출연비와 기업 전속 모델의 모델료, 광고 카피의 가치, 자문 기획료 등을 정확하게 계산할 수 없다. 더욱이 모두에게 일반적으로 적용되는 효용이란 있을 수 없으며(한 집단에서는 효용 가치가 커도 다른 집단에서는 효용 가치가 0일 수 있음) 오히려 특정 집단의 인식에 따라 그 효용이 결정된다.

따라서 소프트 밸류를 연구할 때는 제일 먼저 '인지 집단을 어디까지 설정할 것인가'부터 결정해야 한다. 인지 집단이 클수록 소프트 밸류도 높아지기 때문에 대중음악의 공연 수익이 고상한 음악보다 높고, 대중문학이 전문서적보다 많이 팔린다.

인지 집단의 영향력(사회적 지위, 수입 등)이 클수록 소프트 밸류도 높아진다. 그래서 유명 영화배우와 사회 저명인사들이 사용하고 추천하는 제품의 정가가 더 높은 것이다. 비슷한 컨설팅 방안이 글로벌 대기업에는 수억 위안에 팔려도, 중소기업에서는 수십만 위안밖에 받지 못할 수도 있다.

인지 집단이 소프트 밸류 제품을 통해 얻은 효용이 클수록 소프트 밸류도 증가한다. 따라서 동일한 정보, 동일한 생각이라도 일반 노동자에게는 한 푼의 가치가 없을 수도 있고, 정책 결정자들에게는 억만금의 가치를 지닐 수도 있다.

---

4) 마이클 셔머, 《경제학이 풀지 못한 시장의 비밀》.

주관적인 집단 인지와 소프트 밸류

반 고흐의 그림은 생전에 그 가치를 인정받지 못했다. 하지만 지금은 몸값이 꽤나 비싼 블루칩이 되었다. 원래 가치가 높았던 응용 프로그램과 온라인 게임도 사람들의 취향이 다른 응용 프로그램, 온라인 게임 쪽으로 바뀌면 그 가치가 급락한다.

2015년 11월 15일, 저명한 화가 리커란의 작품 〈만산홍편〉은 중국 자더의 경매에서 그 가격이 천정부지로 치솟아 1억 8,400만 위안에 팔렸다. 과거 리커란은 이 작품을 골동품 가게인 룽바오자이에 겨우 80위안에 넘겼다.

중국 국내 그림의 거래 성사 현황을 반영하는 미술전문 매체, 야창의 '국화國畵 400지수'를 살펴보면, 2000년 국화 경매 수량은 1,284건, 거래 성사 수량은 884건에 달하지만 거래 금액은 겨우 1억 6,000만 위안 정도였다. 당시를 기준 시時로 하여 지수 1000을 설정했는데 2015년 가을, 지수가 5,142포인트까지 급등했다. 이는 국화 예술품의 인지 집단이 확대되었음을 보여준다. 당시 경매 수량은 이미 9,062건으로 증가하여 총 6,272건이 거래 성사되었으며 거래 금액도 48억 7,000만 위안에 달했다. 동시에 중국 경제가 발전하면서 예술품 투자 참여 집단의 소득 수준도 증가했다. 부유층도 점점 예술품 투자를 통해 얻을 수 있는 정신적 만족과 신분에 대한 과시, 부의 증가에 주목하기 시작했다. 즉 인지 집단이 클수록 소프트 밸류가 높아지기도 하지만 인지 집단이 소프트 밸류 상품에서 얻을 수 있는 효용이 클수록 소프트 밸류가 높아진다는 사실을 알 수 있다.

가치 판단의 주관성과 집단 인지의 법칙이 금융자산에서는 더 두드러지게 나타난다. 투자자의 믿음과 심리는 실물경제보다 주식시장의 주가 등락에 더 큰 영향을 준다. 주식시장의 주가는 심지어 실물경제의 움직임과는 무관하게 독립적인 흐름을 보이기도 한다.

금융자산의 가격 변동 요인을 살펴보면, 지라시 하나 때문에 투자자의 집단적 인지에 변화가 발생하여 주가가 수십 퍼센트 포인트 심지어 수 배나 상승하거나 하락하기도 한다. 투자자의 집단 인지 변화가 경제 펀더멘털과 상장회사의 실적 변화보다 증시에 더 큰 영향을 주기도 한다.

소프트 밸류의 승수와 비보존의 법칙

어린 중의 두근거림

어린 중이 노승을 따라 탁발하기 위해 산을 내려가던 중이었다. 바람이 한 차례 불자 소녀의 치마가 뒤집혔다. 이를 보고 있던 어린 중의 가슴이 콩닥콩닥 쉼 없이 뛰기 시작했다. 노승이 불현듯 물었다. "왜 가슴이 뛰는 게냐?" 어린 중이 대답했다. "바람이 한들거려서요." 옆에 있던 사형이 대답했다. "바람이 아니라 치마가 한들거린 것이겠지." 노승이 대답했다. "네 마음이 한들거리는 것이니라."

바람이 불고 치마가 한들거리는 것은 소프트 밸류를 확정하는 객관적이고 물질적인 기본 요인으로 어렵지 않게 측량할 수 있다. 하지만 관찰자의 마음이 한들거리는 것은 소프트 밸류의 '승수'에 해당하며 측량이 어렵다. 정보 이론의 개념을 빌어 말하자면, 바람의 운동량을 측정하여 '정보 소스(정보의 발신자)'만을 규정할 수 있을 뿐, '정보 채널(전송 통로)'과 '정보 싱크(정보의 수신자)'를 찾는 것은 매우 복잡하다.

하나의 소프트 밸류 상품이 창조되고 나면 전송 채널을 통해야만 파급·참여·수용할 수 있고 이렇게 집단의 인지를 불러일으켜야만 비로소 소프트 밸류가 창조된다. 이러한 과정에서 초기든 전파 과정이든 이 소프트 밸류 제품이 창출한 소프트 밸류의 크기를 가늠하기란 쉽지 않다. 따라서 최종적으로 이 소프트 밸류 제품이 얼마나 많은 집단의 인지를 이끌어내었는가를 보아야 한다.

바람이 치마를 들치어 어린 중의 마음을 설레게 했던 과정을 살펴보자. 대개는 바람에 치마가 조금씩 한들거리기 시작할 때부터, 어린 중의 심장은 이미 망아지처럼 날뛰기 시작했을 것이다. 이처럼 정보 수신자의 심적 변화가 최초 신호를 더욱 증폭시키는 결과를 낳기도 한다. 86쪽에서 언급했던 것처럼 사실 여부가 확인되지도 않은 지라시가 주식시장의 투자심리에 큰 변화를 주어 결국 주식의 대량 매수 혹은 매도로 이어지고 시장의 폭등과 폭락을 초래하는 것과 같은 이치다.

내가 피우는 것은 담배가 아니라 고독이다

20년 전, 중국의 언론 매체에서 '코카콜라는 탄수화물 덩어리'라는 기사를 내보내면서 코카콜라 회사를 '폭리와 사기' 혐의로 비난한 적이 있다. 하지만 이후 사람들은 '코카콜라가 파는 것은 단순한 음료가 아니라 청량감과 소비문화'라는 사실을 깨달았다. 최근 중국에서도 소프트 밸류가 주를 이루는 레저식품·음료·보조식품을 연구 개발하기 시작했다. '분위기를 파는' 바Bar나 레저 공간이 등장하는가 싶더니 심지어 쌀이나 달걀 등의 식품에도 '친환경', '브랜드' 등 소프트 밸류 요소를 추가하기 시작했다. 이들 제품은 일반 제품보다 비싸지만 많은 소비자의 사랑을 받고 있다.

사람들의 사치와 허영을 채워주는 것이든, 사람들의 잠재의식 혹은 인간관계에 대한 욕구를 기업이 발견한 것이든, 레저·건강 보조·담배·술과 같은 제품에 브랜드를 입혀 높은 이윤을 챙기는 업체 대부분은 사실 사기꾼이 아니라 현대적 감각으로 '소프트 밸류'를 창출하는 성공한 사업가다. 그들이 만든 상품으로 문화·레저·사치·과시·인간관계 등 사람의 실질적·정신적 수요를 만족시킬 수 있다면, 그 자체만으로 그들은 소프트 밸류의 창조자가 된다. 물론 상품의 실제 기능을 부풀려 소비자를 오도하고 기만하는 것은 또 다른 문제다.

일부 언론 매체가 마치 사회 공익을 수호하는 화신인 양, 상품의 판매가가 원자재 원가보다 높다는 이유만으로 이들 업체를 '사기꾼'으로 매도하지만 이는 사실 너무 단편적인 생각이다. 만약 이들 업체가 제품의 성분을 속이거나 소비자를 오도하지 않았는데도 언론 매체가 단지 제품의 원자재 원가만을 까발리며 비난한다면 소비자의 아이큐를 폄하하는 행위이자, 소비자의 진정한 구매 동기를 제대로 파악하지 못한 처사이며, 업체의 이미지를 훼손하고, 소프트 밸류의 실현 과정을 무시한 것이다.

그렇다면 중국의 유명한 건강식품 나오바이진은 영양가 하나 없는 식품이라고 공격하면서, 왜 중화담배에는 영양가가 없다고 비난하지 않는가? 왜 두서너 근의 곡식으로 빚어 만든 마오타이 술은 영양가가 없다고 비난하지 않는가? 인터넷에 떠도는 우스갯소리가 있다. '내가 피우는 것은 담배가 아니라 고독이다', '내가 마시는 것은 술이 아니라 부귀영화다'. 고독을 해소하고 부귀영화를 누릴 수 있다면 그 가치는 얼마나 될까?

미제美製가 세계를 풍미하던 시대에 미국에서는 평범한 브랜드도 중국에서는 명품이 되었다. 미국의 싸구려 패스트푸드가 개발도상국에 가면 중산층이나 향유하는 소비 대상이 되었다. 이러한 현상들에 분개하는 중국인들이라면 우리의 역사를 되돌아볼 필요가 있다. 중국 당나라의 실크가 서역에서는 항주보다 수 배, 로마에서는 수십 배나 비쌌다. '천조대국(천하의 중심 국가) 당나라'에서 온 상품이라고 하면 가격이 바로 폭등했다.

이처럼 수요와 가치를 창출하고 가격 폭등을 이끄는 힘은 소프트 밸류의 승수에서 결정된다.

어떤 상품이 당신의 가슴을 설레게 하는가?

어떤 상품이 소비자의 마음을 움직이는가?

영국의 유명한 코미디배우 미스터 빈(로완 앳킨슨)의 작품을 본 사람이라면 누구나 그의 어처구니없는 액션에 박장대소했을 것이다. 누구도 그의 연기에 심각해지거나 사족을 달지 못한다. 지위와 신분을 막론하고 그의 연기를 본 사람은 모두 그에게 감염되고 만다. 사실 미스터 빈 자신은 영화 시작부터 끝까지 한 번 웃지 않는데도 말이다.

〈타이타닉〉 영화를 본 관객이라면 로즈가 마지막에 잭의 손을 놓고 그가 차가운 바닷속으로 가라앉는 것을 지켜보아야 했던 가슴 아픈 장면에서 함께 아파했을 것이다.

놀이동산에서 롤러코스터를 탈 때 우리는 하늘을 나는 기분이 들고, 월드컵과 NBA(미국 프로농구 대회) 마니아는 경기를 관람할 때 마치 자기가 스타 선수가 된 것처럼 장거리 슛과 덩크슛을 날리는 기분이 든다.

소프트 밸류 상품은 우리에게 즐거움과 행복을 주기도 하고, 누군가 자신을 이해하고 공감해주고 있다는 생각이 들도록 만들어준다. 때론 삶의 다양한 체험을 누릴 수도 있다. 때문에 사람들은 강한 끌림과 심리적 만족을 느끼기도 한다.

역사를 돌아보면 상앙이 진秦나라에서 변법을 시행하기 전, 진효공을 몇 차례 찾아가 제왕의 도, 왕의 도, 패자의 도에 대해 이야기했지만 진효공은 들은 체도 하지 않았다. 하지만 상앙이 '강국의 계책'에 대해 이야기하자 그제야 흥미를 보이며 그의 제안을 받아들여 변법을 통해 강국을 세우고자 했다. 사실 상앙의 강국 계책이란 맞춤형 자문 서비스였으며 고객의 마음을 움직이는 지식형 소프트 밸류 상품이었다.

성공한 지식형 소프트 밸류 상품은 고객의 객관적인 실체에서 출발하여 고객이 가장 해결하고 싶어 하는 문제를 포착하거나, 고객이 목표를 실현할 수 있는 최적화된 방법을 제시함으로써 고객의 심리적 만족을 이끌어낸다. 그러면 고객은 마치 보물을 발견한 듯 마음을 움직인다.

애주가가 아니라면, 세상의 모든 백주는 그저 쓰디쓴 음료일 뿐 아무런 매력도 느껴지지 않을 것이다. 하지만 마오타이 술을 음미할 줄 아는 사람이라면 이야기가 조금 다르다. 파나마 박람회에서 관람객들이 마오타이 향기에 취했다는 전설만으로도, 홍군이 장정에 올라 마오타이를 지날 때 마오타이 술로 피로를 풀고 상처를 치료했다는 이야기만으로도, 마오타이를 저우언라이가 즐겨 마셨다는 이야기만으로도, 애주가들은 마오타이 술을 마시면 왠지 성취감과 지위 및 재력을 갖춘 것처럼, 말로는 설명할 수 없지만 분명한 그 어떤 유대감을 느끼게 될 것이다. 마오타이는 일반 백주, 심지어 유명 주류와는 차별화된 가치를 지닌다고 생각할 것이다.

작지만 강한 힘: 주도자와 그 추종자

모두들 기억할 것이다. 2008년부터 시작된, 중국에서는 이미 유명했던 운동화가 미국과 유럽 패션계를 휩쓸었던 일화를 말이다. '페이웨'는 상하이에서 만들어진 역사가 오래된 운동화였다. 프랑스 유명 사업가 파트리스 바스티안이 페이웨를 발굴하여 유럽과 미국에 소개한 후 뜻밖에도 유명 연예인과 모델들의 사랑을 받게 되었다. 〈반지의 제왕〉에서 엘프족의 왕자로 나온 올랜드 블룸이 영화 〈뉴욕, 아이러브유〉에서 카키색의 외투를 걸치고 페이웨 운동화를 신고 등장하면서 새로운 패션계의 바로미터가 되었다. 샤넬과 베르사체 브랜드의 대표 모델 포피 델레바인이 브랜드 홍보 행사에 페이웨를 신고 나오면서 스타의 홍보 효과에 힘입어 빠르게 유행하기 시작했고 트렌드에 민감한 유럽과 미국 청소년이 앞다투어 중국의 '흰 운동화'를 찾기 시작했다. 중국에서는 한 켤레에 수십 위안밖에 안 하던 운동화가 프랑스에서는 50유로에 팔리기 시작했다.

페이웨의 일례는 소프트 밸류의 전파에서 주도자의 역할이 얼마나 중요한지를 설명해준다. 패션업계에서는 유명 연예인과 모델의 파급 효과가 일반 소비자보다 월등히 크다.

지식형 소프트 밸류 상품은 특히 새로운 성과물을 발견한 사람이 그 성과물의 최초 유포자 즉 '주도자'가 된다. '가치 투자'의 주도자인 벤저민 그레이엄은 자신이 발견한 정확한 투자 방법을 수많은 투자자를 위해 아낌없이 공개했다.

일부 소프트 밸류 상품이 전파되는 과정에서 일부 신분·직업·사회적 지위·경제력 등의 우세로 다른 사람들보다 좀 더 빨리 새로운 소프트 밸류 상품을 접하게 되는 사람들이 있는데 이들이 전파 과정의 주도자가 된다. 예를 들어 할리우드에서 난이도가 높은 작품을 제작하고, 그 제작자가 이 작품에 대중성이 있는지를 판단하기 어려울 때, 뉴욕과 로스앤젤레스에 위치한 호화주택 번화가의 극장에서 먼저 상영을 한다. 이곳 관중들은 대개 문화 수준이 높은 지식층으로 난이도가 높은 예술 영화도 쉽게 받아들이기 때문이다. 이곳 관중들의 호응을 얻으면 다른 관중에게도 그 영향이 파급된다. 그러면 이들은 이 영화에 다수의 공감대를 이끌어내는 '주도자'가 된다.

프랑스 심리학자 귀스타브 르 봉은 그의 저서 《군중심리》에서 대중과 지도자의 관계를 이렇게 설명했다. "그들(지도자)은 자신의 말이 큰 설득력을 지닌다고 맹신한다. 일반인들은 의지력 있는 누군가의 말에 복종하고 싶어 하며, 지도자들은 그들이 자신의 생각을 받아들이도록 설득할 수 있다고 생각한다. 대중 속의 사람들은 자신의 의지를 상실하고, 자신이 갖지 못한 재능을 가진 사람에게 본능적으로 끌리게 되어 있다."[5]

---

5) 마이클 셔머, 《경제학이 풀지 못한 시장의 비밀》.

주도자는 어떻게 단련되었는가?

중국 전자상거래 분야에서 마윈은 명실상부한 '인지'의 주도자다. 1999년 마윈이 알리바바를 창립하기 전 그는 이미 '차이나옐로우페이지'를 개설하여 좌절을 맛보기도 했고, 중국 대외 경제무역부에서 전자상거래 개설 업무를 성공적으로 수행하기도 했다. 그는 '중소기업을 위한 전자상거래 서비스'라는 새로운 비즈니스 모델이 중국에서 큰 반향을 일으킬 것이라 확신했다. 그는 자신이 중차대한 임무를 수행 중이며, 알리바바의 B2B(기업 대 기업) 방식이 네트워크 서비스에 혁명을 일으킬 것이라 굳게 믿었다.

알리바바 설립 초기, 마윈은 향후 102년을 구상하며, 3세기를 지속 경영하는 세계 최대의 전자상거래 회사를 만들겠다고 다짐했다. 마윈은 인지의 주도자로서 '심리 인지 능력'이 뛰어났는데, 향후 8년, 10년 심지어 20~30년을 1년, 1개월, 1주일처럼 인내할 수 있었다. 그는 소프트 밸류에 대한 열린 마음가짐으로, '앞으로 언젠가는 전자상거래가 중국 기업의 글로벌 경영을 실현시켜 주겠지' 하며 기다렸다.

심리 인지 능력과 상대적 시간·공간 개념 덕분에 인지 주도자의 리스크 대처 능력은 점점 더 강해진다. 소프트 밸류가 전파되는 과정에서 어려움에 직면했을 때 그들은 자신이 어려움을 극복하고 생존할 것이라고 굳게 믿는다. 마윈이 입버릇처럼 하는 말이 있다. '오늘은 힘들지 모른다. 내일은 더 힘들지도 모른다. 하지만 그 다음은 더 행복해질 것이다.'

마윈의 예에서 알 수 있듯이 소프트 밸류 주도자의 심리 인지 능력을 측정하려면 소프트 밸류의 운동 규칙을 파악해야 한다. 소프트 밸류는 그 성질이 다르기 때문에 효용 가치에 대한 인지, 공간과 시간에 따른 가치 변화의 예측, 위험가치에 대한 인지 등에 주안점을 두고 가치를 측량해야 한다. 더 나아가 인지란 본질적으로 모두 일종의 심리 활동이기 때문에 소프트 밸류의 승수를 측량한다는 것은 사실 비선형성의 심리

인지 능력, 심리적 시간, 심리적 공간, 심리적 예측, 위험 부담 한계치를 측량하는 것과 같다.

두근거림 뒤의 심리: 소프트 밸류의 승수 값

어린 중의 일례나 미스터 빈, 월드컵, NBA에서 마오타이와 전자상거래에 관한 마윈의 인지 능력까지 우리는 집단의 인지가 발생하는 과정을 면밀히 검토해보았다.

소프트 밸류 상품에 대한 집단의 인지는 주도자 개인의 인지에서부터 시작한다. 인지 주도자의 인지 정도 및 시간상의 차이로, 주도자가 추종자보다 소프트 밸류 상품에 대해 심리적으로 좀 더 먼저, 좀 더 깊은 인지를 형성하게 된다. 그 결과 인지 주도자는 참조 체계 안에서 상대적 시간과 상대적 공간 개념을 가지게 되고, 위험 부담 능력도 커지게 된다. 이때 인지 주도자는 이상적 '흑체'가 되어 주위의 모든 에너지를 흡수하고 이를 최대한의 열에너지로 바꾸어 방출하게 된다.

파동의 간섭[6]과 공진 이론의 관점에서 살펴보면, 소프트 밸류 상품에 대한 깊은 인지와 에너지 방출이 일어날 때 추종자들의 뉴런에도 동기화 방전이 일어나 주파수가 발생하며, 전파 속도가 균등하지만 방향은 상반된 반사파가 발생한다. 입사파(소프트 밸류 주도파)와 반사파(소프트 밸류 추종파)가 만나 최대 진폭이 만들어지면 두 파장이 서로 중첩하며 보강되는 소위 말해 '보강 간섭[7]'이 일어난다. 이때 집단의 인지가 형성된다. 따라서 집단 인지의 크기를 측정하려면 소프트 밸류의 승수 값이 필요하다.

---

6) 간섭이란 일정한 조건을 만족하는 두 파동이 만나 중첩되는 현상을 말하며, 중첩 구간 중 어떤 지점은 파동이 계속 강화되고, 어떤 지점에서는 계속 상쇄되는 현상이 발생한다. 즉 간섭 구간 내 파동의 강도가 안정적인 공간적 분포를 보인다.

7) 파동의 중첩 원리에 따르면, 두 파동의 파봉(혹은 파곡)이 만약 동시에 동일한 지점에 도달하면 이것을 '동상(同相)'이라 하고, 간섭파에서 최대 진폭이 만들어지는데 이를 보강 간섭이라 한다.

소프트 밸류의 승수 본질은 참여자 심리에 의해 결정되는 집단 인지의 탄력성을 의미하며, '소프트 밸류 승수'는 집단 인지의 탄력성을 측정하는 수단이 된다. 하나의 상품이 소비자에게 일으키는 심리 변화가 클수록 소프트 밸류의 승수는 높아진다. 반대로 하나의 상품이 소비자에게 일으키는 심리 변화가 작을수록 소프트 밸류가 받는 '주관적 인지'의 영향도 줄어든다. 소프트 밸류를 창출하는 역량이 약할수록 소프트 밸류의 승수도 낮아진다.

소프트 밸류 상품의 전파 단계에서는 상품에 대한 사람들의 소비·감정·평가에 따라 소프트 밸류 승수가 변화한다. 어쩌면 사람들의 칭찬에 소프트 밸류가 상승할 수도 있고 잠시 폭등하다가 서서히 하락할 수도 있다. 혹은 상승하다가도 사람들의 인식이 달라지면 폭락할 수도 있다.

결론적으로 말해 소프트 밸류의 승수는 주로 다음의 변동 양상을 보인다.

첫째, 집단 전파의 범위가 넓어지면 소프트 밸류도 계속 증가한다. 고전 예술품의 소프트 밸류는 집단의 전파 범위가 넓어질수록 계속해서 증가하게 된다. 인지하는 사람이 많아질수록 그 소프트 밸류도 점점 높아진다. 반 고흐 생전에는 겨우 몇몇 지인들만이 그의 그림을 알아봐주었다. 하지만 그가 세상을 떠난 뒤 그의 작품은 사회적 인정을 받기 시작했다. 전파 범위가 넓어지면서 반 고흐 작품의 소프트 밸류 승수도 지속적으로 상승한다. 그의 그림을 직접 감상하고 싶어 하는 사람이 많아질수록 반 고흐에 대한 전기와 영화, 음악 작품도 쏟아졌고, 반 고흐 작품의 소프트 밸류 승수도 점점 높아졌다.

반 고흐의 그림, 베토벤의 음악, 톨스토이, 조설근[8]의 문학작품, 상·

8) 《홍루몽》의 작가._옮긴이

주 시대의 청동기, 원나라 청화, 명나라 가구 등 고전 예술품은 그 창조적 사유의 함량이 매우 높아 해석의 여지가 무궁무진하다. 이처럼 전파 집단의 범위가 시간이 흐르면서 확대되고 소프트 밸류의 승수가 지속적으로 높아지기도 한다.

둘째, 전파 집단이 늘어나면서 소프트 밸류가 천천히 고점까지 치솟았다가 하락하기도 한다. 트렌드 상품의 소프트 밸류 승수는 대개 전파 집단이 증가하면 서서히 증가하여 고점을 찍고 하락하는 변동 규칙을 보인다. 대중가요 대부분이 그러한데 창작 후 텔레비전이나 인터넷 등 전파 경로를 통해 다수의 인정을 받으면서 소프트 밸류 승수도 점점 상승하게 된다. 하지만 대부분 대중문화의 소프트 밸류 상품의 창조적인 사유는 그 함량이 유한하다. 따라서 소프트 밸류 승수가 상대적인 고점에 도달하면 전파 집단은 싫증을 느끼기 시작한다. 사람들의 인식이 분산되며 새로운 대중음악으로 관심이 옮겨가면 그 순간부터 이 제품의 소프트 밸류 승수는 점차 하락하기 시작한다. 단 '0'점으로 무한대 하락하지만 완전히 '0'이 되지는 않는다. 고전음악처럼 수년이 지나도 추억을 회상하며 노래를 즐겨 찾는 사람들이 간혹 존재하기 때문이다. 하지만 어쨌든 전반적으로 보면 소프트 밸류 승수는 이미 줄어든 상태다.

대부분의 지식형 소프트 밸류 상품의 승수 역시 이러한 특징을 보인다. 신기술의 응용으로 사람들은 전에 없던 새로운 세계를 만나는 기분이 들기도 한다. 이때 전파 집단의 범위가 확대되면 소프트 밸류의 승수도 점차 상승하게 된다. 하지만 일정 기간이 지나 제때 업데이트가 되지 않으면 이미 만족감을 느꼈던 사람들도 서서히 싫증을 느끼며, 소프트 밸류의 승수도 점차 하락하게 된다.

셋째, 전파 집단이 증가하면서 반대로 소프트 밸류가 하락하는 경우도 있다. 일부 사치품의 경우 전파 집단이 확대되면서 소프트 밸류 승수가 점차 하락하기도 한다. 사치품의 특징 중 하나가 희소성인데 다수에게 전파되어 그 희소성이 깨지면 소프트 밸류 승수는 오히려 하락하게 된다. 이러한 소프트 밸류 상품의 가치 창조는 실패한 사례다.

넷째, 소프트 밸류 승수가 특정 요인 때문에 갑자기 폭증 혹은 붕괴되기도 한다. 소프트 밸류 상품의 소프트 밸류 승수는 전파 집단이 증가하여 특정 시점에 이르게 되면 대개 참조 체계의 변수에 큰 변화가 발생하면서 갑자기 폭증하기도 하고 붕괴되기도 한다. 예를 들어 어떤 상장기업의 소재지가 국가급 특구로 지정되어 갑자기 폭증한다든가, 두 나라의 관계가 우호적이다가 적대적으로 돌아서면서 기존에 상대국의 소프트 밸류 상품을 전파하던 전파 집단 사이에 갑자기 적대적인 감정이 팽배해지면 그 제품의 소프트 밸류 승수는 급락하거나 심지어 붕괴되기도 한다.

또 다른 가능성은 소프트 밸류 상품의 '참여자'에게 발생하는 변화다. 예를 들어 모옌처럼 유명한 작가의 작품도 중국 국내에서 처음부터 안정적인 흐름을 보였던 것은 아니다. 그가 노벨문학상을 받은 후 독자들에 대한 파급력이 강해졌고, 소프트 밸류 승수가 급상승하기 시작했다. 소프트 밸류 승수의 변동 규칙만 잘 파악한다면 상품의 소프트 밸류를 성공적으로 창출할 수 있는 확률도 높아질 것이다.

소프트 밸류의 비보존성 원칙

하이젠베르크가 제창한 불확정성 원칙을 바탕으로 새로운 이론을 도출해낼 수 있다. '절대 진공(순수 공간)의 상태라 해도 언제든 에너지가 나타날 수는 있다. 하지만 이들 에너지는 생성 즉시 사라지며, 에너지가 높을수록 존재하는 시간도 짧다.' 우리가 일상적으로 경험하는 '무에서 유가 창조된다는 무중생유無中生有'의 개념에서도 완전히 벗어나는 개념이다. 이를 우리는 '양자 요동' 혹은 '진공 요동'이라 부른다.

1957년 리정다오와 양전닝은 약상호작용하에서 반전성 비보전의 현상이 일어난다는 사실을 발견했고 우젠슝은 실험을 통해 이를 입증했다. 이러한 발견으로 리정다오와 양전닝은 노벨물리학상을 받았다. 이들 이론과 실험 성공으로 당시 뉴턴 물리학 세계의 보존 및 대칭 등의 개념은 완전히 무너지며, 뉴턴의 사고관은 양자 세계에 적합하지 않다는 사실을 인식하기 시작했다.

만약 우리가 반 고흐의 그림을 하나 산다고 하자. 전람회나 경매를 거치며 그의 작품을 보고 인정하고 좋아하는 사람들이 늘어나면 그림의 가격도 점점 치솟을 것이다. 이처럼 소프트 밸류의 세계에서는 불변의 가치는 존재하지 않으며 이는 양자 세계의 비보존성과도 일치한다.

소프트 밸류 '비보존'의 근본적인 원인은 소프트 밸류 상품을 감상·전파·소장·평가하는 참여자가 모두 이 제품의 소프트 밸류 창조자이기 때문이다. 소프트 밸류 상품의 가치는 최초의 창작자뿐만 아니라, 대부분 후반에 참여하여 과거의 가치 발굴, 현재의 가치 체험, 미래의 가치 예측을 실현하는 인식의 주도자와 추종자에 의해 결정된다. 이 과정에서 소프트 밸류의 크기가 계속해서 변동하여 초기 원가가 비쌌던 소프트 포춘(연성 부)이 변동 과정에서 그 가치가 '0'이 되기도 하고, 반대로 초기 원가가 저렴했던 소프트 포춘이 시장에서 그 가치가 상승하기도 한다.

예를 들어 산업사회에서는 가치의 총량이 정해져 있기 때문에 기업이 창출한 하드 밸류 범위 안에서 주주와 직원끼리 제로섬게임을 해야만 했다. 주주가 가져가는 배당금이 많으면 직원의 월급이 줄어들었고, 반대로 직원의 월급이 오르면 주주의 배당금이 줄어들었다.

하지만 소프트 밸류 세계에서는 주주뿐만 아니라 직원도 스톡옵션을 받아 기업의 주식을 소유하기 때문에 주주의 자산과 직원의 보수가 모두 기업의 시가총액이 된다. 따라서 기업이 발전하여 투자자의 신뢰도가 높아져 주가가 오르게 되면, 그 결과 주주의 자산이 늘어나게 되고, 직원 역시 스톡옵션 행사를 통해 자신이 창출한 소프트 밸류를 이익으로 실현할 수 있게 된다.

그 과정에서 기업이 창조한 금융의 소프트 밸류는 항상 일정한 것이 아니다. 기업에 대한 투자자의 신뢰도가 있어야만 주식의 가치도 일정 범위 안에서 지속적으로 상승할 수 있다. 반대로 투자자가 기업에 대한 신뢰도를 잃게 되면 주가가 0으로 떨어져 심지어 상장 폐지되거나 소프트 밸류가 완전히 소멸해버리기도 한다.

어떤 학자는 세계를 구성하는 물질은 D-d 입자이며 그중 물질 입자 D는 정보 입자 d로 전환되어 분리되어 나오면서 '반전성 비보존'의 물리적 법칙이 만들어진다고 말했다. 이처럼 물리학 기초를 통해 '가치의 비보존'의 법칙도 도출해낼 수 있다.[9]

---

9) 林左鳴,《廣義虛擬經濟: 二元價值容介態的經濟》. 반전성은 하나의 공간에 반사된 대칭 형태로, 즉 동일한 입자 사이에는 마치 거울에 비친 것처럼 운동 법칙도 동일하다. 리정다오, 양전닝은 1956년 반전성 비보존의 법칙을 주장하며 입자와 반입자가 완전히 동일한 규칙으로 존재하는 것은 아니라는 사실을 증명했다. 우주 대폭발로 생성된 물질은 반물질보다 약간 많으며 대부분의 물질과 반물질은 소멸하고 지금의 물질세계가 만들어졌다. 1998년 유럽 원자핵 공동 연구소(CERN)에서는 K중간자(케이온)의 전환 속도가 부K중간자의 전환 속도보다 빠르며 시간이 비대칭적이라는 사실을 밝혀냈다. 린쭤밍은 물질 상태, 에너지 상태, 정보 상태로 물질의 3가지 존재 형태를 처음으로 제시하며, 이들 물질과 정보의 상호 작용 상태를 용개(容介) 상태라고 명명했다.

소프트 밸류의 불연속성과 불확정성

기적의 해

물리학 역사상 두 번의 '기적의 해'가 존재한다. 첫 번째 기적의 해는 1666년, 뉴턴이 페스트를 피해 고향으로 돌아왔던 해였다. 그 해 그는 혼자서 미적분법을 완성하고, 광분해 현상을 실험적으로 분석했으며 만유인력의 법칙을 발견하는 등 다양한 창조적 사고를 통해 수많은 업적을 남겼다. 1년이라는 짧은 시간 안에 뉴턴은 수학, 광학, 역학 분야에 가장 중심이 되는 초석을 쌓았다.

두 번째 기적의 해는 아인슈타인이 연달아 여섯 편의 논문[10]을 발표한 1905년이었다. 분자와 브라운 운동, 광양자설, 특수 상대론까지 3대 영역에 혁신적인 업적을 남기면서 현대 물리학의 판도를 완전히 바꾸어 놓았다.[11]

---

10) 3월 18일 〈빛의 발생과 변환에 대한 하나의 모색적 관점에 관하여〉, 4월 30일 〈분자 크기의 새로운 측정법〉, 5월 11일 〈열의 분자 운동론 중 정지 액체 속에 떠 있는 작은 입자들의 운동에 대하여〉, 6월 30일 〈움직이는 물체의 전기 역학에 관하여〉, 9월 27일 〈물체의 관성이 에너지 용량(용적)에 따라 달라지는가〉, 12월 19일 〈브라운 운동에 관한 이론〉.

11) 曹天元,《上帝擲骰子嗎? 量子物理史話》.

뉴턴과 아인슈타인의 성과는 이 밖에도 수없이 많지만 각 연도마다 평균적 분포를 보인 것이 아니라 주로 '기적의 해'에 영감이 폭발적으로 증가하면서 집중적으로 나타났다. 이는 인간의 창조적 사유 활동이 연속적이지 않다는 것을 분명히 보여준다.

'특정량의 에너지' 흡수가 필요한 가치의 퀀텀 점프

양자 물리학 중 발머 공식[12]에 힌트를 얻어 만들어진 '퀀텀 점프' 이론처럼 소프트 밸류도 마찬가지로 비대칭성과 비연속성을 가지며 일정한 조건하에서 비연속적인 퀀텀 점프가 발생한다. 그림 3.1은 퀀텀 점프를 가장 간단하게 도식화한 것으로 양자화의 비연속성을 설명하고자 한다. 원자핵 부근에 존재하는 낮은 에너지의 전자는 발머 공식에서 정의한 '특정량 에너지'를 흡수해야만 저에너지의 정상 상태$^{stationary\ state}$에서 고에너

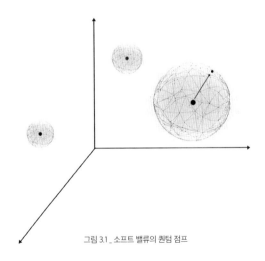

그림 3.1 _ 소프트 밸류의 퀀텀 점프

12) $\frac{1}{\lambda} = R\left(\frac{1}{2^2} - \frac{1}{n^2}\right)$ (n=3, 4, 5…) 그중 R은 뤼드베리 상수이고, 그 값은 1.0973731569×10^{7}m^{-1}이다. 발머 공식은 1885년 스위스 수학자 발머가 수소 스펙트럼선에 계열관계를 밝히고자 고안한 공식이다.

지의 정상 상태로 변환된다. 이러한 변화는 연속적이 아닌 계단식으로 도약하며 발생하기 때문에 이를 전자의 도약(퀀텀 점프)이라고 표현한다. 동일한 이치로 소프트 밸류의 한계비용이 '0'이어도 특정량의 입사과 에너지를 '흡수'하게 되면 비연속적 '도약'이 가능하다.

'특정량의 에너지를 흡수해야 도약'할 수 있는 양자역학의 현상에서 우리는 다음과 같은 원리를 추론할 수 있다. 소프트 밸류 창조 과정에서 인간의 사유가 불연속적이기 때문에 소프트 밸류도 '불연속적'으로 창출된다는 사실이다.

소프트 밸류의 불연속성

소프트 밸류는 인간의 창조적인 사유와 기능적 활동에 의해 창출된다. 심리학자는 창조적 사유에서 중요한 사실 하나를 발견한다. 즉 아무런 관련이 없어 보이는 사건 사이에도 미약한 연결고리인 '약 결합 요소'가 존재한다는 사실이다[13]. 이는 비선형적 사고를 의미한다. 선형적 사고는 일종의 직선적, 단방향, 1차원적으로, 변화가 결여된 사고방식을 의미하고, 비선형적 사고는 인간의 대뇌 신경 및 혈관 조직과 유사한데, 비평면적·입체적이며, 그 중심도 끝도 없는 그물 구조로 이루어져 있다.[14] 창조적 사유는 비선형적인 인간 사유 활동으로 양자적 특징을 지닌다.

양자 차원에서 물질의 운동은 비연속적이다. 에너지는 최소 단위의 정배수로만 전달되며 기타 각운동량·선회·전하 등과 같은 물리량 역시 모두 불연속적(양자화)이다. 사유는 사실 본질적으로 대뇌의 양자 활동에 해당하기 때문에 반드시 양자의 운동 법칙을 따라 움직이며 불연속적인

---

13) 조나 레러, 《이매진: 초일류들의 뇌 사용법》.

14) 바이두 백과사전의 '비선형적 사고'에 관한 설명이다.

특징을 지닌다.

'상호 연계, 비평면적, 입체적, 탈중심, 무한대'의 사유 방식에서는 사유의 과정이 주로 도약적으로 나타난다. 겉으로 보기엔 시간과 논리라는 단방향 구속에서 벗어난 듯 보이지만 사실은 더 고차원의 어떤 논리적 관계가 숨어있다.

대개 우리는 시인·화가·음악가 등 예술가의 창작 과정에서 주로 비선형적 사고의 매력을 느끼곤 하지만 사실 과학 연구와 기술적 혁신에서도 이러한 비선형적 사고가 작용한다. 독일의 화학자 케쿨레는 꿈을 꾸다가 문득 6개의 탄소원자와 6개의 수소원자로 이루어진 벤젠분자가 닫힌 사슬 구조로 결합해 있다는 비밀을 풀게 된다. 이것이 바로 과학자 연구에 비선형적 사고가 필요하다는 것을 보여주는 전형적인 일례다.

혁신 능력이 뛰어난 구글, 3M 등의 기업은 직원들에게 안락하고 편안하게 일할 수 있는 업무 환경을 마련해준다. 이는 하드 밸류 시대의 질서정연하고 관리가 엄격했던 제조공장과는 근본부터 다르다. 구글과 3M 같은 기업의 경영진은 이미 소프트 밸류가 비연속적·도약적 발전을 통해 창출된다는 사실을 잘 알고 있었던 것이다. 소프트 밸류의 창조자에게 생산라인의 노동자처럼 끊임없이 소프트 밸류 상품을 만들어내라고 요구할 수는 없다. 심리학자들도 무언가 억지로 창조하려고 하다 보면 성과를 얻기 힘들고, 오히려 마음이 편안하고 즐거울 때 가장 강한 창조적 에너지가 분출된다고 말한다.

소프트 밸류의 크기는 대부분 소프트 밸류의 승수에 의해 결정되며, 소프트 밸류의 본질은 참여자의 감정으로 결정되는 집단 인지의 탄력성이다. 참여자의 감정이 불연속적·비선형적·도약적으로 일어나기 때문에 소프트 밸류 승수와 소프트 밸류의 크기 역시 그러한 특징을 보인다.

문화재시장, 예술품 및 음반 시장에서는 종종 돌발 변수로 인해 사람들의 심리 상태가 변하여 소프트 밸류가 급등락을 거듭하기도 한다. 일례로 작은 바에서 푼돈을 받고 노래하던 어떤 무명 가수가 어떠한 인연이 닿아 갑자기 유명해지면서 몸값이 수천만 위안에 달하기도 한다. 초기에는 비트코인 수만 개를 주어야만 겨우 피자 한 판을 살 수 있었다. 그러다 비트코인 가격이 급등하여 1,000달러를 돌파하는가 싶더니 다시 장기 침체로 돌아섰다. 이후 블록체인을 사람들이 인지하기 시작하면서 다시 상승세를 타기 시작한다. 하지만 소프트 밸류의 변화 뒤에는 인간 사유와 심리의 운동 규칙이 존재하는데, 그것은 비선형적·비연속적·도약적인 특징을 지니며, 간혹 양적 변화가 질적 변화로, 질적 변화가 양적 변화로 이행한다는 (마르크스의) 철학적 원리를 벗어나기도 한다.

소프트 밸류 영역

영화 한 편의 소프트 밸류는 얼마나 될까?

영화 한 편을 찍는 데 1억 위안을 투자했다면, 이 영화의 창조 가치가 1억 위안이라고 단언할 수 있는가? 3억 위안의 흥행 수익을 냈다면 그 3억 위안이 이 영화의 소프트 밸류 전액이라고 말할 수 있는가? 이 영화 덕분에 완구·패션·도서 심지어 테마공원의 수입도 10억 위안 이상에 육박한다면 이 영화가 창조한 소프트 밸류가 10억 위안뿐이라고 말할 수 있을까? 이 영화가 세기의 명작으로 수 세대에 걸쳐 사람들의 사랑을 받는다면 이 영화의 소프트 밸류는 도대체 얼마나 되는 걸까?

이중 슬릿 실험 중 전자빔으로 전자를 발사하면, 이중 슬릿을 통과한 전자는 뉴턴 세계의 폭탄처럼 명확한 하나의 탄도를 그리며 구체적인 위치에 정확하게 꽂히는 것이 아니라 파동의 성질을 보이며 좁은 구멍을 통과한 후 스크린에 간섭무늬를 만든다. 이때 전자의 정확한 위치는 알 수 없으며 그저 확률로만 표현할 수 있을 뿐이다. 이 때문에 전자가 보이는 파동의 특징을 '물질파' 혹은 '확률파'라고 정의한다.

마찬가지로 소프트 밸류 시대에 사는 우리 역시 소프트 밸류의 모든 것을 동시에 정확하게 측량하는 것은 불가능하다. 예를 들어 소프트 밸류의 인지 집단은 얼마나 되는가? 소프트 밸류 승수 값은 도대체 얼마인가? 소프트 밸류의 양은 정확한 것인가? 모든 것은 부정확하고 그저 확률파의 형식으로 일정한 공간에 분포한다. 이때 소프트 밸류는 '중첩 상태'를 띠며 이 공간 어디에 분포하는가는 수많은 가능성으로 나타낼 수 있을 뿐이다.

양자역학의 원리에 따르면 확률파는 관측에 의해 붕괴될 수도 있다. 즉 일종의 불확정적 확률로 분포해 있다가 하나의 확정적 수치로 고정된다. 다시 말해 원래 무수한 가능성으로 존재하다가 하나의 가능성으로 귀결된다.

금융의 소프트 밸류를 예로 들어보자. 개장 시간에는 주가가 계속해서 출렁거린다. 때문에 어떤 시각의 주가가 이 주식의 정확한 소프트 밸류인지 확답하기 어렵다. 이 주식의 가격은 어떠한 구간에서 일정한 확률로 존재하며 파동의 형태로 나타난다. 하지만 모든 거래는 매수자와 매도자의 심리 활동을 통해 결정된 매수가와 매도가가 만났을 때 소프트 밸류에 파동 함수의 붕괴가 발생하며 거래가가 확정된다. 하지만 이러한 붕괴 결과는 불확정적이며 거래 쌍방의 심리 활동, 심지어 다음과 같은 돌발 변수에 의해 결정된다. 금융시장에 '팻 핑거'로 거래 가격을 잘못 입력하는 돌발 변수가 발생하면 주가가 큰 폭의 변동세를 보이기도 한다.

소프트 밸류는 '점'이 아닌 '구간'

이중 간섭 실험에서 이중 슬릿을 통과한 입자의 운동궤도는 정확하지 않고 일정한 구간에 확률로만 존재하는데 이는 소프트 밸류의 파동 규칙과 매우 흡사하다. 소프트 밸류도 고정된 한 점이 아니라 일정한 구간 안에 확률로만 존재하기 때문이다.

예를 들어 유명 영화배우가 창조한 소프트 밸류를 정확한 수치로 표현할 수 있을까? 당연히 불가능하다. 그가 창조한 소프트 밸류는 그의 작품 수와 질, 관중의 수와 반응, 언론 매체의 홍보와 평론 등에 따라 끊임없이 변화하며 '구간'의 특징을 보이기 때문이다. 우리는 그저 동급의 영화배우 중 각자가 창조한 가치의 크기만을 비교할 수 있을 뿐 개개인의 소프트 밸류를 어떤 특정한 '점'으로 규정할 수는 없다.

또한 주식 한 주의 창조 가치를 판단하기도 어렵다. 주식이 창조한 소프트 밸류는 거시경제 데이터와 업황, 기업 펀더멘털에 대한 정보, 금리와 환율 변화(C)와 시장 집단의 크기(N), 시장 분위기 및 예측(m) 전염 효과 등의 영향을 받아 끊임없이 변동하며 그저 '구간'으로만 특정 범위 내에 분포하는 특징을 보이기 때문이다.

하드 밸류 세계에서 소비 승수와 투자 승수는 모두 수렴적이다. 하지만 소프트 밸류 세계에서 소프트 밸류 승수는 때론 무한대로, 때론 유한하게 발산하기도 하며, 가끔은 어떤 극한 값으로 발산하다가 추세 전환이 일어나며 역운동으로 수렴되기도 한다. 하지만 추세 전환점은 무작위로 출현한다.

소프트 밸류 세계에서 소프트 밸류 상품과 서비스 투입 비용, 투자 비용, 매몰 비용을 전적으로 추적 분석하거나 혹은 다양한 방법을 통해 그 내재적 가치를 계산하고, 수요 함수를 이용해 정확한 공급과 수요의 관계를 찾거나 혹은 절대 가치를 정의하는 일은 매우 어려우면서도 현실적으로 불가능한 일이다. 리만 가설, 퍼지 함수, 카오스 시스템을 이용해 참조 체계와 상관계수를 확정하여 상대적인 가치를 측정해야 한다. 소프트 밸류의 주도자와 추종자를 구분하여 집단 인지의 운동 방향을 추적해야 한다. 변화의 비연속성, 인과관계의 상호 역전성, 가치의 비대칭성에 허용적인 사고로 서로 다른 각도에서 인지 심리와 소프트 밸류의 승수를 측정해야만 소프트 밸류의 운동 구간, 즉 소프트 밸류 구간을 최종적으로 계산하여 나타낼 수 있다.

당연히 잘못된 철학적 인식론 혹은 계산 방식을 이용한다면 정확한 결론을 도출하기 어렵다. 저명한 물리학자 아인슈타인은 유클리드 알고리즘에 오랫동안 빠져있었지만 그 과학적 가설을 증명할 수는 없었다. 그러다 리만 가설을 통해 특수 상대론을 성공적으로 완성할 수 있었다. 뉴턴은 영국의 남해회사 주식에 투자했다 손실을 본 후 "나는 천체의 움직임은 계산해도 사람들의 광기는 도저히 측정할 수 없다."고 혀를 내두른 적이 있다. 몇백 년 전의 뉴턴도 분명 현재 대부분의 애널리스트와 예술 전문가들처럼 어떤 주식 혹은 예술품의 확정적인 가치를 계산하려 들었을 것이다. 뉴턴은 참조 체계와 집단 인지의 탄력성(소프트 밸류 승수)을 고려하여 '가치 구간' 및 그 구간 안에서의 소프트 밸류 파동 규칙을 파악하지 않았기 때문에 그의 계산 결과가 현실에서는 무용지물이 되고 말았던 것이다.

이제 소프트 밸류가 점이 아닌 구간이라는 것을 알았다면, 우리는 고정된 점에서 소프트 밸류의 정확한 위치를 찾으려 하지 말고 불확정성의 원리와 확률론적 사고로 소프트 밸류의 분포와 운동 규칙을 파악해야 할 것이다.

소프트 밸류, 인과관계 가역성의 원리

위챗 게시글: 흡수, 복사, 재흡수, 재복사

한 작가가 자신의 위챗 공식계정에 새로운 글을 게재하면서 가치 창조의
첫발을 내딛게 된다. 그 다음 그의 구독자들이 새로운 게시물을 발견하
여 읽기 시작하며 공감대가 형성된다. 이 단계에서는 가치 승수가 누적되
기 시작한다. 어느 정도의 구독자가 그의 게시물을 읽게 되면 집단 인지
가 형성되고, 소프트 밸류의 자릿수가 달라지기 시작한다. 다음 단계는
구독자가 인터넷 공간에 이 게시물을 퍼 나르거나 혹은 이 게시물이 입
소문을 타기 시작하면서 소프트 밸류의 준위가 달라지기 시작한다. 그의
글을 읽고 나서 독자의 상당수는 그의 공식계정을 구독하고자 한다. 그
결과 작가는 강연, 강의, 전속 광고 모델 혹은 광고를 통해 다양한 수입원
이 증가하기 시작한다. 그렇다면 독자가 구독·평가·전파한 것이 그의 글
이었을까 아니면 공식계정이었을까? 이 같은 현상을 이 소프트 밸류 창
조의 원인이라고 해야 할까 아니면 결과라고 해야 할까?

　이처럼 소프트 밸류의 창조와 향유 객체는 명확하게 구분하기 어렵
다. 그뿐만 아니라 소프트 밸류를 향유하는 것 자체가 가치 창조이며, 가

치 창조 자체가 다시 파급 효과를 높여 역으로 향유하는 사람이 증가하기도 한다. 자신이 경험했던 신선한 사건들을 블로그에 올리고 나면 본인은 뿌듯함을 얻고, 타인은 거기서 새로운 정보를 얻는다. 그렇다면 당신은 가치를 창조한 것인가 아니면 스스로 향유한 것인가? 다른 네티즌들도 당신의 블로그에 '좋아요'를 누르고, 댓글을 남기고, 글을 퍼 나르는 동안 행복을 느낀다. 그 결과 해당 정보를 공유하는 사람이 늘어나게 되고, 그중 어떤 사람은 거기에 자신의 경험과 느낌을 덧붙이기도 한다. 그렇다면 그들은 가치를 향유하는 것일까, 창조하는 것일까?

흑체 복사 이론의 계시

양자 이론에서는 '흑체'는 자신의 표면에 입사하는 모든 복사선을 완전히 흡수한 뒤 반사나 투사하지 않고, 오히려 모든 복사선을 최대치의 열복사로 전환시킨다. 예를 들어 태양에 조사된 복사는 반사하지 않고 흡수하고 있다가 한 번에 최대치의 열복사를 방출한다. 그래서 태양이 흑체로 보이는 것이다.

'흑체 복사' 이론으로 보면, 가치를 배양하는 과정 역시 소비 집단의 '의식(반응, 느낌, 평가 등)'을 지속적으로 흡수하여 최대치의 '흑체 복사'를 만들고 더 많은 소비 집단을 유인하여 다시 '의식'을 흡수한 뒤 최대치의 복사를 다시 만드는 선순환 과정을 거치게 된다. 간단히 말해 소프트 밸류의 배양은 '흡수·복사·재흡수·재복사'의 순환 과정을 거친다. 게다가 소프트 밸류의 배양과 소비 과정은 상호 중첩되거나 얽혀 있어, 복사를 흡수 및 방출하는 과정에서도 소프트 밸류가 끊임없이 증가한다.

신뢰가 먼저? 자금이 먼저?

자본시장에서 '투자자의 신뢰가 높아져 자금이 증가하는 것일까 아니면 자금이 증가하여 신뢰도가 높아지는 것일까?' 하는 논쟁은 아직도 진행 중이다. 시장에 대한 신뢰도가 높아지려면 자금이 있어야 하고, 자금 유입을 유도하려면 시장에 대한 신뢰가 있어야 하는 모순 때문에 상승은 늘 급등을 보이고, 하락은 늘 급락을 보인다.

향후 주가 동향에 대한 투자자의 예측이 일치할 경우, 주가 흐름이 가속화되기도 하는데 추세 전환점에서 원인과 결과가 뒤바뀌는 현상이 나타나기도 한다. 예를 들어 어떤 주식이 1년 후 최고 100위안까지 뛸 것으로 예상되나 현재 주가는 50위안 정도라고 하자. 만약 투자자들이 주가 상승을 예상하고 이 주식을 매입하게 되면, 투자자의 행위로 인해 주가가 상승하게 된다. 그리고 대개 6개월이면 80~90위안까지 오르게 될 것이다. 주가가 상승한 것은 특정 요인 때문일까 아니면 투자자의 예측 때문일까?

원인이 무엇이든 사람들이 100위안이 고점이라 믿는다면 100위안 아래에서 서둘러 주식을 매도해 수익을 내려고 할 것이다. 그러다 다시 95위안이 고점이라는 걸 확인하고 나면 그보다 더 낮은 가격인 90위안 정도에서 매도할 것이고, 결국 이 주식의 고점은 다시 90위안으로 떨어지게 될 것이다. 바로 이처럼 사람들이 100위안을 최고점이라고 믿었기 때문에 90위안에 매각하고, 또 사람들이 90위안에 팔았기 때문에 주식의 고점이 90위안으로 변하게 된다. 따라서 100위안은 영원히 진짜 결과가 될 수 없다.

사람들이 어떤 결과가 발생할 것을 믿었기 때문에 사전에 주식을 매도했던 것이고, 또 사전에 주식을 매도했기 때문에 새로운 결과가 발생한 것이다. 어떤 결과에 대한 사람들의 예견이 일치하게 되면 추세 흐름이 가속화되고 그 변곡점 또한 달라진다. 이처럼 시간상으로도 공간상으로도 예측했던 모든 결과에 변화가 발생한다. 심지어 '결과'가 '원인'으로,

'원인'이 '결과'로 역전되기도 한다.

소로스는 수학의 언어로 이러한 과정을 묘사했다.[15] y를 인간의 행동, x를 사람의 의식이라고 하면 사람의 행위는 의식의 영향을 받으므로 다음과 같이 나타낼 수 있다.

y=f(x), 즉 행위는 의식의 함수이므로 '행위 함수'라 지칭한다.

동시에 인간의 의식도 행위의 결과가 되므로 다음과 같이 나타낼 수 있다.

x=F(y), 즉 의식은 행위의 함수이므로 '의식 함수'라 지칭한다.

그렇다면 이 두 함수가 동시에 작용하여 상호 대입 및 상호 간섭 작용을 하므로 다음과 같이 표시할 수도 있다.

$$y = f[F(y)]$$
$$x = F[f(x)]$$

다시 말해 행위는 행위 자체를 변화시키는 함수이며, 의식 역시 의식 자체를 변화시키는 함수가 되어, 반복과 자기 강화 체계를 형성한다. 그 시스템 안에서는 원인과 결과의 구분이 모호하다.

투자자가 어떤 소식을 듣고 의식에 변화가 생겨 어떤 주식의 주가가 상승할 것이라 판단했다 치자. 변화한 의식을 행동 함수에 입력하면 행동에 변화가 발생하여 주식 매입을 선택하게 된다. 투자자들이 주식을 매입하니 당연히 그 주식의 주가가 상승하고, 투자자의 의식에 대한 영향력이 더 커지게 되어 주가가 더 상승할 것이란 믿음이 강해진다. 그래서 투자자는 추가 매입을 결정하게 된다. 우리가 눈으로 확인할 수 있는 것은 '주

---

15) 조지 소로스, 《금융의 연금술》.

가가 오르니 매입을 하고, 매입을 하니 다시 주가가 오르는' 상승장뿐이다. 이 과정에서 투자자의 의식은 행위에 영향을 주고 행위는 의식에 영향을 준다. 이처럼 순환이 반복되면서 어떤 것이 원인이고 어떤 것이 결과인지 구분하기 어려워진다.

이런 사례는 찾아보기 어렵지 않다. 사치품이 그러하다. 사치품이라 가격이 비싼 것인지, 비싸서 사치품이 된 것인지 한마디로 규정하기란 쉽지 않다.

제 4 장

소프트 밸류의 배양과 창조

완보 소프트 밸류 방정식

정확한 측정이 불가한 가치

1장에서 언급했던 5명의 친구들을 기억하는가? 경제학 교과서에 나오는 전통적 가치 이론에 정통하고 그것을 맹신했던 그들은 현실에서 매번 벽에 부딪히곤 했다. 오늘 그들이 이곳에 모여 함께 자신의 경험을 이야기한다.

L이 말했다. "지금껏 나는 노동의 가치로 월가의 가치 창조 과정을 밝히려 했어. 사회 노동시간으로 누가 창출한 가치가 더 큰가를 계량화하여 계산하려고 했지. 하지만 월가에서는 자본, 실적, 브랜드, 정보, 사회 자원과 리스크 프리미엄으로 가치를 창조하더군. 그런 것들은 사회의 필요 노동시간으로는 환산이 불가능해. 내게 가장 익숙했던 노동 가치론은 아무 쓸모가 없었어."

자문 회사에 다니는 F는 이제 실적도 오르고 직급과 수입도 꽤 높아졌다. 더는 '토지는 부의 어머니고, 노동은 부의 아버지'라는 생각으로 일하지 않았기 때문이다. 하지만 문제는 그가 인센티브 양식을 만들게 되면서부터였다. 같은 팀 동료에게 기여도에 따라 인센티브를 배당해주어야 하는데 그 일로 애를 먹고 있는 중이었다. 인력 자원과 지혜에 의존해 가치를 창조하는 이런 업종에서는 직원들이 창출한 가치를 어떻게 계량화해야 할까?

또 다른 F는 이미 전자상거래 기업의 엄연한 사장이 되었다. 시간이 날 때는 아버지의 가전 제조업체를 도와 경영하며 전통적 제조업공장에 '인터넷 플러스[1]'를 시도했다. 하지만 아이러니하게도 아버지는 이미 신기능·신모델을 지속적으로 개발하기 위해 설계자에게 일반 기술자보다 높은 임금을 지불하고 있었다. 아버지는 자금·인력·기술·경영·토지가 부를 창조한다고 생각하면서도 왜 설계자에게 그렇게 높은 임금을 지불하고 있었던 것일까?

U는 동문들에게 자신의 단골고객에 대한 이야기를 해주었다. 그녀가 어찌나 실감 나게 이야기하던지 모두 박장대소하며 들었다. 하지만 U는 전혀 즐겁지 않았다. "의견을 좀 줘봐. 이런 고객한테는 효용 이야기가 안 먹힌단 말이야. 한계 효용으론 더 이상 가치를 판단할 수 없는 것일까?"

D가 그녀의 말을 받았다. "너는 그저 고객 하난데 뭐 대수라고. 난 공급과 수요 이론으로 주식의 가치를 평가하다가 돈만 엄청 날렸어. 책에 나오는 논리가 실전에서는 전혀 소용이 없더라고."

이때 완보 신경제연구원에서 근무하는 여자 후배 W가 조언했다. "선배들 문제는 사실 다 같아요. 양자 시대에서는 완보 가치 방정식으로 소프트 밸류의 크기를 평가해야 해요."

모두 초롱초롱한 눈으로 후배의 말을 경청했다. "완보 가치 방정식이란 게 도대체 뭔데?"

---

1) 리커창 총리가 처음 언급한 정책이다. 전통사업에 정보통신을 결합한다는 정책으로 온라인과 오프라인을 접목시켜 고부가가치를 창출하는 전략을 말한다. 옮긴이

완보 소프트 밸류 방정식이란?

"아직도 소프트 밸류 방정식을 몰라요?"라며 후배가 웃었다. 후배는 '파장과 입자의 이중성'부터 이야기를 시작해서 '살았으면서 죽어있는' 슈뢰딩거의 고양이, 그리고 양자 시대 인간의 사유 방식의 전환, 소프트 밸류와 사회에 미치는 영향까지 다양한 이야기를 해주었고 모두들 신기한 듯 경청했다.

마음을 겨우 진정시킨 L이 물었다. "이젠 좀 알겠어. 내가 꽤 잘 알고 있다고 생각했던 가치론으로도 가치의 크기를 측정할 수 없었던 이유가 결국은 소프트 밸류 때문이었군. 지금의 경제를 이해하려면 먼저 소프트 밸류의 개념부터 알아야겠네. 그럼 소프트 밸류 방정식이란 것으로 어떻게 그 가치를 측정하는 건데?"

W는 배시시 웃더니 종이에 간단한 방정식을 적었다.

$$V = C \cdot N^m$$

D가 방정식을 보자마자 말했다. "이건 아인슈타인의 질량과 에너지 방정식이랑 완전 비슷한데!"

W가 대답했다. "맞아요. 상대론이나 양자 시대의 가치 평가 방식이 비슷하니 완보의 소프트 밸류 방정식이 상대론의 질량-에너지 방정식과 비슷한 것도 이상한 건 아니죠."

W는 그 뒤로도 많은 이야기를 해주었다. 그중 V는 소프트 밸류의 크기, C는 유효 투입 요소, N은 전파 집단 범위, m은 소프트 밸류의 승수이며, 이 방정식에서는 다음의 세 가지 요인이 소프트 밸류의 크기를 결정한다.

유효 투입 요소(C): 소프트 밸류 창조 과정에서 다양한 유형 혹은 무형의 요소와 자원을 투입하는데 그중 일부 투입 요소는 아무런 효과가 없다. 예를 들어 음대생이 많은 시간과 노력을 기울인다고 해서 반드시 훌륭한 연주자 혹은 작곡가가 되는 것은 아니다. 작가가 많은 시간을 들여도 완벽한 작품을 쓰지 못할 수도 있다. 그러니 이러한 투입은 무효 투입이 된다. 소프트 밸류 상품을 창출하는 소프트 투입만이 유효 투입이다. 유효 투입에는 시간, 노력, 재능, 지적재산권 등의 무형 투입도 있고, 자금과 물질 등의 유형 투입도 있다.

전파 집단 범위(N): 전파 집단의 범위에서 가장 중요한 '차원'은 참여 집단의 크기다. 소프트 밸류 상품을 수용하는 사람들이 많을수록 전파 집단의 범위가 점점 커진다. 만약 책 10만 권을 팔고 싶다면 책 1만 권을 파는 데 공을 들이는 것보다 전파 집단의 범위를 넓히는 것이 10배나 더 효과적이다.

소프트 밸류 승수(m): 소프트 밸류 승수의 개념은 이미 87~99쪽에서 자세하게 분석했으므로 여기서는 다시 논하지 않겠다.

완보 소프트 밸류 방정식에서 소프트 밸류의 크기는 전파 집단 범위의 소프트 밸류 승수의 근과 정비례를 이룬다. 다시 말해 소프트 밸류 승수가 다른 두 개의 변수보다 소프트 밸류 크기에 더 큰 영향을 미친다. 또한 소프트 밸류의 승수가 1보다 커야만 소프트 밸류가 정방향으로 증가한다.

모두 W의 설명을 듣고 고개를 끄덕였다. "그럼 우린 실전에서 어떻게 이 방정식을 활용해서 소프트 밸류를 창조하지?" U의 물음에 W는 2단계 궤도 진입에는 3단 로켓이 필요한 법이라며 소프트 밸류 창조 모형을 설명했다.

소프트 밸류 창조:
2단계 궤도 진입에 필요한 3단 로켓

하드 밸류는 생산이 곧 창조이기 때문에 생산 과정이 완성되면 가치 창조도 완성된다. 이미 만들어진 하드 밸류 상품에는 더 이상 새로운 기능을 더해 그 가치(A/S는 소프트 밸류)를 높이기는 어렵다. 하드 밸류 상품은 사용할수록 그 가치가 소모되고 그러다 결국 폐기되어 하드 밸류가 소멸한다.

소프트 밸류는 인간의 사유 활동과 기능적 활동으로 창조되기 때문에, 그 생산 과정이 하드 밸류와는 완전히 다르다. 완보 소프트 밸류 방정식에 따르면, 소프트 밸류의 창조 과정 중 유효 투입 요소, 전파 집단 범위, 소프트 밸류 승수가 소프트 밸류의 크기를 결정하는 3대 변수다. 이 3대 변수의 생성과 변화 과정은 마치 3단 로켓처럼 단계마다 자체 엔진과 연료가 따로 있어 로켓의 고도와 속도를 높이는 역할을 한다.

다단 로켓 기술 중에는 각 단계별 로켓을 직렬로도 연결할 수 있고 병렬로도 연결할 수 있다. 그렇다면 유효 투입 요소, 전파 집단 범위, 소프트 밸류 승수라는 3단 로켓은 어떻게 연결해야 할까?

소프트 밸류의 창조 과정을 다단 로켓의 비행 방식에 비유하자면, 총

두 개의 비행 단계를 거친다. 첫 번째 단계는 본체 제작 단계로 주로 유효 투입 요소가 작용하며 다른 2개 로켓과 직렬 연결된다. 두 번째 단계는 가치 발효醱酵의 단계다. 전파 집단 범위, 소프트 밸류 승수는 마치 병렬 연결된 2개의 로켓처럼 함께 복사능을 발휘한다.

첫 번째 단계인 '본체' 제작 단계는 소프트 밸류의 유효 투입을 형성하는 단계다. 영화 촬영, 소설 창작, 금융 상품 개발, 소프트웨어 개발, 신기술 연구 개발 과정처럼 소프트 밸류에도 부차적인 하드 밸류 제품의 생산 과정이 필요하다.

작가의 소설 원고, 출판사 서적, 영화제작사의 배급용 필름, 소프트웨어의 코딩과 같은 소프트 밸류 상품은 대부분 '입자'의 형태이기 때문에 이 상품의 가치 구간이 얼마나 되는지 파악하기 어렵다. 그래서 출판사는 작가의 작품을 받고 나서 그저 예측만으로 첫 쇄에 몇 부를 찍을 것인가를 결정한다. 영화제작사도 우선 영화 평론가와 언론 매체를 초대하여 소규모 시사회를 연 뒤 작품에 대한 반응을 살펴 영화 홍보 전략을 결정한다. 소프트웨어 역시 일부 유저에게 베타 버전을 제공해 시장의 반응과 사용자의 체험 반응을 살핀다.

완보 소프트 밸류 방정식에서 유효 투입 요소는 소프트 밸류를 창조하는 첫 단계로 소프트 밸류 창조 과정 중 자금, 자재, 인력 기술 투입 단계다. 그중에서도 창조적인 사고에 투입된 인간의 감정과 사유, 재능 혹은 기능적 활동이 가장 중요하다.

그렇다면 무엇을 유효 투입 요소라 부르는가? 유효 투입은 무효 투입의 상대적인 개념으로, 소프트 밸류 상품을 창조하지 못하는 투입은 무효 투입이라 부른다.

두 번째 단계는 가치 발효 단계로 소프트 밸류 상품의 사용, 전파, 평가의 단계다. 예를 들어 영화의 배급과 상영 단계, 소설의 판매와 독서 단계, 주식의 거래와 분석 단계, 소프트웨어의 보급과 사용 단계, 신기술의 응용 및 평가 단계 등에 해당한다.

이 단계에서는 소프트 밸류 상품의 창조자가 사유 활동의 결정체다. 이것이 사용자의 사유 활동을 거쳐 양자 단계에서 얼마나 큰 공진共振을 일으킬지, 집단 인지를 촉발할지가 이 상품의 성공 여부를 결정한다. 이 단계에서는 소프트 밸류가 '파동'의 형태에 가깝다. 파동이 얼마나 넓게 전달되는가는 상품 자체가 가진 '주파수'와 전파의 '방출능'에 달렸다.

이 단계에서는 주로 완보 소프트 밸류 방정식 중 전파 집단 범위와 소프트 밸류 승수가 중요한 역할을 한다. 또한 전파 집단 범위와 소프트 밸류 승수를 높이는 모든 과정이 곧 소프트 밸류를 창조하는 과정이다. 그중 소프트 밸류 승수가 '기하급수적' 상승을 이끄는 견인차 역할을 한다.

동시에 전파 집단 범위와 소프트 밸류 승수, 이 둘의 변수는 마치 병렬로 연결된 로켓과 같아 서로 연계되어 상호 촉진하는 역할을 하는데, 전파 집단 범위가 클수록 소프트 밸류 승수가 높아진다. 소프트 밸류 승수가 높은 소프트 밸류 상품일수록 더 많은 전파자를 유인하게 되어 전파 집단의 범위가 넓어진다.

소프트 밸류를 창조하는 첫 번째 로켓:
유효 투입 요소

소프트 밸류를 창조하는 첫 번째 로켓인 유효 투입 요소는 그 크기가 소프트 밸류 크기에 직접적인 영향을 주기 때문에 매우 중요하다. 이 단계는 소프트 밸류 상품을 제조하는 단계로, 향후 2, 3단 로켓인 전파 집단 범위와 소프트 밸류 승수가 작용하는 기반이 된다. 더 많은 소프트 밸류를 창조하려면 유효 투입 요소를 늘려야 한다.

참조 체계와의 매칭률

소프트 밸류는 참조 체계에 따라 차별화하여 배양해야 한다. 동일한 소프트 밸류의 서로 다른 참조 체계에서의 설정을 '좌표'라 하는데, 동일한 소프트 밸류가 서로 다른 참조 체계에서 더 쉽게 받아들여질 수 있도록 집단 인지의 범위를 확대해야 한다. 시간·공간·문화 등 참조 체계에서의 좌표 차이를 고려하지 않고 '로렌츠 변환'도 거치지 않은 채, 획일적으로 소프트 밸류를 배양한다면 '문화 할인[2]' 같은 부작용이 나타난다.

---

2) 문화 상품이 다른 문화권에서 문화적 차이로 대중의 인정 혹은 이해를 얻지 못해 그 가치가 떨어지는 현상을 말한다.

[사례] 참조 체계의 변수를 제대로 파악한 <맘마미아>

전 세계적으로 붐을 일으킨 미국의 뮤지컬 <맘마미아>는 중국 무대에 오르기 전, 제일 먼저 각본과 가사 번안 작업을 했다. 이후 중국뿐만 아니라 타이완에서도 뛰어난 배우와 연출을 모집했다. <맘마미아> 역시 미국에서 중국으로 건너오면서 참조 체계가 달라졌다. 동일한 작품이라도 성공적인 공연을 위해서는 실정에 맞게 구체적인 상연 방식을 수정해야 한다. 참조 체계의 문화적 차이를 존중한 <맘마미아>는 배우의 연기와 제작, 연출까지 세심하게 관리했다. 그 결과 2011년 <맘마미아>가 중국 무대에 첫선을 보인 이래 지금까지 50만 명의 중국 팬을 거느리며 직장인들 사이에 새로운 '소비문화'로 자리 잡을 수 있었다. <맘마미아>는 벌써 14개국 버전으로 제작되었으며, 미국 라스베이거스에서 일본 도쿄에 이르기까지 세계 240개 도시를 순회하며 4,200만 관객에게 즐거움을 선사했다. <맘마미아>가 전 세계인들의 사랑을 받을 수 있었던 건 생생한 현장감에서 오는 매력도 있지만 무엇보다 모든 참조 체계에 대해 차별화된 로렌츠 '좌표' 변환을 거쳤기 때문이다. 현지의 우수한 배우를 섭외하고 본토의 언어로 각본과 가사 등을 번역해, 해당 국가의 관중에게 더 친근하게 다가가고, 내용이 쉽게 전달되도록 설정했기 때문이다. 그 결과 상연했던 도시와 각 참조 체계에서 모두 큰 반향을 일으키며 관객들의 사랑을 받았고, 광범위한 집단 인지를 형성할 수 있었다.

이와 비교하여, 40여 년의 역사를 자랑하던 미국의 대표 예능 프로그램 <새터데이 나이트 라이브>를 수입한 한 회사는, 중국 참조 체계의 특징을 고려하여 중국어로 적절하게 번역하고 문화적 해석을 거쳤어야 함에도 이러한 조정과 적응이 부족했다. 결과적으로 미국 관중에게 큰 웃음을 주었던 이 프로그램은 중국 관중을 웃기는 데는 실패하고 말았다. 이 사례는 대상 국가의 문화적 특징을 무시하고 소프트 밸류의 제품을 그대로 도입했다가는 큰 낭패를 볼 수 있음을 시사한다.

진정한 창조적 사유 활동이 필요하다

성공적인 소프트 밸류 상품을 창조하기 위해서는 무엇보다도 진정한 창조적 사유 활동이 필요하다. 문화·지식·정보·금융 분야의 소프트 밸류 상품이든 다른 서비스 산업의 소프트 밸류 상품이든 모두 예외는 없다. 100세대를 이어져 내려온 대작이나 세상에 대한 인류의 중요한 발견, 자금 운용 효율을 높일 수 있었던 금융 혁신, 사람에게 편안하고 안락함을 선사하는 서비스들도 그 속을 자세히 들여다보면 진정한 창조적 사유와 기능적 활동이 숨어있다.

반 고흐는 그림을 그릴 때 극도의 흥분을 느끼며 심지어 자학하는 지경에까지 이른다. 생전에 그의 그림은 작품성을 인정받지 못했지만 그림 안에 담긴 생에 대한 갈구가 결국은 사람들의 공명을 일으켰다. 중국계 첼리스트 요요마는 겨우 열다섯의 나이에 이미 난이도 최상의 연주 기법을 터득하여 타인은 감히 흉내 낼 수도 없는 아름다운 소리를 연주했다. 많은 열정을 투입해 얻은 노하우에 타고난 창조적 재능까지 더해져 탄생한 작품이어야만 성공한 소프트 밸류 상품이 될 수 있다.

지식 산업도 마찬가지다. 성공적인 교육·자문·콘퍼런스와 같은 소프트 밸류 상품을 개발하기 위해서는 반드시 창조적인 사유를 투입해야 한다. 중국에서 교육기관으로 유명한 신둥팡의 교사가 되기 위해서는 반드시 먼저 '변태의 과정'을 거쳐야 한다. 총 7차례의 면접을 거치게 되는데 그 기간이 장장 3개월에 달한다. 조건에 맞지 않는 지원자들은 사내 훈련 과정에서 단계별로 탈락하고 그 탈락률이 무려 50퍼센트에 달한다. 입사 후에도 역시 정기적으로 국내외 교육 전문가를 초빙하여 교사들을 대상으로 철저한 훈련을 실시한다. 훈련 내용도 교수법, 가정교육 지식,

교육 심리학 등으로 다양하다.

금융 소프트 밸류 산업에도 '위어바오[3]'처럼 성공한 소프트 밸류 상품을 개발하려면 다량의 창조적 사유를 투입해야 한다. 기술 면에서는 수많은 잠재고객과 일일 거래량을 처리할 수 있는 새로운 프로그램 개발이 필요하다. 수익 면에서는 은행과 같은 전통적인 대기업들의 횡포에 맞서서도 높은 수익률을 유지할 수 있어야 한다. 보안 면에서는 완벽한 솔루션이 필요하다. 개발팀은 자신의 전통적인 사고의 틀을 깨부수어야만 이 같은 관문을 하나하나 모두 돌파할 수 있다.

[사례] 20년을 준비한 〈인셉션〉

〈인셉션〉 각본과 연출을 맡았던 감독 크리스토퍼 놀란은 16살 때부터 〈인셉션〉의 스토리를 구상했다. 그리고 〈두들버그〉, 〈배트맨 비긴즈〉 등의 영화를 만들며 각본과 연출 실력을 차근차근 쌓았고, 〈메멘토〉를 연출하며 '자신과 주변 세계에 대한 이중적 환상에 빠져 있는 인물'을 성공적으로 만들어냈다. 이 모든 것이 〈인셉션〉의 성공을 위한 준비작업이었다.

"내가 찍었던 영화들을 회고해보면, 영화를 찍을 때마다 점점 더 대단한 인물들이 주인공으로 등장하긴 했다. 하지만 나는 매번 이 작품 속 인물과 강한 교감을 나누어야만, 내 기나긴 영화인생에 흥미와 열정을 잃지 않을 수 있겠구나 생각했다." 놀란이 자신의 영화인생을 정리하며 한 말이다.

그리고 결국 놀란은 그간 쌓아온 각본 및 영화 촬영 노하우와 가족과 삶에 대한 자신의 견해를 〈인셉션〉에 녹여 명작을 탄생시켰다. 그중 가장 중요한 투입 요소는 바로 감독과 연기자의 창조적 사유다. 그런 면에서 〈인셉션〉은 이미 상영되기도 전부터 높은 유효 투입 요소를 충분히 갖추었다 할 수 있다.

---

3) 2013년 6월 알리바바가 출시한 머니마켓펀드(MMF) 상품._옮긴이

소프트 밸류 창조 과정에 열정을 쏟아부으며 피와 땀으로 만들어낸 작품이 있는가 하면 진실성이 부족한 창조적 사유나 기능적 활동을 통해 그저 트렌드만을 좇아 남의 것을 그대로 모방하거나 혹은 대충 만들어진 졸작들도 적지 않다. 후자는 실패할 것이 불 보듯 뻔하다.

물론 적절한 모방이 추종자의 성공 전략이기는 하다. 하지만 성공한 추종자들은 모방을 해도 그 기초 위에 자신만의 진정한 창조적 사유 혹은 기능적 활동을 더한다. 그 결과 추종자가 투입한 노력이 모두 유효한 투입 요소가 되어 성공한 소프트 밸류 상품을 창조할 수 있다. 만약 펩시콜라가 단순히 코카콜라의 상품과 마케팅 전략만을 모방했다면 코카콜라와 어깨를 나란히 하는 2대 탄산음료 브랜드가 될 수 없었을 것이다.

[사례] 추종자의 창조에도 차별성은 필요하다

펩시콜라는 코카콜라보다 12년이나 늦은 1898년에 탄생했다. 당시 코카콜라가 전 세계 음료시장을 모두 석권하며 소비자의 마음속에 깊게 각인되어 있었다. 때문에 탄산음료의 후발주자인 펩시콜라는 설 자리를 잃고 두 번이나 도산 위기를 맞았다. 30년대 경제 불황을 겪으며 소비자들은 제품의 가격에 민감하게 반응하기 시작했는데, 당시 같은 가격에 펩시콜라는 한 병당 12온스(약 355㎖), 코카콜라는 6.5온스(약 192㎖)였다. 펩시콜라에 다시 한 번 회생의 기회가 주어진 것이다. 물론 이후 2차 세계대전으로 원가가 상승하면서 펩시콜라의 가격도 올라 가격 메리트는 사라지게 되었지만 어쨌든 당시에는 가격 홍보 전략으로 대중의 시선을 사로잡을 수 있었다.

60년대 시장이 세분화되면서 펩시콜라는 성인과 청소년들에게 더 반응이 좋다는 사실을 포착하여 이를 새로운 홍보 전략으로 활용했다. '젊은 생각을 하는 이라면 펩시'라는 슬로건을 내걸고 브랜드에 '젊음, 트렌드'라는 이미지를 입혔던 것이다. 펩시콜라는 당시 대스타였던 마이클 잭슨과 라이오넬 리치를 광고 모델로 내세워 젊은층의 전폭적인 사랑을 받았다.

1975년 펩시콜라는 댈러스에서 시음회를 가졌다. 코카콜라와 펩시콜라의 상표를 모두 떼어버리고 M과 Q라고 표시했다. 실험 결과 펩시콜라에 대한 선호도가 코카콜라보다 높았다. 청소년들은 단 것을 더 선호하는데 펩시콜라가 코카콜라보다 9퍼센트가량 더 달기 때문에 첫 맛은 펩시콜라가 더 유리했다. 이후 광고회사가 이 점을 적극 홍보했고 펩시콜라의 판매량도 급증했다.

동시에 펩시콜라는 다원화 전략을 추진하여 음료 산업뿐만 아니라 식품·운송·스포츠 용품 등 관련 산업에도 뛰어들었다.

이처럼 추종자는 주도자와 차별화된 무엇을 '창조'할 필요가 있다. 펩시콜라는 코카콜라와의 경쟁에서 젊은 세대를 집중 공략하여 젊은 브랜드로 입지를 굳힐 수 있었다. 이처럼 자신만의 시장을 개척하여 결국 코카콜라와 어깨를 나란히 하는 유명 브랜드가 될 수 있었다.

유효 투입도 제대로 된 공진 집단을 만나야 동기화 방전을 일으킬 수 있다

특정 주파수의 전자파도 그 주파수에 맞는 수신기로만 수신이 가능하다. 이것이 바로 '전자유도 현상'이다. 소프트 밸류를 창조할 때는 반드시 수용자의 '심리적 센서'를 고려하여 '공진 집단'의 타깃을 정확히 설정해야 한다.

예를 들어 감독은 영화를 제작하기 전에 우선 타깃을 청소년으로 할 것인지 아니면 여성이나 어린이로 할 것인지 명확히 설정해야 한다. 핸드폰 제조업체는 신모델을 출시할 때 역시 영업사원, 사무직 직원을 대상으로 할 것인지 아니면 학생 혹은 노인을 대상으로 할 것인지를 고려해야 한다. 타깃이 정해지면 그 다음은 공진 집단의 심리를 파악하여 소프트 밸류의 특수한 '진동 주파수'를 설정해야 한다. 그래야 주파수 증폭 단계에서 더 많은 집단의 인지를 이끌어낼 수 있다. 애니메이션 〈시양양〉 시리즈도 8세 이하의 어린이를 정확하게 공략했기 때문에 대성공을 거둘 수 있었다.

사회가 발전하면서 가치관은 더욱 다원화되었다. 같은 연령대 혹은 같은 연봉대라도 그 안에서 다시 여러 부류의 수용 집단으로 세분화된다. 예를 들어 20세 이하의 청소년 집단도 스포츠광, 밀리터리광, 애니메이션광 등으로 공감대 집단이 세분화된다. 따라서 소프트 밸류 창조자라면 공감대 집단에 대한 깊은 연구와 분석이 필요하다.

영화 제작에도 일종의 '사상한四象限' 영화가 존재하는데 모두 흥행 성적이 좋았다. 사상한은 관객층을 4개 부류, 즉 25세 이하 남성, 25세 이하 여성, 25세 이상 남성, 25세 이상 여성으로 나누는 것을 말한다. '사상한' 영화로 구분하면 4개 부류의 관객층을 동시에 배려하여 영화를 만들 수 있다. 정극, 희극, 액션, 뮤지컬, 멜로 등의 요소를 관객 대상에 맞게 적절히 결합하려면 고차원적인 소프트 밸류 창조 능력이 필요하다.[4]

흑체의 흡수와 복사 순환 모델

'흑체 복사' 이론을 도입해 설명해보자. 소프트 밸류의 유효 투입 단계에서 소비자 집단의 반응이나 감상평 같은 '의식'을 지속적으로 흡수하여, 소프트 밸류를 적절하게 조절한 후 최대치의 '흑체 복사'로 전환하여 더 많은 소비자의 심리적 욕구를 충족시킬 수 있다면 소비자에게 더 쉽게 받아들여지고, 더 많은 소비 집단을 흡수할 수 있게 된다. 다시 '의식'을 적절하게 조절하여 더 큰 복사를 발생할 수도 있게 된다. 이처럼 순환이

---

4) '전 세계 흥행 상위권 애니메이션의 성공 비결: 온 가족, 전 연령대를 겨냥한 것이 궁극의 비결', http://news.mtime.com/2015/12/21/1550501.html.

계속해서 반복되면 유효 투입의 성공률도 크게 상승하게 된다.

많은 사람이 미드를 좋아한다. 사실 〈프렌즈〉, 〈프리즌 브레이크〉, 〈위기의 주부들〉, 〈빅뱅이론〉 등 유명한 미드는 방영과 동시에 시나리오와 영화 제작이 이루어진다. 때문에 드라마 제작 과정 전반에 흡수·복사·재흡수·재복사의 흑체 복사 순환 과정이 일어난다.

물론 시청자의 반응이 나쁘면 작가가 대본의 내용을 대폭 삭제하기도 하고, 심지어 작품이 조기 종영되기도 한다. 〈위기의 주부들〉과 〈섹스 앤 더 시티〉는 시리즈가 8년간 계속되다가 결국 식상해진 줄거리와 나이가 들어버린 여배우 때문에 시청률이 떨어지면서 종영하게 되었다. 시청자 집단의 반응이 소프트 밸류의 배양에 영향을 주면서 결국 관객층의 이탈을 초래했다. 이들 작품은 관중이 복사한 에너지를 제대로 흡수하지 못하며, 재흡수는커녕 재복사 과정도 사라지게 되면서 결국 종영할 수밖에 없었던 것이다.

중국 드라마의 제작 수준과 시청률은 미국이나 한국 드라마에 훨씬 못 미친다. 그 원인을 분석해보면 시청자의 반응과 감상이 원천 봉쇄된 채 작가 혼자 집필을 완성해야 하는 창작 과정이 문제다. 그 결과 소프트 밸류 배양에 필요한 '흡수'와 '복사' 단계가 대부분 작가의 창작 안에서만 이루어지고 시청자의 의견은 거의 반영되지 않는다. 시청자는 그저 이미 방영되고 있는 작품의 전파 과정에서만 소프트 밸류의 함량을 증폭시키는 역할을 할 수 있을 뿐이다. 가치의 배양 과정에 함께 참여하여 소프트 밸류의 창조에 실질적인 영향을 끼칠 수는 없다. 때문에 소프트 밸류 배양의 성공 여부는 전적으로 작가의 창작 과정에 달렸다. 작품이 일단 방영되기 시작하면 기본적으로 '흑체 복사'의 '흡수와 방출' 과정은 발생하지 않는다. 그러니 흑체 복사 방식을 취하는 다른 작품에 비해 유효 투입이 성공할 가능성이 희박해지는 것이다.

유효 투입 요소에 이상적인 흑체

소프트 밸류 창조의 투입 단계는 대부분 '이상적인 흑체'를 창조하거나 탐색하는 과정이다. 우선 입사파(소프트 밸류 배양에 필요한 자원)를 모두 흡수한 다음 최대치 열복사를 다시 방출한다. 이렇게 흡수와 복사를 반복하는 과정에서 소프트 밸류의 배양이 이루어지고 유효 투입의 성공 확률도 높아진다. '이상적인 흑체'로서 핵심 요소의 흡수와 복사 능력이 '소프트 밸류 과정에서 자원의 흡수를 얼마나 보장할 수 있는가'를 결정한다. 이는 소프트 밸류가 성공적으로 퀀텀 점프할 수 있도록 돕는 핵심 요인이기도 하다.

그렇다면 이상적인 흑체의 핵심은 무엇인가? 과학기술형 기업에서는 스티브 잡스나 일론 머스크와 같은 창업자나 핵심 경영인이 된다. 영화에서는 스티븐 스필버그나 톰 크루즈, 스포츠에서는 호나우두나 데이비드 베컴과 같은 축구 스타가 된다. 이들 모두 특정 분야의 천부적인 재능을 가지고 있으며, 질적으로도 양적으로도 높은 창조적 사유 혹은 기능적 활동 능력을 지니고 있어, 강한 흡수와 복사 능력을 지닌 '이상적인 흑체'가 된다.

[사례] 애플의 이상적인 흑체 둘

1997년 암흑기를 맞았던 애플에 스티브 잡스가 복귀하면서 기업 전반에 대대적인 구조조정을 진행한다. 스티브 잡스는 자신이 원하는 진정한 최고디자인책임자를 찾기 위해 전 세계를 종횡무진한다. 스티브 잡스는 IBM 싱크패드의 디자이너 리하르트 자퍼와 뛰어난 건축가, 자동차 디자이너에게도 동시에 스카우트 제안을 했으나 결국 애플 내부에서 뛰어난 디자이너 조너선 아이브를 발굴하게 된다. 이처럼 완벽을 추구한 끝에, 스티브 잡스는 조너선 아이브와 함께 파급력을 지닌 핵심 인물이 되었다. 그들은 이상적 흑체가 되어 당시 흡수할 수 있는 모든 예술적·기술적 요소들을 흡수하여 아이맥·아이팟·아이폰·아이패드·맥 등 소프트 밸류 함량이 높은 일련의 제품들을 개발했다. 애플은 단순히 제품의 수요만을 충족시켜주는 것이 아니라, 이 물건을 향유할 수 있다는 행복함을 선사한다.

그렇다면 반드시 스티브 잡스나 조너선 아이브 같은 대가가 있어야만 이상적인 흑체가 만들어지는 것일까? 사실은 그렇지 않다. 핵심 기술의 발명이라든가, 감동적인 이야기, 간결하지만 유용한 계산법 혹은 이들 자원을 조합할 획기적인 아이디어 모두 복사를 흡수하고 열을 방출하는 이상적인 흑체가 될 수 있다.

핵심 인물의 중요한 역할도 중요하지만 그보다 핵심 인물이 잘못된 방식으로 소프트 밸류를 배양하지 않도록 경계하는 것이 더 중요하다. 혁신을 위한 혁신은 피해야 하고, 고객의 반응을 무시한 채 핵심 인물이 자신의 감정에 도취되어 진행되는 혁신도 피해야 한다. 자칫 이 때문에 소프트 밸류 배양의 전체 과정이 잘못된 방향으로 흐를 수 있기 때문이다. 파이어폰의 실패는 사실 아마존 회장 제프 베조스의 독단적인 행동 때문이었다. 베조스가 처음 소비자에게 색다른 '사용자 체험'을 선사하겠다고 말했을 때만 해도 그의 참신한 발상이 소프트 밸류 배양에 긍정적인 작용을 했었다. 하지만 파이어폰은 소프트 밸류 배양 단계에서부터 베조스가 연구팀의 업무에 시시콜콜 참견하고 직접 하드웨어와 소프트웨어 개발팀에 개입하기 시작했다. 디자이너들과 브레인스토밍을 진행하는가 하면, UI(사용자 인터페이스)팀과 인터페이스 설계의 문제점에 대해 직접 토론하기도 했다. 그러다 보니 소프트 밸류를 배양해야 할 과정이 베조스에게 아부하는 과정으로 변모했다. 그리고 소비자 체험 부족에서 시작했던 원래 취지는 완전히 잊혀졌다. 결국 핵심 인물의 과오로 아마존은 수억의 연구 비용만 날린 꼴이 되었다.

중국에서 이름만 들어도 아는 모 가전 제조업체의 사장은 직원과 고객이 느낄 감정은 생각지도 않은 채 자신의 나이든 초상을 신제품의 간판 얼굴로 내세웠다. 시작부터 유효 투입 요소를 배제해버린 실패가 예견된 처사였다.

크로스 오버: 팜빌의 성공과 파커 펜의 치명적인 실수

팜빌Farm Ville이라고 하면 잘 몰라도 페이스북의 농장 게임이라고 하면 모두 익숙할 것이다. 유명한 소셜 네트워크 게임회사 징가에서 팜빌, 프론티어빌, 피쉬빌 등 일련의 소셜 게임을 개발했다. 얼핏 보면 게임에서 '고객의 데이터'를 수집하여 그 수집한 데이터를 기초로 게임을 수정한 것처럼 보이지만, 사실 이 게임은 하나의 버전만 있었던 것이 아니었다. 징가는 '게임 데이터'를 수집하여, 유저들이 어떤 단계를 깨지 못한다거나 혹은 흥미를 잃고 게임을 포기하려고 할 때 해당 단계의 문제점을 파악하여 게임을 직접 수정했던 것이다. 그것보다 더 숨은 노력은 징가가 유저별로 차별화된 게임을 설계하여 팜빌의 버전이 무려 수백 개에 달한다는 사실이다.[5]

징가의 운영 방식은 어찌 보면 흑체 복사 원리와 비슷하다. 소비자의 복사를 지속적으로 흡수하여 고객의 체험에 따라 소프트 밸류 상품을 조정하고 다시 열에너지로 전환한 뒤 방출하는 방식이다. 동시에 징가는 다원화 소프트 밸류를 개발했다. 즉 동시에 여러 개의 공진 집단을 겨냥하여 하나의 소프트 밸류 상품을 개발했다. 하나의 상품이 동시에 서로 다른 집단의 뉴런에 동기화 방전을 일으키며, 다양한 집단 인지를 창조했

---

5) 빅토르 마이어 쇤버거·케네스 쿠키어, 《빅 데이터가 만드는 세상》.

는데 이것이 소위 '크로스 오버' 현상이다.

그러나 이는 반드시 공진 집단에 대한 정확한 판단이 필요하다. 만약 각 공진 집단의 심리적 특징을 제대로 파악하지 못하고 그저 모호한 특징만을 포착하여 다양한 집단을 공략했다가는 '모두를 만족시키고 싶지만 누구도 만족시킬 수 없는' 지경에 이르게 될 것이다. 그리고 결국 소프트 밸류를 창조하려던 계획이 모두 물거품이 될 것이다. 고급 만년필로 유명했던 파커가 그 좋은 일례다. 70~80년대 경쟁업체의 공세로 파커는 경영난에 빠지고, 신임 회장 피터슨은 브랜드 회생을 위해 초강수를 둔다. 3달러 이하의 저가 펜을 생산하기로 했던 것이다. 고급 브랜드인 파커를 사랑했던 소비자들은 파커의 위상이 달라지자 모두 고개를 돌렸고 저가 시장에서 역시 이렇다 할 실적을 거두지 못했다. 그렇게 고급 만년필로 주도적인 입지를 굳혔던 파커는 너무 쉽게 경쟁업체에 자리를 내어주었다.

입체적 창조: 힐베르트 공간의 벡터를 이용한 다원화 가치 개발

양자 이론을 연구하는 데 수학적으로 힐베르트 공간[6]의 개념이 상당히 중요하다. 힐베르트 공간은 유한 차원의 유클리드 공간에서 확장된 무한 차원의 공간을 말한다. 양자역학의 모든 물리적 시스템을 이 힐베르트 공간으로 표시할 수 있으며 시스템 중 모든 가능 상태의 파동 함수를 공간 중 방향을 지닌 벡터로 표시할 수 있다.

이 수학적 개념으로 분석하자면, 다원화된 소프트 밸류는 무한 차원의 힐베르트 공간으로 표시된 하나의 물리적 시스템이다. 그 공간 안에는 서로 다른 '차원'의 '벡터'가 존재하며, 이를 다시 서로 다른 일원화 소프

---

6) 유클리드 공간의 개념을 일반화한 것으로 무한 확장성을 가진다. 힐베르트 공간은 유클리드 공간과 마찬가지로 '내적(內積) 공간'을 갖는데, 그 위에는 거리와 각의 개념(이로부터 파생된 직교성과 수직성의 개념)이 있다. 그 밖에 힐베르트 공간에는 '완비 공간'이 있다. 그 위에 존재하는 모든 코시 열은 수렴 열과 등가이다. 힐베르트 공간은 공식화된 수학과 양자역학에 중요한 개념 중 하나다.

트 밸류의 파장 함수를 설명하는 데 사용할 수 있다. 일원화 '벡터'가 양호한 파동성을 보인다면, 특정 차원의 특정 방향으로부터 특정 소비자 집단을 흡수할 수 있게 된다. 따라서 무한 차원의 힐베르트 공간에 존재하는 다원화 '벡터'는 여러 방향, 여러 각도에서 다양한 소비 집단을 흡수하여 다원화된 소프트 밸류로 더 광범위한 집단을 흡수할 수 있게 된다.

[사례] AKB48의 입체적 소프트 밸류 창조

일본 여성 그룹 AKB48을 잘 모르는 사람이라면, 그 이름만으로 대략 48명으로 이루어진 체크무늬 초미니 스커트에 귀엽게 생긴 인상적인 여성 그룹이겠구나 생각할 것이다. 사실 AKB48의 멤버는 총 500명이 넘어 기네스에 '세계에서 멤버가 가장 많은 유명 그룹'에 이름을 올렸으며 멤버 모두 각자의 개성을 지니고 있다. 이 그룹 자체가 힐베르트 공간으로 각각의 멤버 모두 서로 다른 개성을 가지고 있는데, 귀엽거나 우아하거나 멋이 있다. 각각의 개성은 일원화된 소프트 밸류로, 하나의 '벡터'로 표시되며 특정 팬층의 감성을 만족시킬 수 있다. 힐베르트 공간 이론과 소프트 밸류 승수 작용을 빌어 설명하면, 각각의 일원화 '벡터'의 파동성이 중첩될 때 다원화된 소프트 밸류가 전체 공간에서 더 넓은 범위와 다양한 차원에 걸쳐 파동으로 나타난다.

다원화 소프트 밸류를 성공적으로 배양한 것이 반대로 그 안에 일원화 소프트 밸류까지 발전할 수 있는 기반을 만들어준 것이다. 일본의 AKB48 외에도 미국의 비욘세 역시 '데스티니스 차일드'라는 여성 그룹으로 이름을 알린 뒤 솔로 활동을 하면서 개인적으로도 성공한 케이스다. 다원화된 소프트 밸류는 하나의 완전체로서 더 많은 인지 집단을 끌어들인다. 더불어 그 안의 일원화된 소프트 밸류가 더 큰 에너지를 방출할 수 있도록 촉발하기도 한다. 즉 일원화된 각각의 고정적 인지 집단을 구축하는 데 유리하고 각각의 소프트 밸류를 더 효과적으로 배양할 수 있게 된다.

소프트 밸류를 창조하는 두 번째 로켓:
전파 집단 범위

성공적으로 소프트 밸류를 창조하여 끊임없는 발효와 팽창 과정을 거치려면 반드시 일정한 전파 집단의 범위가 필요하다. 이것이 바로 소프트 밸류 창조의 두 번째 보조 추진 장치인 인지 집단이다.

전파 집단 범위를 확대하는 두 가지 방법: 작은 불씨 전략과 공격적 마케팅

'작은 불씨 전략'과 '공격적 마케팅'의 두 가지 방식으로 전파 집단의 범위를 확대할 수 있다.[7]

엔터테인먼트 산업의 마케팅에서는 '작은 불씨가 초원을 태우는 식'의 마케팅으로 '한정 발매 전략'이 있다. 처음에는 극히 일부 자원만을 투입하고 상황을 보아가며 추가적으로 투입한다. 어떤 소프트 밸류 상품은 심지어 마케팅 비용을 전혀 투자하지 않았는데도 스스로 불이 붙어 온 초원을 다 태우기도 한다.

예를 들어 영화 〈나의 그리스식 웨딩〉을 막 제작하고 났을 때 일부

---

7) 애니타 엘버스, 《블록버스트 법칙: 슈퍼스타 탄생과 엔터테인먼트 산업의 성공 비결》.

시사회용 영화 필름을 본 평론가가 '솔솔 잠이 오는 영화'라며 향후 시장을 비관적으로 판단했다. 그래서 영화제작사는 이 영화를 100곳의 극장에서만 상영했다. 초반에는 미국에 거주하는 그리스인 지역사회에서만 입소문으로 전해졌다. 그러나 영화에 대한 호평이 늘어나자 영화제작사는 영화 배급과 홍보 대상 집단을 점차 늘리기 시작했다. 그렇게 500만 달러를 투자했던 저예산 영화가 상영한 지 1년 만에 2억 4,000만 달러의 흥행 성적을 거두었다.

그 밖에도 할리우드에서는 난이도가 높은 작품을 제작하면 먼저 뉴욕과 로스앤젤레스에 위치한 호화주택 번화가에 위치한 극장에서 시범적으로 상영한다. 이곳 관중들은 대개 문화 수준이 높은 지식층으로 난이도가 높은 예술 영화도 쉽게 수용하기 때문이다. 그들이 적극적으로 입소문을 내면 다른 시장에서도 작품이 쉽게 녹아들며 흥행 수익이 추가적으로 늘어나게 된다.

이처럼 천천히 달아오르는 마케팅 방식은 마케팅 예산이 부족하거나 난이도가 높은 소프트 밸류 상품을 만들 때 유용하다. 자금이 풍부하거나 대중시장을 겨냥한 소프트 밸류 상품들은 대개 '공격적 마케팅' 방식을 취한다. 즉 처음 상품을 선보일 때부터 대량의 자원을 투입하여 대대적으로 홍보한다. 그러면 자신의 상품이 소비자 선택 옵션 중 단연 돋보여, 첫눈에 소비자의 마음을 사로잡을 수 있게 된다.

할리우드 블록버스트 영화가 바로 '공격적 마케팅'의 가장 대표적인 사례. 블록버스터급 영화는 처음 구상 단계에서부터 마케팅 계획을 수립한다. 신작 영화 상영 6~8주 전부터 대대적인 마케팅 홍보에 돌입해서 영화 첫 상영 2주 전에는 홍보 예산의 3분의 2를 모두 텔레비전 광고에 쏟아붓는다. 이러한 마케팅 방식은 소프트 밸류 상품이 첫선을 보이자마자 그 홍보 효과가 빠르게 나타난다는 특징을 지닌다. 대부분의 성공작들은 대개 단기간 내 거액의 흥행 성적을 거둔다. 하지만 거액의 홍보 예산을 들였음에도 상영 후 단시간 내에 '대박'이 나지 않는 작품들도 일부 있다. 이런 경우는 대개 실패한 작품으로 간주한다.

당신의 상품은 '복사능'이 얼마나 되는가?

전자파는 공간이 확산되면서 점점 전파가 약해지며, 복사능이 큰 전자파일수록 멀리 전파된다. 소프트 밸류의 전파 역시 복사능을 늘려야만 충분히 많은 사람이 그 신호를 받을 수 있고, 그래야 전파 집단의 범위도 극대화할 수 있다.

한때 일부 소비자들 사이에 유행했던 나오바이진의 경우 1998년 시장에 첫 출시된 후 줄곧 파동과 입자의 '중첩성과 이중성'을 적극 활용했다. 제품 자체의 기능은 전혀 달라지지 않았는데 매년 꾸준히 마케팅에 투자했고, 특히 추석이나 설날 등 전통 명절에는 더 공격적으로 홍보했다. 글로벌 리서치 그룹 닐슨 연구보고서에 따르면 나오바이진의 2003년 광고 지출이 15억 위안에 달했고, 2013년 처음 중국 중앙 텔레비전 방송국(CCTV)에 들인 광고 비용만 1억 8,000만 위안에 달했으며, 지난 10년간 꾸준히 텔레비전 광고에 1억 위안이 넘는 광고 비용을 투자했다고 한다.

정확한 전파 경로 선택

하드 밸류 시대에 하드 밸류 상품은 주로 '도매-소매'의 유통 경로를 통해 소비자에게 전달된다. 하지만 세상이 달라지면서 미국에선 월마트, 중국에선 궈메이, 쑤닝과 같은 대형 유통기업이 생겨났다. 이들은 규모의 경제를 통해 원가를 낮추는 동시에 생산업체와의 협상을 통해 가격을 더 낮출 수 있었다. 저가 홍보 전략을 통한 소비자 유인책은 하드 밸류 시대에서는 전파 집단을 확대할 수 있는 확실히 좋은 방법이었다.

하지만 소프트 밸류 시대에서는 소프트 밸류 상품뿐만 아니라 하드 밸류 상품도 전파 경로를 다원화할 필요가 있다. 통신기술이 빠르게 발전하고 있기 때문이다.

요즘은 극장이 아니어도 인터넷이나 텔레비전 VOD를 통해 영화를 감상할 수 있다. 모바일 인터넷 등의 뉴미디어의 등장으로 이미 과거 신문·잡지 등은 구시대의 유물이 되어버렸다. 인터넷 기술의 발달로 지식의 전파 속도가 가속화되면서 과거 책이나 학교를 통해야만 얻을 수 있었던 지식이 이제는 온라인 교육, 전자 문서들을 통해 광속으로 전달이 가능해졌을 뿐만 아니라 전 세계에서 거의 동시에 지식이 업데이트되고 있다. 더구나 글로벌 금융도 인터넷을 통해 거의 1000분의 1초면 완료된다.

하드 밸류 상품의 전파 방식 역시 점점 세대교체가 이루어지고 있다. 소비자들은 전자상거래를 통해 언제, 어디서든 상품을 골라서 구매할 수 있고, 편리하고 빠른 물류를 통해 집에 앉아서도 적은 시간과 노력을 들여 물건을 받아볼 수 있다.

어쩌면 머지않아 정말 현장에서 직접 체험해야 하는 연극·요리·전신 관리 등 일부 서비스 상품을 제외하고 대부분 인터넷 기술을 이용하여 좀 더 편리하고 빠르게 상품을 전달받을 수 있게 될 것이다. 그때는 전파 집단의 범위를 확대하려면, 소프트 밸류의 창조자가 정확한 전파 경로를 선택해야 할 것이다.

소프트 밸류 상품의 정확한 전파 경로를 선택하기 위해서는 목표 집단의 특징을 파악해야 한다. 예를 들어 젊은층을 겨냥한 소프트 밸류 상품이라면 메신저·블로그·실시간 스트리밍 등 새로운 미디어를 적절히 활용하여 홍보하고, 인터넷 쇼핑 등을 통해 전파해야 한다. 노년층을 겨냥했다면 텔레비전·신문 등 전통적인 미디어를 통해 홍보하고, 상점·마트 등 상가시설을 이용하여 판매해야 한다. 아동을 주요 타깃으로 한 소프트 밸류 상품은 애니메이션 채널·놀이시설 광고 등의 전파 채널을 고려해보아야 한다. 자가용 소유자를 타깃으로 한다면, 교통시설 광고처럼 맞춤형 방식을 통해 전파해야 한다.

파급력을 극대화시키는 새로운 방법

전파 채널의 이익 실현 전략은 소프트 밸류 시대와 하드 밸류 시대가 서로 크게 다르다. 예를 들어 하드 밸류 시대에 셔츠 제조업체가 광고를 하려면 신문·텔레비전·라디오 등 모두 '유료 광고'를 통해야만 했다. 하지만 소프트 밸류 시대의 소프트 밸류 상품은 해당 집단이 관심을 가지는 각자의 방식과 전파 채널을 활용하여 좀 더 다채롭고 입체적으로 이익을 실현할 수 있다.

예를 들어 제작사가 광고협찬을 받아 영화나 드라마를 방영하는 방식은 이제 너무 식상하다. 요즘은 정보기술만으로도 충분히 송출이 가능하다. 전송 플랫폼은 지능형 알고리즘을 이용하여 정확하고 빠르게 영화나 드라마 속 상품을 식별하여 구매할 수 있도록 링크를 걸어둔다. 그러면 시청자들은 언제든 남녀 주인공이 하고 나온 마음에 드는 화장품·안경·시계·신발·의류 등의 상품을 손쉽게 구매할 수 있어 좋고, 전송 플랫폼은 수익을 낼 수 있어 좋다.

소프트 밸류를 창조하는 세 번째 로켓: 소프트 밸류 승수

소프르 밸류 창조 과정에서 소프트 밸류 승수는 세 번째 보조 추진 로켓이며 주로 인지적 감성을 이끌어내는 데 사용된다. 소프트 밸류 승수는 '근'의 자리에 위치하기 때문에 다른 두 개의 변수보다 소프트 밸류의 양적 변화에 더 큰 영향을 미치며, 소프트 밸류의 승수가 1보다 클 때 전파 집단의 범위가 기하급수적으로 증가한다.

소프트 밸류 승수에 날개 달기

〈인셉션〉이 상영된 후, 복잡한 스토리 설정과 의미심장한 내용으로 흥행 돌풍을 일으켰다. 여섯 번 이상 본 사람이 있을 정도로 재관람률이 높았고, 심지어 영화를 보는 내내 메모를 하며 꿈과 꿈 사이의 복잡한 논리관계를 풀려고 시도한 관객도 있었다. 인터넷에서 영화에 대한 갑론을박이 벌어지는가 하면, 어떤 사람은 장문의 글을 남겨 시나리오 작가의 의도를 분석하기도 했다. 또 영화의 마지막에 '영원히 멈추지 않는 팽이가 멈추었는가?'에 대해서도 설전이 오갔다. 이처럼 이 영화를 관람·평가·분석·유포하는 행위들이 이미 이 영화를 본 사람들에게는 영화에 대한 개인적인 감성을 극대화시키는 역할을 했고, 아직 영화를 보지 않은 사람들에게는 강한 호기심을 불러일으켰다. 다시 말해 전파 집단의 인지와 평가가 모두 소프트 밸류의 승수가 계속해서 파동을 일으킬 수 있도록 풀무질하는 역할을 했다.

신차가 출시되면 흔히 전문 미디어에서 이를 평가하는 보고서를 발표한다. 핸드폰 신모델이 출시되면 우선 핸드폰 '덕후'들에게 먼저 사용하도록 한 후 동시에 스트리밍 채널이나 후기 등을 통해 집단적 인지를 촉발하도록 한다. 영화 상영의 경우, 우선 시사회나 팬 미팅을 통해 소프트 밸류의 승수를 높인다. 갑자기 터진 영화배우의 스캔들이나 촬영장 뒷이야기 역시 영화의 소프트 밸류 승수를 높여주는 역할을 한다. 사실상 소프트 밸류의 창조자와 참여자 모두 주동적으로 분위기를 조성하고 여론몰이를 하며 이슈를 만드는 등 소프트 밸류 승수가 계속해서 증가하도록 촉진하는 역할을 한다.

예를 들어 〈트와일라잇〉은 영화 상영과 함께 세간의 주목을 끌었다. 영화 속 두 남녀 주인공인 로버트 패틴슨과 크리스틴 스튜어트의 열애설이 〈트와일라잇〉 시리즈 1편부터 마지막 편까지 계속되었고, 실제로 두 배우의 헤어짐과 만남이 반복되면서 많은 대중의 이목을 끌었다. 이처럼 주관적 심리가 영화 흥행을 이끈다. 결국 영화가 끝나면서 둘의 열애설도 종지부를 찍었고 〈트와일라잇〉 팬들에게 많은 안타까움을 남기긴 했지만 어쨌든 시리즈 내내 두 주인공의 열애설 덕분에 영화의 소프트 밸류 승수는 발효되었다. 그리고 영화 흥행 수익을 기하급수적으로 끌어올리는 데 큰 도움이 되었다. 요즘은 많이들 여론몰이를 통해 집단 인지 감수성을 자극하는 방식으로 소프트 밸류와 수익을 높인다.

주도자 전략은 소프트 밸류 승수를 높이는 중요한 수단 중 하나다. 소프트 밸류 승수 원리에 따르면, 주도자가 소프트 밸류 상품에 대해 깊이 인지하여 에너지를 방출할 때, 추종자의 뉴런에 동기화 방전이 일어나 주파수를 형성하고, 전파 속도는 일정하지만 방향이 반대인 반사파가 만들어진다. 입사파와 반사파가 서로 만나면 최대 진폭이 만들어지고 두 개의 파장이 상호 중첩되어 진폭이 강해지는데 이것을 '보강 간섭'이라 한다. 그리고 이때 집단 인지가 형성된다. 그래서 소프트 밸류의 전파자는 스타나 유명인사를 대표 모델로 내세워 소프트 밸류 상품을 홍보하고자 하는 것이다. 이 역시 일종의 주도자 전략이다.

소프트 밸류 승수를 높이는 또 다른 방법은 소프트 밸류의 역사적 가치 복원, 미래 가치 예측, 감수성 자극 등을 통해 집단 인지를 형성하는 방법이다. 예를 들어 마오타이의 향기에 취했다거나 피로를 풀고 상처를 치유했다는 이야기를 통해, 이 술을 마시면 마치 2,000여 년의 역사가 지금까지 이어지고 있다는 기분이 들도록 만든다. 중국을 대표하는 술로 외국인도 흠모한다는 이야기를 통해 소비자가 성공한 사람과 같은 권세와 지위를 누리고 있다고 느끼게 해준다. 마오타이 제조업체는 스토리텔링을 통해 상품의 소프트 밸류 승수를 높였다.

하드 밸류 상품의 소프트 밸류 승수를 높여라

과거 하드 밸류 상품의 가치는 주로 소비자의 생리적 만족에 달렸었다. 그러니 뉴턴 물리학 시대에서는 인간의 정신적 만족은 논의의 대상이 아니었다. 정신적 만족은 그저 삶에 사치이자 일부 소수 부유층만이 향유할 수 있는 권리였다. 이 단계에서는 제조업체 모두 어떻게 고객의 생리적인 욕구를 만족시킬 것인가, 어떻게 더 오래 쓰고 더 성능이 뛰어난 상품을 만들 것인가, 어떻게 하면 좀 더 빠르고 저렴하게 생산할 수 있을까에 치중했다.

하지만 생산 능력이 향상되면서 준선진경제체제에서는 인간의 생리적 욕구가 이미 기본적으로 해소되었으므로, 인간의 정신적 수요를 만족시키는 일이 더욱 중요해졌다. 다양한 소프트 밸류 산업이 발달했고, 하드 밸류 상품에 소프트 밸류 요인을 추가하는 일이 더욱 중시되었다.

양자 시대이자 소프트 밸류 시대를 맞아, 인간의 정신적 수요를 만족시켜주는 소프트 밸류가 이 시대의 주요 가치 형태가 되었다. 따라서 하드 밸류 상품의 생산자도 이제 소프트 밸류의 창조자로의 전환이 필요하며, 소비자의 정신적 수요를 더욱 중시해야만 한다. 또한 하드 밸류 상품에 더 많은 소프트 밸류 요소를 가미해야 할 뿐만 아니라 상품의 소프트 밸류 승수를 최대한 높여야 한다. 물론 소비자의 정신적 수요만을 만족시키고 기능은 무시해도 된다는 이야기가 아니다. 다만 소프트 밸류 시대에 어떠한 제품이든 완벽하고 뛰어난 기능은 기본이지 그 종착점이 아니기 때문이다. 기능은 이미 지난 시대에 당연히 해결되었어야 하는 과제이기 때문이다. 따라서 소프트 밸류 시대에 창조자가 해야 할 일은 그 완벽하고 뛰어난 성능을 기반으로, 고객의 감정에 호소할 수 있는 신비의 힘을 실어주는 일이다.

[사례] 네스프레소 커피머신: 커피업계의 아르마니

네슬레 네스프레소 커피머신 사업부는 시장 마케팅에 실패한 후 이를 깊이 반성하며 말했다. "지난 세월 그 많은 시간을 기술적인 업무에 매진했던 건 완벽한 네스프레소 커피머신을 만들어보겠다는 일념 때문이었습니다. 한데 거의 정상까지 도착했다 싶을 때 모든 것을 중단했습니다. 마지막으로 가장 중요한 부분을 놓쳤기 때문입니다. 바로 상품의 감성화입니다. 에스프레소 커피 마니아들이 여태 말로는 표현하지 않았지만 그들이 진심으로 원하고 갈망했던 것들을 포착하여 커피머신에 반영해야 한다고 생각했기 때문입니다."

이 점을 깨닫자마자 연구진은 2년여의 시간을 투자해 커피머신을 다시 디자인했다. 검고 네모난 전통적인 머신을 우아하고 섹시하게 변모시켰다. 행크 크바크만의 표현대로 '커피계의 아르마니'였다. 언론에서는 이렇게 평가했다. "기계 장치를 좋아하는 이들을 유혹하고 케케묵은 파크애비뉴의 주방을 현대화시키기 위해 디자인된, 레이싱카처럼 날렵한 머신이다." 네스프레소는 잃었던 감성적 에너지를 되찾으며 성공한 커피머신을 만들어냈다.[8]

더 많은 소프트 밸류를 창조하고 배양하려면 기술적 디자인과 감정에 대한 호소를 분리해서 생각할 수 없으며, 처음부터 이 두 가지 요인을 종합적으로 고려해야 한다. 스티브 잡스가 이런 말을 했다.

우리는 항상 애플이 과학기술과 인문의 교차점에 있었으면 하고 바랐다. 인문적인 요인을 우리의 상품에 녹이고 싶었다. 요즘 컴퓨터 산업은 인문적인 요인은 아예 배제한 채 기술적인 면만을 강조한다. 해상도가 좋고 메모리가 클수록 좋은 제품이라고 착각들을 한다. 하지만 우리는 전혀 새로운 것을 생각해냈다. 이 상품으로 무엇을 하려는가? 표와 프로세서 외에 이 상품으로 다른 어떤 일들을 할 수 있을까? 음악, 동영상, 사진 등 더 다채로운 방식으로 사람들이 자신을 표현할 수 있도록 도와줄 수는 없을까?[9]

즉, 창조자의 사유는 우리가 처음 하나의 제품을 기획할 때부터 요구된다. 사람들의 감정적 수요를 고려하여 제품 설계 전반에 적용해야 한다. 그래야만 하드 밸류 상품의 소프트 밸류 승수를 극대화할 수 있다.

---

8) 에이드리언 슬라이워츠키 외, 《디맨드: 세상의 수요를 미리 알아챈 사람들》.
9) NHK와의 스티브 잡스의 인터뷰 내용, 2001년.

우회적이며 입체적인 소프트 밸류 실현 경로

소프트 서비스: 소프트해질수록 상승하는 가치

미국 고급 레스토랑 어느 셰프의 연간 수입은 4~6만 달러 정도다. 반면 알랭 뒤카스 같은 요리 대가의 연간 수입은 1,200만 달러가 넘는다. 이렇게 큰 격차가 발생하는 이유는 무엇일까?

소프트 밸류의 관점으로 보면 미용사, 주방장, 안마사, 일반 연예인, 교사 등의 직업은 어느 정도의 기술적 함량이 필요하긴 하지만 대부분 차별성이 없는 단순노동을 통해 가치가 창출된다. 따라서 이들의 서비스 원가는 추산이 가능하고, 소비 수요는 비교적 안정적이며, 정가는 하드 밸류와 유사하다.

여기에 차별화된 기술을 갖추어 수석 미용사, 특급 주방장, 특급 안마사, 유명 연예인, 교육 전문가가 되면, 소프트 서비스의 원가 안에 그간 흘렸던 땀에 대한 보상이 반영된다. 따라서 이들 서비스의 원가는 추산하기 어렵다. 거기에 사치재로서의 특징까지 갖추게 되면 그 수요가 일반 서비스나 상품의 단계를 벗어나 높은 에너지 준위로 퀀텀 점프하게 되고 인지 집단이 확대된다. 그러면 수요 곡선 자체가 기본적인 하드 밸류의 운동 곡선을 벗어나 소프트 밸류의 운동 곡선 방향으로 이동하게 된다. 이것이 바로 알랭 뒤카스의 수입이 일반 셰프보다 수백 배 많은 이유다.

일반 회사원이 창조한 가치는 그 정가가 하드 밸류에 가깝다. 하지만 유명 연예인이나 작가의 창작물과 유명 화가나 학자의 창의적인 활동은 일반 하드 밸류가 아닌 소프트 밸류 규칙을 따라 정가가 변화한다.

이들 서비스는 원가를 확정하여 계산하기 어렵고, 창의성 역시 선형적인 산출이 불가능하다. 이들의 서비스와 소프트 밸류 상품에 대한 수요는 이제 개인적인 차원을 벗어나 전체 사회의 거대한 집단으로 확대된다. 이들의 창의성이 수천 수백 차례 전파되고 복제되면서 하나의 트렌드를 만들기도 한다. 이것이 바로 덩차오가 중국판 〈런닝맨〉에서 '게임'을 즐기면서도 분기당 3,000만 위안이나 벌 수 있었던 이유이자, 왕페이의 1회 출연료가 수백만 위안에 달하는 이유이기도 하다.

소프트 밸류 상품: 한계비용 '0'으로도 수익 창출이 가능하다

차별화된 혹은 창의적인 노동으로 제작된 표준 소프트 밸류 상품의 경우 우선 수요의 탄력성이 매우 높아서 홍보를 하면 판매량이 바로 급증한다. 둘째 추가 생산 비용이 '0'에 가까우며 대부분 서적, 프로그램, 정보 등 지식·문화·정보 상품처럼 단위당 정가가 높지 않다. 하지만 품질·효용·가격 면에서 참조 체계의 동종 소프트 밸류 상품과 큰 차이가 없다. 그래서 이들 제품은 주로 판매량과 영향력을 늘려 수익을 늘린다. 이것은 마치 노벨문학상을 받은 소설이라고 해서 다른 작가의 작품보다 비싸게 팔리진 않지만, 그 판매량과 경제 효용이 엄청난 차이가 나는 것과 같은 이치다.

차별화된 서비스로 높은 정가를 받는 방법과 표준화된 소프트 밸류 상품을 원가 '0'원에 대량 배포하는 방법, 그 외에도 소프트 밸류에는 다양한 가격 책정 방식이 존재한다. 예를 들어 회계사 사무소 혹은 법률 사무소는 시간에 따라 비용을 계산한다. 일부 스포츠센터·문화센터·헬스클럽은 회원비를 받고, 가수나 스포츠 스타는 계약비 혹은 이적료를 받는다.

하지만 소프트 밸류 서비스의 정가 책정 방식이 어떠하든, 1회 출연료나 표준화된 소프트 밸류 상품의 판매량, 회원비, 계약비를 높이려면 결국 상대성과 참조 체계, 개인과 집단 인지, 승수와 비보존 법칙, 비연속성과 불확정성, 가치 구간, 인과관계의 역행 법칙과 같은 소프트 밸류 법칙을 고려해야만 한다.

소프트 밸류 시대의 소프트 밸류는 '돈을 지불하면 물건을 주는' 직접적이고 전통적인 방식이 아니라 대부분 우회적·입체적·다원화·공유화된 경로를 통해 실현된다.

[사례] 야오밍의 몸값

모두에게 익숙한 농구선수 야오밍의 계약비와 전속 광고 모델료는 다른 소프트 밸류와 약간 다른데, 야오밍의 소프트 밸류는 절대적이 아니라 상대적이다. 전체 미국 농구 스타들의 몸값에 따라 달라지기도 하고 중국 시장과 중국 농구팬들의 참조 체계의 영향을 받기도 한다. 야오밍의 소프트 밸류는 객관적이 아니라 주관적이어서 소속팀에서의 몸값은 미국 농구시장의 집단 인지에 따라 달라지고, 중국 국내 광고 모델료는 중국 팬들의 집단 인지에 따라 달라진다. 야오밍의 몸값은 조금씩 오르는 것이 아니라 어떤 소속팀과 돌연 계약을 하면 갑자기 1,000만 달러까지 오르는 등 도약적이며 비연속적으로 변화한다. 야오밍의 몸값이 오를수록 팬층도 두터워지고 팬층이 두터워질수록 그의 몸값이 더 상승하게 되는 상호 원인과 결과가 된다. 야오밍의 몸값은 하나의 고정된 점이 아니라 참조 체계와 집단 인지의 변화에 따라 하나의 가치 구간 안에서 움직이다가, 야오밍의 후광이 사라지면 그때 하나의 고정된 방향으로 움직이게 된다.

누리는 사람 따로 돈 내는 사람 따로: 소프트 밸류의 '비대칭적' 실현 방식

지금까지 우리는 텔레비전에서 무료 영화나 무료 공연을 보고, 라디오로 뉴스나 음악을 듣고, 인터넷으로 드라마를 무료로 몰아 보거나 소설을 읽고 위챗을 둘러볼 수 있었다. 이제는 가상현실 기술로 디지털 박물관을 걷고 절경을 유람하는 등 실감 나는 경험도 할 수 있게 되었다. 하지만 이 모든 것이 무료다.

한데 이런 소프트 밸류 상품은 정말 아무 비용도 요구하지 않는 것일까? 사실 당신이 누리고 있는 모든 것은 이미 누군가가 당신을 위해 비용을 지불한 것이다. 이것이 바로 소프트 밸류의 비대칭적 실현 방식이다. 다시 말해 일부 고객 집단에 소프트 밸류 상품을 무료로 제공하고 사용하도록 함으로써, 전파 집단의 범위와 소프트 밸류 승수를 높인 다음, 또 다른 집단으로부터 비용을 받아 가치를 실현한다.

대부분의 인터넷 포털 사이트는 무료로 콘텐츠를 제공한다. 이러한 방식으로 영향력과 조회 수를 늘린 다음 광고 수익을 벌어들인다. 구글과 바이두 같은 기업은 무료 검색 서비스를 제공하여 유저를 유인한 후, 업체에 검색 결과 순위와 광고 위치를 팔아 수익을 얻는다. 블로그와 SNS도 사용자에게는 정보를 공개 및 교류할 수 있는 플랫폼을 제공하고, 광고나 모바일 결제 등의 기타 방식으로 수익을 얻는다.

인지도가 중요: 소프트 밸류의 '계단식' 실현 방식

이중톈이 TV 프로그램 〈백가강단〉에 나와서 '삼국지 강의'를 하기 전까지 그는 그저 샤먼대학교 중문과의 일개 교수에 지나지 않았다. 다른 학자들처럼 생활하고 논문을 쓰고 수상 목록을 신고하고 전문서적을 출판하고, 인세를 받고, 강연을 했다. 하지만 강연의 입장권은 잘 팔리지 않았다.

하지만 이중톈은 자신에게 우연히 찾아온 기회를 놓치지 않았다. 〈백가강단〉에서 그 특유의 재치 있는 입담과 알아듣기 쉬운 설명으로 많은 시청자들의 사랑을 받았다. '초한지 강의'와 이후 '삼국지 강의'를 통해 어렵고 딱딱하기만 한 역사를 쉬운 언어로 풀어 설명했고, 그 결과 시청자들의 마음을 사로잡을 수 있었다. 역사 속 인물의 입장에서 그들의 심리까지 헤아려 인물의 이미지를 풍부하게 되살려 내고 귀에 쏙쏙 들어오도록 설명했다. 즉, 이중톈은 〈백가강단〉이라는 플랫폼을 통해 막대한 소프트 밸류를 성공적으로 창조했고 전파 집단의 범위와 소프트 밸류 승수 모두 일반 학자들이 범접할 수 없는 수준까지 끌어올렸다.

그렇다면 그의 소프트 밸류는 얼마나 될까? 물론 프로그램 녹화와 방영 시간으로 수입을 계산할 수는 없다. 프로그램 녹화 기간 동안 이중톈은 출장비와 출연료를 받긴 했지만 이는 이후 도서 출간으로 얻은 수익과 비교하자면 아주 미미한 액수다.

이처럼 지식형 소프트 밸류의 실현 방식은 '계단식'으로 이루어진다. 1단계, 이중톈이 〈백가강단〉이라는 방송을 이용하여 자신을 대중에게 어필한다. 대중과 자신의 역사에 대한 견해를 나누며 공감대를 형성하여 인지도를 높인다. 2단계, 방대한 팬을 기반으로 도서 출판, 강연, 사회 진행, 출판 사인회 등의 활동을 통해 소프트 밸류를 실현한다. 《이중톈의 초한지 강의》의 초판은 15만 부나 인쇄되었다. 《이중톈의 삼국지 강의》의 초고는 베이징에서 열린 '최저가 제한이 없는 입찰'을 통해 1단계에서 쌓아두었던 사회적 영향력이 발현된다. 그뿐만 아니라 이중톈은 유명해진 후 다양한 활동에 참여했다. 이를 통해 인지도가 더욱 높아지고 다시 몸값이 오르는 선순환이 일어난다. 이렇게 이중톈은 이름을 알린 지 2년 만인 2007년에 '중국 작가 대부호'에 이름을 올린다.

소프트 밸류 시대에는 '계단식'으로 가치를 실현하는 기업이 점차 늘어났다. 1단계 소프트 밸류를 무료로 자유롭게 전파하고, 사회 공익 실현, 사회 발전 촉진, 사회 복지 증진 등을 통해 전파 집단 범위와 소프트 밸류 승수를 축적해나가면서 소프트 밸류를 창조한다. 2단계에서는 1단계에서 축적한 사회적 영향력이 다양한 방식으로 발현된다.

소프트 밸류의 입체적 실현 방식

텔레비전을 켤 때마다 어느 채널에선가는 〈시양양과 후이타이랑〉, 〈부니 베어〉 등의 애니메이션이 나온다. 이 소프트 밸류 상품이 무료처럼 보이겠지만, 세상에 손해 보는 장사는 없다. 아이들이 언제 어디서든 시양양, 란양양, 브라이어, 브램블 등의 캐릭터를 접할 때마다 넓은 전파 집단 범위가 형성된다. 여기에 아이들의 심리적 특징을 제대로 공략한 이미지나 스토리가 가미되면 소프트 밸류 승수가 급증한다. 이를 기반으로 소프트 밸류의 규모도 더욱 커진다.

그럼 이처럼 많은 소프트 밸류는 어떻게 현금화할 수 있을까? 여기서 입체적 실현 방식이 가장 현명한 선택이다. 마치 태양이 빛을 발하면 달과 별이 태양광을 반사하여 빛을 발하는 것과 같이 우리는 찬란한 햇빛을 무료로 누리지만 달과 별이 그 비용을 지불한다. 이처럼 '핵심 상품+주변 상품'의 입체적인 방식으로 소프트 밸류가 실현된다. 텔레비전에서는 애니메이션을 무료로 제공하지만, 애니메이션 캐릭터를 이용해 영화를 제작하거나 완구, 의류 및 장식품을 생산하여 소프트 밸류를 현금화하기도 한다. 〈시양양과 후이타이랑〉 시리즈 6편의 총 영화 흥행 수익은 7억 위안이 넘고, 그 파생상품시장 규모 또한 이미 60억 위안이 넘는다.

이러한 가치 실현 방법은 이미 할리우드에서는 보편적이다. 디즈니에서 미키 마우스와 도널드 덕 캐릭터를 만든 후 아이들은 텔레비전에서 재밌는 디즈니 만화를 무료로 볼 수 있었다. 디즈니는 주로 완구, 의류, 도서 판매와 디즈니랜드의 입장료, 기타 소비재 판매 수익으로 대량의 소프트 밸류 이익을 실현했다. 디즈니의 또 다른 작품 〈라이온 킹〉 역시 초기에 4,500만 달러만을 투자해 7억 8,000만 달러의 흥행 성적을 거두었으며 그 파생상품의 판매 수익은 무려 20억 달러에 달했다. 〈스타워즈〉 1~3부 시리즈는 18억 달러의 흥행 수익을 거두었으며 파생상품 판매 수입은 45억 달러를 넘었다. 미국에서만 파생상품의 수입이 영화 전체 수입의 70퍼센트를 차지했으며 영화 상영 수익의 2배를 넘었다.

이윤 추구에서 시가총액 추구: 소프트 밸류의 자본화 실현 방식

처음으로 IT 열풍이 불었던 1995년, 전 세계 첫 전자상거래 회사인 아마존이 창립되었다. 창립 초기 아마존은 도서만 판매하다가 점차 영화·음악·게임·전자 및 컴퓨터에서 잡화까지 다양한 물품을 판매하기 시작했다.

그리고 1997년 아마존은 성공리에 증시에 상장되었다. 당시 주당 18달러로 밸류에이션은 무려 4억 3,800만 달러에 달했는데 당시로서는 천문학적인 숫자였다. 하지만 아마존은 상장 당시 적자를 면치 못하고 있었다. 1997년 2,700만 달러였던 적자가 2000년(IT 버블이 붕괴되었던 해) 11억 4,100만 달러까지 늘어났다. 아마존은 한때 IT 분야에서 적자 회사로 통했다. 당시 아마존의 주가가 폭락하며 시가총액이 90퍼센트나 폭락했다. 하지만 아마존의 도서 판매, 음악 다운로드, 빅 데이터 응용 및 물류 자동화를 체험했던 고객들이 창출한 막대한 소프트 밸류는 여전히 사라지지 않고 있다가 결국 아마존의 주가에 반영되었다. 2017년 3월 아마존의 주가는 850달러를 넘어, 시가총액이 이미 4,000억 달러를 넘어섰다. 아마존의 창시자이자 CEO인 제프 베조스가 개인적으로 보유한 주식만 현재 대략 8,200만 주로, 시가총액은 700억 달러에 육박한다.

이처럼 소프트 밸류는 자본화 방식으로 실현되기도 한다. 예전 경영 모델에서는 창업하여 이윤을 실현하거나 손익분기점을 넘기는 것이 매우 중요했다. 이는 신생 기업이 드디어 생사의 관문을 통과하여 살아남았음을 의미하는 지표였기 때문이다. 하지만 리스크 투자, 주식 투자, 기업 합병 등 금융 제도가 발전하면서 소프트 밸류 창조 기업은 더 이상 예전처럼 이윤이 실현될 때까지 혹은 손익분기점을 넘길 때까지 앉아서 기다릴 수만은 없게 되었다. 증시 상장, 흡수 합병, 주식 교환처럼 자본화 방식을 이용하여 소프트 밸류를 실현해야만 한다.

전 국민이 1위안씩: 소프트 밸류의 공동 실현 방식

소프트 밸류 시대에서는 정보형·지식형 소프트 밸류 상품의 경우 아주 적은 비용으로도 인터넷에서 전파가 가능하다. 이미 모두에게 익숙한 온라인 지불 방식 등으로 소프트 밸류의 공유가 가능해졌다. 이것은 마치 '전 국민이 1위안씩만 기부해도 억만장자가 되는 것'과 비슷한 가치 실현 방식이다.

예전에 '온라인 스타 강사'라 통하는 왕 모 씨에 대한 기사가 났었다. 그는 온라인에서 고등학교 물리를 실시간으로 강의해 많은 학생들의 사랑을 받았다. 총 2,617명의 학생이 강의당 9위안 하는 고등 물리를 온라인으로 수강했다. 20퍼센트의 수수료를 제하고 나도 왕 모 강사의 시간당 수입은 1만 8,842위안에 달했다. 후에 왕 모 강사가 인터넷에 발표된 시급은 이미 예전 시급이고 지금은 시간당 최고 2만 5,000위안을 받으며 월수입이 20여만 위안에 달한다고 정정했다.

이런 지식형 상품의 공유 방식은 가격은 낮고 파급력이 크다는 특징을 갖는다. 학생들에게 강의당 몇 위안이라는 가격은 소비에 대한 심리적 장벽을 쉽게 허물 수 있는 부담 없는 가격이다. 하지만 인터넷의 특징상 커버리지가 넓기 때문에 본인의 강의가 훌륭하기만 하다면 전국의 고등학생이 당신의 온라인 강의를 청강하려 할 것이다. 티끌을 모아서도 태산을 만들 수 있고, 우공처럼 산을 옮길 수도 있는 법이다.

이와 유사한 사례로 펀다, 웨이보 문답 등 지식 공유 플랫폼이 있다. 이들 공유 플랫폼은 지식 상품을 공유할 수 있는 시스템을 제공한다. 우선 유명 연예인이나 유명인사, 전문가 등을 배치하여 온라인으로 질문에 답하도록 하고, 답변에 대한 가격을 명시하도록 한다. 유명인사에게 조언을 받고 싶어 하는 네티즌은 제시한 가격을 지불하고 유명인사에게 질문을 한다. 동시에 제3자도 낮은 가격(1위안도 가능)으로 답변을 열람할 수 있다. 답변을 보고 제3자가 지불한 돈은 질문자와 응답자가 나누어 가진다.

이런 모델에서는 유명인사의 소프트 밸류 승수가 높고, 질문자의 질문이 사람들의 이목을 충분히 끌 수만 있다면, 제3자가 아무리 적은 돈을 지불한다고 해도 적지 않은 수익이 발생한다. 그렇게 응답자는 수익을 얻고, 질문자 역시 자신이 질문하며 지불했던 비용을 회수하고도 남을 만큼의 수익을 누릴 수 있다. 그리고 제3자도 아주 적은 돈을 지불하고도 가치 있는 내용을 열람할 수 있게 된다. 바로 누구나 만족할 수 있는 윈윈의 결과를 거둘 수 있다.

현재 가장 화제가 되고 있는 공용 자전거 역시 소프트 밸류 공동 실현의 좋은 예다. 첨단 기술과 어디서든 탈 수 있고 또 어디서든 멈출 수 있는 편리성 덕분에 공용 자전거는 방대한 소프트 밸류 구간이 형성되었다. 기본 사용료 역시 시간당 0.5~1위안으로 매우 저렴한데, '전 국민의 1위안' 전략으로 가치를 실현한 경우다.

양자 세계의 모든 비밀을 다 풀 수 없듯이 우리도 소프트 밸류 세계의 모든 규칙을 다 발견하기는 어렵다. 하지만 단언컨대 소프트 밸류의 실현 방식이 아무리 무궁무진하고 입체적이며 시공을 초월한다고 해도, 소프트 밸류만큼 소프트 밸류의 실현 방식이 늘어난다고 해도, 결코 소프트 밸류 규칙을 벗어나지는 않을 것이다.

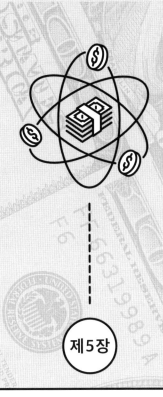

제5장

소프트 밸류의 흐름과
분배 법칙

유효 투입 요소와 소프트 밸류의 분배 법칙

단순노동으로 가족을 부양할 수는 있지만 부자가 되긴 힘들다

미국의 유명한 흑인 투자 전문가, 크리스 가드너라고 하면 모를 수 있겠지만 오스카상을 수상한 영화 〈행복을 찾아서〉는 아마 잘 알 것이다. 이 영화는 가드너의 실화를 바탕으로 만들어진 작품이다. 영화에서 가드너는 일반 영업사원으로 열심히 일하지만 가정을 부양하기도 어려울 정도로 힘들게 살아간다. 그의 아내도 가계에 보탬이 되고자 하루에도 두 가지 아르바이트를 하지만 결국 가난을 견디지 못하고 그의 곁을 떠난다. 남겨진 가드너와 아들은 노숙을 하며 이곳저곳 시설을 옮겨 다니고 아르바이트로 생계를 유지한다. 이처럼 극한의 어려움 속에서도 노동은 평범하고 안정적인 기본 생활만을 근근이 유지해줄 뿐이었다.

그러다 우연히 가드너는 길에서 붉은색 페라리를 탄 남자를 보게 되고, 다가가 그의 직업을 묻는다. "증권 중개인이고 월급이 8만 달러입니다." 그 남자의 월급이 가드너의 연봉보다 무려 두 배나 많았다. 가족에게 좀 더 나은 생활을 제공하고 싶었던 가드너는 아예 직종을 바꾸어 증권 중개인이 되기로 결심한다. 기본 지식이 하나도 없었던 그는 타고난 수학적인 감각과 명석한 두뇌만 믿고 열심히 공부했다. 그리고 결국 주식시장에 대한 지식과 기술을 터득했고 월가의 유명한 증권 중개인이 되었다. 그 이후로도 그는 증권 중개회사를 창업하여 백만장자가 되었다. 한 푼 없던 그가 백만장자가 될 수 있었던 건 증권 중개인에 대한 지식과 기술을 습득했기 때문이었다. 그 덕분에 소프트 밸류 요소가 높아지며 소득을 창출할 수 있었고, 예전에 근근이 먹고살기 바빴던 생활고에서 벗어날 수 있었다.

몇천 년을 이어온 중농사상의 영향으로 중국인들의 전통적인 경제 관념 속에는 첫째가 노동, 둘째가 절약이었다. 하지만 근면 성실한 중국 국민에게 역사가 남긴 교훈은 '단순노동으로 가족을 부양할 수는 있지만 부자가 되긴 힘들다'는 진리였다. '김을 매다 보니 곧 정오가 되려 하고, 땀방울이 벼 아래 흙으로 떨어지네(鋤禾日當午, 汗滴禾下土)'. 근면 성실하면 떠오르는 게 농민이다. 하지만 농경사회에서 근면 성실하게 일하는 농민은 고작 식구들 입에 풀칠만을 해줄 수 있을 뿐이다. 부자가 될 수 있는 건 오히려 토지나 가축을 소유한 지주다. 산업사회로 넘어가면서 광산 속 깊은 굉도에서 부지런히 일하고, 뜨거운 불 앞에서 쇠를 단련하는 공장 노동자들은 죽도록 고생해도, 전 세계적으로 공급 과잉이 나타나 광산과 제련소 문을 닫아야 할 때, 제일 먼저 해직당하거나 이직해야만 했다.

아무리 아이폰이 최첨단 기술 상품이라도, 아이폰의 산업 사슬 상에 존재하는 폭스콘 같은 생산형 기업의 노동자는 추가 근무를 해야만 추가 수입을 얻을 수 있다. 폭스콘 그룹도 전체 제조업 밴드에서 보자면 아이폰의 생산라인 중 그저 일부의 가치를 나눠 가진다.

일반적으로 단순노동은 그저 기본적인 생활만을 유지해줄 뿐 부자로 만들어주진 못한다. 역사상 부자들은 대부분 부를 창조할 수 있는 희소자원을 독점하면서 가치 분배에서 주도권을 가졌던 사람들이었다.

예전 누군가 이런 말을 했다. "잠든 사이 돈을 벌 수 없다면 영원히 부자가 될 수 없다." 일반적인 단순노동에 의존해 생계를 유지한다면 부자가 되는 일은 사실상 기대하기도 힘들다. 하지만 소프트 밸류의 요소를 소유한 사람이라면 잠자는 동안 돈을 버는 일이 그다지 어려운 일만은 아니다.

듀라셀 건전지에 파워체크 기능을 발명한 발명가가 자신의 발명품을 팔면서 "한 번에 대가를 다 받기보다 건전지 하나가 팔릴 때마다 조금씩 커미션을 받겠다."고 말했다. 그날부터 그는 현장에 출근하지 않는데도 그의 통장으로 계속해서 돈이 들어왔다. 그는 이미 수백만 달러를 벌었는데 모두 건전지의 파워체크 기술 개발로 조금씩 벌어들인 커미션 덕분이었다. 파워체크 기능이 그의 창조적인 사고 활동의 결정체였던 것이다.

소프트 밸류 분배의 '에너지 준위'와 '퀀텀 점프'

소프트 밸류 시대에 소프트 밸류의 수익 분배는 단순히 노동시간이나 투자시간에 따라 결정되는 것이 아니라 가치 창조의 '에너지 준위'에 따라 결정된다.

맥도날드에서 일하는 캐셔나 감자튀김을 튀기거나 밀크셰이크를 만드는 일반 직원과 비교하면 맥도날드의 창업주 레이 크록은 식품의 제조방법·경영 방식·관리 제도 등에 많은 창조적 요소를 투입했다. 때문에 부를 분배할 때 더 많은 수익을 가져간다. 이처럼 창조적 사유 활동이 많은 미국 애플의 아이폰 기술자 연봉이 폭스콘 기업에서 아이폰 부품을 조립하는 노동자보다 많을 수밖에 없다. 또 다른 예로 은행에서 풍부한 고객층을 보유하고 실적이 뛰어난 마케팅팀 직원이 인지 집단을 개발하는 과정에 큰 공을 세운 것이기 때문에 대개 수입이 일반 은행 직원 심지어 은행 간부들의 수입보다도 많다.

양자 이론 중 전자의 에너지 준위에 관한 이론을 적용해보자. 일반 노동자가 매일 동일한 동작을 10여 시간 반복한다고 해도 창조적 사유 활동은 적기 때문에 소프트 밸류 창조에 기여하는 바가 극히 제한적이다. 그래서 생산 일선에서 일하는 사람은 마치 '원자핵'에 가까운 저준위 전자와 비슷하다.

소프트 밸류 창조 과정 중 집단별 창조적 사유 활동의 에너지가 다르기 때문에, 속한 '분배 준위' 역시 다를 수밖에 없다. '전자'의 에너지 준위가 높을수록 소프트 밸류 창조 능력도 높아지며, 이들을 중심으로 소프트 밸류가 모여들게 된다.

소프트 밸류 시대에 자본의 힘은 상대적으로 약해지고, 기술·관리·혁신을 가진 사람들의 발언권이 점차 강해진다. 따라서 지식·기술·정보·문화 등 소프트 밸류 자원과 요소를 가진 사람이 더 많은 보수를 받게 된다. 이러한 이유로 가드너가 주식에 대한 지식과 주식 중개에 대한 기술을 터득하자 행복이 문을 두드렸던 것이다.

소프트 밸류 창조와 분배의 '에너지 준위 스펙트럼'과 양자 이론의 '퀀텀 점프(전자 도약)' 및 '에너지 준위 중첩' 현상처럼 한 번 정해졌다고 변하지 않는 것은 없다. 본래 생산 일선에서 일하던 단순노동자도 학습이나 경험 축적 혹은 기타 방식을 통해 '능력의 퀀텀 점프'를 이룰 수 있다. 그렇게 '고준위 전자'가 되고 나면, 소프트 밸류 가치 창조 능력도 높아지게 된다.

만약 저준위 전자가 고준위로 도약하려면 반드시 일정량의 에너지를 흡수해야만 한다. 그러면 '기저 상태'에서 '들뜬 상태excited state'로 퀀텀 점프할 수 있다. 가드너 역시 주식시장에 대한 지식을 공부하여 주식 중개인이 될 수 있었다. 그렇게 더 높은 에너지 준위 구간으로 도약하여 결국 가난의 궤도상에 있던 일개 직원에서 벗어나 백만장자가 될 수 있었다.

스테프니 메이어의 천문학적 인세

일반인이 자신의 능력을 십분 발휘했을 때 자신도 생각지 못한 '능력의 퀀텀 점프'가 일어난다. 《트와일라잇》 시리즈의 작가 스테프니 메이어는 원래 세 아이를 기르는 전업 주부였고 글을 써본 경험도 없었다. 그러나 2003년 어느 날 그녀가 꾸었던 꿈 하나가 운명을 완전히 바꾸어 놓았다. 한 소녀가 멋진 남자와 햇살이 쏟아지는 초원에 앉아 대화를 나누는 꿈이었다. 이 꿈이 결국 그의 첫 번째 소설인 《트와일라잇》의 한 장면이 되었고, 고준위 밸류로 도약할 수 있었던 발판이 되었다.

《트와일라잇》 출판 이후 메이어는 《뉴문》, 《이클립스》, 《브레이킹 던》의 후속작을 쓰며 '트와일라잇 시리즈'가 완성되었다. 해외 베스트셀러의 작가는 대개 인세로 저작권을 거래한다. 인세 비율에 따라 수익을 분배하는데, 그 인세가 판매 실적에 따라서는 오랜 시간 꾸준한 수입원이 되기도 한다. 미국은 지적재산 보호를 상당히 중시하는 편인데, 《트와일라잇》 시리즈와 같은 베스트셀러 작가는 대개 판권이 아닌 책의 판매 실적에 따라 인세를 받는다. 해외 베스트셀러 작가의 보수는 꽤 높은 편이어서 심지어 중개판매업자나 출판사보다 그 수입이 높기도 하다. 《트와일라잇》 시리즈의 경우 1년에 인세만 4,000만 달러에 달한다.

간혹 선견지명이 있거나 운이 좋은 사람들은 등록해두었던 도메인 네임이나 상표 덕분에 높은 준위로 도약하기도 한다. 중국의 어떤 기업은 아이패드 상표를 선점하여 등록해둔 덕분에 애플로부터 6,000만 달러의 보상을 받았다. 미국의 기업 어바웃페이스는 thefacebook.com이라는 도메인을 가지고 있었는데, 페이스북이 20만 달러를 지불하고 해당 도메인을 구매한 사례도 있다. 어떤 운 좋은 IT업계 종사자는 등록해두었던 weibo.com의 도메인을 시나닷컴에 800만 위안을 받고 팔기도 했다. 이번에는 도메인에 대한 웃지 못할 이야기를 하나 할까 한다. icbc.com 하면 왠지 공상은행의 도메인일 것이라 착각을 한다. 하지만 해당 도메인은 캐나다 밴쿠버의 한 자동차 보험회사Insurance Corporation of British Columbia에서 사용하고 있다. 소문에 공상은행에서 수천만 위안에 도메인을 사겠다고 제안했지만 소유자에게는 만족스럽지 않은 가격이었던 모양이다.

또 다른 예로 교수, 교사, 컨설턴트 혹은 유명한 변호사는 정상적인 업무 외에도 강연·강의·고문 등의 요청을 받아 지식 제공에 대한 보수를 받는다. 기술 전문가 역시 정상적인 업무 외에 자신이 가진 기술을 이용하여 개인적으로 요청을 받아 서비스를 제공하고 고정적인 수입 외의 보상을 받기도 한다. 비즈니스 정보를 장악·창조·전파하는 사람은 더 직간접적인 다양한 방법으로 자신이 가진 가치 있는 비즈니스 정보들을 현금화(이익 실현)하기도 한다. 작가, 가수, 예술가야말로 언제 어디서든 그들을 위해 박수와 비용을 지불할 의향이 있는 사람이 존재한다.

원고료·특허료·상표 판매료의 경우 저작물·특허·상표 등 소프트 밸류 요소들이 일단 시장에 진입하여 사람들의 인정을 한 번 받게 되면 관련 수익을 영원히 보장받게 된다. 이것은 마치 강바닥에 침전되는 모래알처럼 매일매일 쌓여, 당신이 현장에 있든 없든 돈은 끊임없이 당신의 주머니로 흘러들어온다.

플랫폼이나 클럽을 보유한 사람 역시 이곳에서 활동하며 즐거움과 편안함을 느끼는 사회 집단이 늘어나면 그들의 가진 자원이 지속적으로 쌓이게 되고 더는 기업의 사활이나 수입을 걱정하지 않아도 된다.

퀴리 부인의 선택

15세기 이전까지만 해도 세상 어디에도 특허권을 보호하는 지금의 법안 같은 것은 존재하지 않았다. 이를 규범화하는 지적재산권 제도 자체도 없었다. 때문에 당시 부유한 귀족들에게 과학 연구, 기술 발명은 그저 소일

거리나 취미 정도로 여겨졌고, 경제적 보상은 바라지도 않았다. 그저 자신의 연구 결과를 발표하여 사회적 명성을 얻거나 자기만족을 느끼는 것이 고작이었다. 아니면 장인처럼 노동 과정에서 어떤 것을 개발하거나 발명한다 해도, 그저 기밀을 유지하여 자신의 이익을 보호하는 게 고작이었다. 그 결과 당시 과학과 기술은 상당히 더디게 발전할 수밖에 없었다.

15세기 이후 세계 각국에 특허 법규와 지적재산권 등의 관련 제도가 차츰 완비되기 시작했다. 그러나 일부 소프트 밸류 창조자는 여전히 자신이 직접 창출한 소프트 밸류에 대한 이익 분배권을 포기하고 창조적인 성과물을 공개 발표했다.

퀴리 부인이 라듐을 처음 발견했다. 그녀와 그녀의 남편 피에르 퀴리는 수년간의 끈질긴 실험과 수만 번의 제련, 수십 톤의 광석을 처리하여 겨우 0.1그램의 염화라듐을 얻는다. 라듐은 과학사에 중요한 발견이자 의학적으로 매우 중요한 가치를 지녀 퀴리 부인은 라듐의 발견으로 노벨상을 받았다. 당시 어떤 사람이 퀴리 부인에게 라듐 제련 방법을 특허 출원하면 거액을 벌 수 있다고 조언했다. 그러나 과학에 국경이 없다고 생각했던 퀴리 부인은 "라듐은 하나의 원소로 만인의 것이어야 합니다."라고 말하며 특허 출원을 거절하고 라듐 제련 방법을 무상으로 공개했다.

미국 과학자 테슬라는 교류 전원을 발명하고도 특허를 신청하지 않았다. 그리고 고액의 특허 사용 수수료를 포기하고 교류 전원 기술을 무료로 세상에 공개했다. 현재 의학에서 주로 이용하는 X-레이를 발명하여 노벨상을 받은 뢴트겐은 특허를 신청하여 고액에 X-레이 기술을 팔 수 있었음에도 전 인류에 이를 무상으로 공개했다. 퀴리 부인, 테슬라, 뢴트겐의 지조 있는 행동에 사람들은 감동했다. 그들은 이익 대신에 사람들의 존경과 과학사에 숭고한 지위를 얻었고, 스스로도 자기만족과 평화를 얻었다.

그 밖에 일부 분야의 창조적 성과물은 그 응용 분야가 다양하고 시장 가격이 너무 높아, 만약 공개하지 않는다면 인류 사회 전체 이익에 영향을 미치게 된다. 때문에 과학자가 발견한 천체 운동의 규칙이라든가 수학 분야의 골드바흐의 추측, 생물 품종 등의 성과물은 특허를 신청할 수 없으며 공개 발표해야만 한다.

물론 공개 발표하게 되면 대개 소프트 밸류 창조자들은 명예와 명망·지위 등 사회적 가치를 얻는다. 그리고 다른 경로를 통해 강연료·전문가 자문료·사회공직의 보수를 받기도 한다. 또는 기타 다른 방법으로 소프트 밸류에 대한 보수를 받기도 한다.

가장 저렴한 소프트 밸류의 이익 실현 방식

모두들 에디슨이 전구를 발명했다고 알고 있지만 사실 전구는 에디슨이 아니라 영국 물리학자 조지프 스완이 발명한 것이다. 그리고 그가 신청해 두었던 전구 특허권을 훗날 특허 비용을 받고 에디슨에게 판 것이다.

최근 특허권으로 수익을 내고 있는 가장 유명한 사례가 바로 미국 퀄컴이다. 퀄컴은 3G, 4G 무선 통신기술의 절대 우위를 이용하여 애플을 포함한 모든 핸드폰 제조업체로부터 고액의 기술 사용료를 받고 있다. 기사에 따르면 애플은 아이폰 혹은 아이패드를 하나 만들 때마다 퀄컴에 40달러를 지불한다고 한다. 매년 애플이 퀄컴에 지불하는 특허 사용료만 해도 80억 달러에 달하고 이는 퀄컴 연간 수입의 무려 3분의 1이나 차지한다.

일부 회사는 발전 규모나 시장 점유율 등에 한계가 있어 특허를 제대로 상용화하지 못하는 경우가 있다. 이들은 절대적인 시장 점유율을 갖춘 시장의 주체가 자신의 특허권을 침해하기를 기다렸다가 법률 소송을 걸어 거액의 특허 비용을 받아낸다.

2016년 미국 네바다주의 버넷엑스가 애플을 제소했다. 애플 기업의 페이스 타임, 아이메시지 등이 허가 없이 네 가지 기술의 특허권을 사용했다며 소송을 제기했고 그 대가로 3억 200만 달러를 챙겼다. 버넷엑스 같은 기업을 '특허 괴물'이라 부른다. 이들은 대개 생산 활동에 참여하지 않고, 오로지 다량의 기술 특허를 활용하여 막대한 돈을 벌어들인다. 특히 애플이나 마이크로소프트와 같은 거대 기업이 피해갈 수 없는 기술들에 대해 특허를 신청해두었다가 소송을 건다.

특허 신청, 상표 등록, 저작권 신청, 소송을 통한 특허 비용에 대한 배상 등의 방식 모두 소프트 밸류의 이익 실현 경로다. 물론 앞에서 언급한 내용이 소프트 밸류 성과물을 공개한 사례보다 더 많은 수입을 벌어들일 수도 있다. 하지만 그럼에도 가장 저렴한 이익 실현 방식이라 하겠다.

다원화 소프트 밸류 이익 실현 방식

성공한 소프트 밸류 상품은 일련의 입체적 소프트 밸류 상품을 파생시킨다. 예를 들어《해리포터》소설을 원작으로 제작된 영화 시리즈라던가 극중 인물과 도구를 본떠 만든 완구나 의류 등을 말한다.

영화제작사, 완구·의류 디자인 제작자와 같은 입체적 소프트 밸류 상품의 창조자가 소프트 밸류 구간을 넓히는 과정에서 일부 가치가 그들에게 흘러든다.

예를 들어 워너 브라더스는 〈해리포터〉 시리즈로 전 세계 70억 달러의 흥행 성적을 거두었다. 그리고 영화 속 해리포터 지팡이 하나가 미국 워너 브라더스 홈페이지에서 60여 달러에 팔린다.

그 밖에도 최초의 소프트 밸류 창조자는 다양한 방법으로 지적재산권을 판매하여, 다양한 영역에서 소프트 밸류의 성과물을 공유함으로써 상업적 가치를 계속해서 향유하기도 하고 자신에게 돌아갈 소프트 밸류의 분량을 늘리기도 한다.

《해리포터》의 작가 조앤 K. 롤링이나 《트와일라잇》의 작가 스테프니 메이어가 전 세계 부자 작가가 될 수 있었던 것도 실제 서적을 판매하여 벌어들인 인세 때문이 아니라, 새롭게 부상하고 있는 전자서적의 발행 수익이 늘어났기 때문이다. 그 밖에도 영화나 드라마 개편, 만화, 게임 등의 다양한 영역에서 꽤 짭짤한 수입을 벌어들이고 있다.

미국 유명 게임 회사 라이엇 게임즈가 개발한 온라인 대전 게임 '리그 오브 레전드(LOL)'는 전 세계적으로 인기를 얻었다. 아이템·장비·스킨 등 게임 상품 외에도 온라인 숍에서 캐릭터 인형, 포스터, 핸드폰 케이스, 의류 장신구 등 시리즈 상품을 판매하고, 정기적으로 경기를 열어 입장료·광고·협찬 등 다양한 루트로 수입을 벌어들였다. 그 밖에 잉글랜드 프리미어리그와 NBA 등의 전통적인 스포츠 경기처럼, 라이엇 게임즈 역시 2016년 연말 경기 중계권을 메이저리그 베이스볼 어드밴스드 미디어(MLBAM)와 디즈니가 공동 투자한 밤 테크에 3억 달러에 넘겼다.

'생각'에 자본의 날개를 달다: 소프트 밸류 이익 실현의 업그레이드 버전
'샤크 탱크'는 미국 ABC 방송국의 유명한 창업 리얼리티쇼다. 창업가들은 이 프로그램에 참가하여 참신하면서도, 신기술을 활용한, 시장 수요에 부합하는 아이디어 및 디자인 상품 혹은 생각을 판매한다. 참가자는 소프트 밸류의 지분을 넘기고, 대신 투자자들에게 자금을 지원받아 아이디어를 빠르게 상품화하여 많은 수익을 올린다. 방송 중 '플레이트타퍼'라는 밀폐용기 덮개가 등장했는데 기존 제품과 달리 부드러우면서도 저렴하고 공간을 많이 차지하지 않는 차별화된 창의적 디자인 덕분에 투자자들의 사랑을 받았다. 창업가는 9만 달러에 8퍼센트의 지분을 판매해 기업을 다시 일으키고 세계 각지로 제품을 판매하기 시작했다.

이것이 바로 소프트 밸류와 자본이 결합하여 수익이 발생한 경우로 다음의 특징을 가진다. 소프트 밸류의 '본체'를 창조한 후 소비자에게 전파하여 '1파波 소프트 밸류'를 창조한다. 이후 자본과의 결합을 통해 새로운 소프트 밸류 본체를 형성한다. 이러한 금융성 소프트 밸류 상품을 다시 투자자에게 전파하여 '2파 소프트 밸류'를 창조한다. 이때 창조한 소프트 밸류는 1파 소프트 밸류보다 훨씬 더 크다.

예를 들어 페이스북의 창시자인 마크 저커버그는 하버드대학교 기숙사 침실에서 처음으로 페이스북의 사이트를 개설한다. 페이스북이 폭발적인 인기를 얻자 저커버그는 아예 학업을 접고 창업을 한다. 그러나 당시 그는 창업 자금이 한 푼도 없었다. 그저 '사진 업로드를 통한 소셜 네트워크'라는 창의적인 아이디어 하나만으로 페이팔의 창업자 피터 틸로부터 50만 달러의 엔젤투자를 받고, 다시 미국 벤처 캐피털 액셀 파트너스로부터 1,270만 달러의 창업투자를 받았다. 그리고 지금은 시가 1,000억 달러 상당의 소프트 밸류 거물이 되었다.

이제는 이미 중국 인터넷계의 모범 사례로 통하는 텐센트 QQ 역시 '아이디어'에 자본의 날개를 달아 소프트 밸류로 수익을 거둔 케이스다. 텐센트는 창업 초기 마화텅과 그의 동료가 메신저 서비스인 QICQ 프로그램은 만들었지만 어떻게 수익을 창출할 것인가에 대한 해답을 찾지 못하고 있었다. 회사 경영이 어려워지자, 마화텅은 회사를 매각할 생각까지 하게 된다. 300만 위안, 200만 위안……. 가격은 계속해서 떨어졌고 60만 위안이 되자 사겠다는 사람이 나섰다. 매각 계약서에 사인하려는 그 순간 마화텅은 자신의 '친자식'을 차마 버리지 못하고 직접 경영하기로 결심한다. 이후 텐센트는 IDG와 잉커 자본으로부터 220만 달러에 달하는 첫 번째 투자를 받고, 남아프리카공화국 투자회사인 MIH로부터 두 번째 투자를 받았다. 그리고 결국 폭발적인 성장을 이루며 시가총액 3,000억 달러가 넘는 IT업계의 거함이 되었다.

60만 위안(약 9만 달러)에서 3,000억 달러로 퀀텀 점프할 수 있었던 건, 소프트 밸류와 자본의 결합이라는 업그레이드판 이익 실현 방식이 있었기 때문이다.

창조적 성과물로 창업투자와 엔젤투자 등의 자금 지원을 받아, 소프트 밸류와 자본을 결합하여 상업화하는 모델 역시 소프트 밸류의 중요한 전략 중 하나다. 그 과정에서 소프트 밸류는 밸류에이션, 시가총액 등의 방식으로 소프트 밸류 창조자에게 흘러들게 된다.

인지 집단 창조자의 가치와 보상

소프트 밸류 세계에서 수요는 더 이상 고정불변의 존재가 아니다. 공급을 통해 재창조되기도 하므로 창조에 참여하거나 소프트 밸류 인지 집단 확대에 참여하는 사람 역시 소프트 밸류의 창조자가 되어 그에 상응하는 수익을 분배받는다.

인지 집단 창조자의 가치

《그레이의 50가지 그림자》는 스토리가 특별할 것 없는 평범한 소설이었다. 그러나 출판업계에 경이적인 판매 기록을 남기며 후에 영화로 제작되었다. 정통 문학계에서는 인정받지 못했던 소설이 뜻밖에 전 세계인들의 이목을 사로잡았던 것이다. 작가 E L 제임스는 《트와일라잇》이 처음 게재된 사이트에 자신의 소설을 올렸다. 내용에 논쟁의 소지가 다분해서 《트와일라잇》처럼 인기를 얻지는 못했다. 오히려 주류 독자층의 비난을 받게되고 여론이 들끓자 제임스는 결국 사이트에서 소설을 내리고 만다. 오스트레일리아의 한 작은 출판사에서 처음으로 제임스에게 연락을 해오지만 출판된 소설은 판매 실적이 시원치 않았다.

저 멀리 뉴욕의 랜덤하우스 계열사 중 고전문학 작품을 전문으로 출판하는 빈티지가 제임스에게 연락을 취한 뒤 상황이 급변한다. 내용이 저속하고 주류 독자층에게 외면당했던 소설을, 이미 50명의 노벨문학 수상자를 배출했던 랜덤하우스에서 발굴하여 '로맨스 소설'이란 장르로 홍보를 시작했고 많은 여성 독자들의 사랑을 받았다. 랜덤하우스는 주류 독자층에 다가가면서도 더 다양한 독자층을 확보하는 것이 목적이었다. 랜덤하우스의 정확한 홍보 전략은 독자들의 호기심을 제대로 자극했다. 그어느 때보다 독자들의 높은 관심을 이끌어내며 전 세계적으로 돌풍을 일으켰다. 랜덤하우스는 전 세계에 인지 집단을 성공적으로 구축하며 이책의 소프트 밸류를 최대치로 끌어올렸다.

인지 집단의 창조는 창조자의 이익을 증가시킨다. 따라서 인지 집단을 창조한 사람 역시 소프트 밸류의 분배 과정에서 충분한 보상을 받는다.

랜덤하우스가《그레이의 50가지 그림자》의 인지 집단을 제대로 넓힌덕분에 유럽과 미국에서 흥행할 수 있었다. 그 결과 2012년 상반기 수입이 동기 대비 20퍼센트 증가한 10억 1,500만 달러에 달했으며, 경상이익이 동기 대비 64퍼센트 증가한 1억 2,100만 달러에 달했다.

랜덤하우스와 제임스는 시장에서 외면당했던 '본체'에 방대한 인지집단을 성공적으로 구축했다. 책의 판매량이 급증하면서 작가 제임스도《그레이의 50가지 그림자》로 인세 수입 9,500만 달러를 벌어들였다. 이후 유니버설 픽쳐스가 약 300만 달러에 영화 판권을 사들였다. 그리고 영화가 상영된 후 소설의 인지 집단이 더욱 확대되어 제임스의 수입이 다시 폭증하게 되었다.

랜덤하우스가 아니었다면, 여전히 오스트레일리아의 작은 출판사와 계약을 유지하고 있었다면《그레이의 50가지 그림자》는 주류층의 주목을 받을 수 없었을 것이고 전 세계 논란의 중심에 선 작품이 되지도 못했을 것이다. 그랬다면 랜덤하우스도 큰 수익을 보지 못했을 것이고 작가 제임스도 인세는커녕 영화 판권 수입으로 억만장자가 될 수 없었을 것이다.

텐센트가 중국 측 대행사로 미국의 대전 게임 LOL을 수입했다. LOL 인기에 힘입어 텐센트는 중국에서 LOL 게이머를 대거 스카우트했고, 중국 게임 유저 사이에 LOL의 인지도를 높일 수 있었다. 중국 게임 유저들은 온라인에서 게임의 아이템과 장비를 구매하고 게임 관련 상품들을 구매했다. 심지어 현장에서 게임을 관람하기 위해 입장권을 구매했다. 중국에서 인지도가 높아지며 LOL의 최초 개발자 라이엇 게임즈도 직간접적으로 중국 유저들로부터 벌어들이는 수입이 급증했다. 소프트 밸류 창조자 중 하나인 텐센트 역시 중국에서 LOL 인지 집단을 창조했으므로 상품의 개발자와 마찬가지로 큰 수익을 거둘 수 있었다.

누군가는 《그레이의 50가지 그림자》 작가 E L 제임스와 LOL의 개발업체 라이엇 게임즈가 소프트 밸류 '본체'를 창조했으니 더 많은 소득을 얻어야 하는 것이 아니냐고 반문할지도 모른다. 반면 출판사나 게임 퍼블리셔는 진정한 창작에 참여한 것도 아닌데 너무 많은 이익을 챙기는 것이 아니냐고 생각할 수도 있다. 하지만 완보 소프트 밸류 방정식에 따르면 책의 작가든 게임의 개발업체든 그들은 그저 소프트 밸류 상품 '본체'만을 개발했을 뿐 전파 집단을 창조한 것은 아니다. 랜덤하우스가 《그레이의 50가지 그림자》를 발행하기 전까지 이 책의 전파 집단은 크지 않았다. 텐센트가 LOL의 중국 내 판매를 대행하기 전까지 중국의 게임 유저는 '0'에 가까웠다. 그러나 랜덤하우스와 텐센트처럼 영향력이 큰 기업이 개입한 후 상황이 달라졌다. 《그레이의 50가지 그림자》는 전 세계적으로 독자층을 빠르게 확보할 수 있었고, LOL은 중국 내 유저를 확대하며 전파 집단 범위를 넓힐 수 있었다. 그 결과 소프트 밸류도 빠르게 증가했다. 따라서 이를 전파한 기업이 수익을 더 많이 분배받는 것은 당연하다.

인지 집단 구축에 대한 간접 보상

알리바바 산하의 타오바오는 2003년 창립 이래 온라인상의 판매자와 구매자 모두에게 무료로 전자상거래 플랫폼을 제공했다. 이러한 방식으로 오랜 시간에 걸쳐 대규모의 방대한 고객층을 구축했고, 2015년 모바일 타오바오 사용자만 3억 7,000만 명에 달했다. 하지만 타오바오는 고객에게 직접 수수료를 받아 수익을 챙기지는 않았다. 오히려 대량의 데이터를 이용해 고객 소비 습관을 분석하여 사전 분석 서비스, 전자 금융 등 다양한 상품과 서비스를 맞춤형으로 정확하게 제공했다. 알리바바의 2016년 4/4분기 재무보고서를 보면 2016년 연간 수입이 1,011억 위안에 달하며 거래 성사 금액은 3조 920억 위안에 달했다. 중국의 시장조사업체 둥팡차이푸에서 발표한 상장기업의 시가총액 데이터를 보면 2016년 알리바바의 시가총액은 무려 1조 5,200억 위안이었다.

영국 〈이코노미스트〉에 "고객 소비습관에 관한 데이터는 알리바바의 큰 자산이다. 그리고 알리바바가 방대한 고객층을 통해 얻을 수 있는 간접적 보상은 이뿐만이 아니다."라는 내용의 기사가 실렸다.

알리바바와 같은 인터넷 사이트에서는 무료 서비스를 제공하여 방대한 방문고객 집단을 창조하기도 한다. 하지만 고객에게 직접 수수료를 받아 수익을 챙기는 것이 아니라, 고객의 데이터를 이용하여 그에 맞는 광고와 사전 분석 서비스 등의 다양한 상품을 제공함으로써 일정 수익을 얻는다.

인지 집단의 창조자는 소프트 밸류 분배 과정에서 인세를 나눈다거나 상품을 판매하고 고객에게 유료 서비스를 제공하는 방식으로 직접 수익을 챙기지는 않는다. 고객 이외의 집단에 유료 서비스를 제공하는 등의 우회적 경로를 통해 이익을 실현하며 그에 상응하는 간접 보수를 받는다. 하지만 그 간접 보수가 대개 직접 보수를 훌쩍 넘을 때가 더 많다.

소프트 밸류 승수 제고에 따른 보상

당신은 살아오면서 좋아하는 연예인이 사용했거나 광고하는 상품을 구매한 적이 있는가? 어느 기업 경영자의 감동적인 이야기를 듣고 그 회사 제품 혹은 서비스를 유심히 관찰하거나 구매한 적은 없는가? 어떤 유명인들 사이에 '설전'이 벌어져 오히려 그들이 창작에 참여한 영화나 드라마 작품에 관심을 가진 적이 있는가? 사실 이 모든 활동이 소프트 밸류 승수가 만들어낸 것들이다.

5,000만 달러의 개런티

펩시콜라의 대표 모델이 누구냐 물으면 마돈나에서 브리트니 스피어스까지, 호나우두에서 베컴까지 아마 각 시대마다 유명했던 스타들을 하나하나 떠올릴 것이다. 펩시콜라는 단순히 콜라라는 상품을 파는 것에 그치지 않고 콜라에 더 많은 소프트 밸류 요인을 가미했다. 펩시콜라는 각 시대별로 당대 유명 젊은 스타들을 대표 모델로 내세웠다. 그리고 스타들의 막강한 영향력을 이용하여 상품의 소비심리를 자극했다. 그렇게 주관적 심리 측면에서 소비자의 구매 욕구를 불러일으킴으로써 소비자가 상품의 물리적인 기능 외에도 심리적 만족감을 얻을 수 있도록 만들었다.

　이처럼 대중에 대한 파급력을 이용하는 방식으로, 스타 모델을 내세워 상품의 소프트 밸류 승수를 직접 높일 수도 있다. 관련 데이터에 따르면 유명인사의 대중에 대한 파급력은 소비자의 구매 욕구를 최소 1.5배 이상 자극한다는 결과가 나왔다. 소프트 밸류 승수는 소프트 밸류 창조 과정에서 기하급수적 성장을 주도한다. 그러니 전속 모델이 증가한 소프트 밸류만큼 고액의 대가를 받아가곤 한다. 미국 가수 비욘세의 경우 펩시 모델료로 5,000만 달러라는 천문학적 금액을 받았다.

　금융업계에서 투자은행 이코노미스트가 언론 매체를 통해 경제 흐름 예측 및 분석 결과를 공개한다. 그 리포트는 해당 기관 제품의 인지도를 높이는 데 매우 중요한 역할을 한다. 투자은행 이코노미스트가 바로 간접적인 방법을 통해 소프트 밸류를 창조하는 승수 역할을 하고, 소프트 밸류가 빠르게 발효하여 팽창할 수 있도록 도와 결국 상품의 몸값이 높아지는 효과를 낳는다.

　신둥팡의 창업자 위민훙은 대학 이곳저곳을 다니며 자신의 경험을 강연했는데, '위민훙 어록집'이 나올 정도였다. 위민훙이 강연하는 인생에 힘이 되는 이야기가 신둥팡 인지도를 간접적으로 높여주었고 그의 이야기에 많은 청중들이 고무되고 감동받았다. 그 결과 신둥팡이 개설한 교육 과정의 소프트 밸류 역시 기하급수적으로 성장하며, 위민훙의 힘이 나는 이야기를 듣고 싶어서 신둥팡에 교육을 청강하려는 희망자도 늘었다.

소프트 밸류 승수의 불안정성과 보수의 불확정성

소프트 밸류의 승수 작용은 불안정적이며 또한 정확한 측량도 불가능하다. 단계별로 소프트 밸류 창조를 촉진하여 소프트 밸류가 기하급수적으로 성장하도록 돕기도 한다. 또는 극히 제한적인 역할을 하여 소프트 밸류가 소폭 상승에 그치기도 한다. 심지어 갑자기 하락하여 소프트 밸류가 급감하거나 소멸하는 등 악영향을 미치기도 한다. 불안정적인 소프트 밸류 승수 작용으로 인해 소프트 밸류 승수 창조자들이 받아야 할 보수도 장담하기 어렵게 되는 경우도 있다.

예를 들어 동일한 열애설이라도 소프트 밸류 승수 작용이 완전히 상반되는 결과를 낳기도 한다. 한국의 기획사 SM 사단 중 현재 핫한 연예인에게 열애설이라도 나면 그날 SM의 시가총액에서 100억 원이 공중으로 증발해버린다. 다음 날 SM의 또 다른 인기 연예인의 열애설이 터지면 기업의 시가총액이 100억 원 상승했다가 다시 원래의 수준으로 돌아오기도 한다.

소프트 밸류 창조자의 수입 정도가 승수 작용을 하는 대중 집단의 인지와 직접적인 연관이 있다. 소프트 밸류 승수 효과 역시 대개 비연속적이고 도약적으로 발생한다.

예를 들어 유명 연예인의 인기가 변하면 대중에 대한 영향력 역시 변하게 되어 전속 모델로 있는 기업의 수익과 모델료에도 영향을 미치게 된다. 펩시콜라는 700만 달러를 주고 브리트니 스피어스와 광고 계약을 맺었다. 그러나 이후 2년간 그녀가 새로운 작품 활동을 하지 않자 인기가 급속하게 떨어졌고 펩시콜라는 즉시 그녀와의 계약을 종료하고 당시 핫한 비욘세와 5,000만 달러에 광고 전속 계약을 맺는다.

'미친 영어'의 창시자 리양은 처음에는 근면하고 성실한 이미지 덕분에 소프트 밸류 승수가 올랐다. '미친 영어'는 단숨에 많은 영어 학습자들의 추앙을 받았고 증시 상장을 준비하며 리양의 수입도 늘어났다. 하지만 '가정 폭력' 기사가 터지고 리양의 이미지가 실추되면서 소프트 밸류 승수도 순식간에 확장 작용에서 수축 작용으로 변하기 시작하더니 '미친 영어' 경영 역시 큰 타격을 받았다. 이처럼 인지 집단의 심리적 요인으로 결정된 소프트 밸류 승수는 그 승수의 창조자 수입에 따라 급증하기도 하고 급락하기도 한다.

결론적으로 말해 소프트 밸류의 승수 작용은 불안정하며 측량하기 어렵기 때문에, 창조자에게 돌아가는 소프트 밸류 수입 역시 불확정성을 띤다.

비반전 증폭:
소프트 밸류 창조자 간의 수입 분배 관계

해리포터: 2,000억 달러의 산업 사슬

해리포터 시리즈 소설과 영화는 지적재산권으로 역사상 가장 많은 돈을 번 사례 중 하나로 거대한 산업 사슬을 형성하고 있다. 조앤 K. 롤링, 블룸베리 출판사, 타임워너와 완구 및 게임 회사 등도 소프트 밸류 창조 집단을 구성하는데 이들 집단의 실현이익 또한 경악할 만한 수준이다.

　2015년 데이터에 따르면 조앤 K. 롤링의 인세 수입이 이미 5억 달러를 넘어섰으며, 〈해리포터〉 시리즈 영화의 흥행 수입이 76억 달러, 블루레이 디스크와 DVD 판매 및 대여 수익이 39억 달러에 달했다. 코카콜라는 1억 5,000만 달러에 〈해리포터〉 영화의 전 세계 독점 마케팅권을 얻었다. 전 세계 3대 완구 제조업체인 마텔, 레고, 해즈브로는 각각 수천만 달러에 해리포터 시리즈의 완구와 문구의 특허 경영권을 구매하여 시장에 마술복, 나는 빗자루, 마술 지팡이 등 500여 종의 시리즈 상품을 내놓았다. 일렉트로닉 아츠는 게임 해리포터를 개발하여 전 세계에 4,200만 장의 정식 판본을 판매, 15억 달러의 수익을 거둬들였다. 해리포터 테마공원과 공연 및 기타 파생상품 수익은 계산하지 않은 수치다. 보도에 따르면 해리포터는 이미 전 세계에 걸쳐 거대한 산업 사슬을 형성하며 전 세계 2,000억 달러에 상당하는 경제 성장을 견인했다. 해당 산업 사슬에서 파생상품의 수익만 약 70퍼센트를 차지한다.[1]

이처럼 소프트 밸류 창조 집단 중 각 구성원에게 돌아가는 소프트 밸류의 양은 상호 촉진 및 '비반전 증폭'되기도 한다.

소프트 밸류 창조자의 기본 역할

양자 시대, 만약 입자의 본체 자체가 존재하지 않는다면 소위 말하는 파동성을 어떻게 가질 것이며 더욱이 '파동과 입자의 이중성'을 지니는 양자화 상태는 존재하지도 않을 것이다. 소프트 밸류 세계에서 소프트 밸류 상품은 역시 소프트 밸류의 기초가 된다.

만약 조앤 K. 롤링이 《해리포터》 시리즈 소설을 창작하지 않았다면 이를 영화로 제작한 미국의 워너 브라더스도 76억 달러의 흥행 수입을 올리지 못했을 것이며, 기타 각종 파생상품 역시 영원히 마르지 않는 샘물을 가질 수 없었을 것이다.

소프트 밸류 창조자가 유효 투입 요소를 성공적으로 투입해야만, 뒤이은 전파 집단 범위와 소프트 밸류 승수의 창조에 탄탄한 기초를 다질 수 있는 것이다. 따라서 소프트 밸류 창조자의 수입은 당연히 충분한 보장을 받아야 한다. 소프트 밸류 비중이 높은 국가에서는 지적재산권의 보호 시스템이 상대적으로 잘 완비되어 있다. 조앤 K. 롤링과 《그레이의 50가지 그림자》의 작가 E L 제임스처럼 인세만으로도 충분한 수익을 내는 작가라도 여기에 파생상품 개발자와 판권 계약까지 맺게 되면 수익이

---

1) '역사상 다양한 기록을 남겼던 해리포터, 신화는 아직 끝나지 않았다', http://jiemian.com/article/385532.html. '해리포터 2,000억 달러에 달하는 거대한 산업 사슬 창조', http://ent.163.com/special/hp7part2ch3.

더욱 증가하게 된다.

각 참여자에게 돌아가는 가치량의 비반전 증폭

1997년 6월《해리포터와 마법사의 돌》이 출판되면서 급속하게 해리포터 돌풍이 일기 시작했다. 그리고 다시 영국의 아동문학상 '스마티즈 금상'을 받으며 작품의 소프트 밸류 승수를 증폭시켰다.

책으로 출판된 후 영국의 독립영화인 데이비드 헤이먼이 타임워너에 이 작품을 추천하면서 최종적으로 조앤 K. 롤링과 영화제작 판권 계약을 맺는다. 타임워너가 해리포터 시리즈를 성공적으로 각색하여 영화로 만들었기 때문에 워너 브라더스에 막대한 이익이 돌아가는 것은 당연한 이치다.

어떤 사람은 영화를 보고도 성에 차지 않아 원작을 찾아 읽기도 한다. 그 결과 또다시 소설의 판매량을 증폭시키는 효과를 가져왔다. 작가와 출판사의 수입이 증가했고, 독자층도 한층 더 두터워졌다.

원작을 읽은 독자는 다시 해리포터 온라인 게임을 통해 마치 자신이 직접 호그와트의 마법학교에 있는 것 같은 실감 나는 체험을 누린다.

독자와 영화 관람객 모두 해리포터 시리즈 소설과 영화에 광적일 정도로 푹 빠져서 카페, 단체 및 조직 등 다양한 활동에 참여하여 작품 속 타임라인과 인물관계도, 마법 체계에 대해 연구하고 심지어 그들만의 '퀴디치 대회[2]'를 열기도 한다. 이들이 주로 해리포터의 파생상품을 구매하는 집단으로, 그들이 해리포터의 복장을 입고 아이템을 들고 각종 행사를 진행할 때마다 해리포터의 소프트 밸류 승수가 증가한다.

소프트 밸류 창조 과정에서 인지 집단의 창조자와 승수의 창조자는

---

[2] 해리포터의 마법 세계에서 마법사들이 나는 빗자루를 타고 진행하는 구기 경기다.

자신의 수입에 영향을 미칠 뿐만 아니라 유효인자 투입자의 수입에도 영향을 준다. 이는 크든 작든 필연적으로 소프트 밸류 창조자의 수입을 증폭시켜주는 효과를 가져온다. 출판사에서 영화사까지, 다시 영화배우에 이르기까지 해리포터의 소프트 밸류 창조 과정에서 어떤 역할을 할 경우 기타 참여자 역시 우회적이고 입체적인 경로를 통해 수익을 얻을 수 있다.

해리포터 시리즈 소설의 성공과 타임워너의 영화, EA의 오락 개발 성공으로 완벽한 '해리포터' 가치 구간이 형성되었다. 일부 성공한 작품은 영화나 게임으로 제작된 후 이렇다 할 성과를 거두지 못하는 경우도 있다. 영화나 게임이 소프트 밸류 창조 집단과 참여자 사이에 '비반전 증폭'을 일으키는 상호 촉진제 역할을 제대로 하지 못하고 오히려 특정 단계에서 실패하면서 다른 단계의 소프트 밸류 이익 실현에도 피해를 주는 경우가 있다.

제6장

소프트 밸류 산업의
무한 잠재력

문화 오락 산업의 4부작

대뇌 깊은 곳을 울리는 공명

문화 오락 산업의 정가가 왜 이렇게 높은지 이해가 안 간다는 사람들이 꽤 많을 것이다. 잘못 조판된 작은 우표 하나가 어떻게 수십 위안에서 수만 위안까지 호가하는지, 원명원의 청동기가 어떻게 경매에서 억 위안 대에 거래되는 것인지, 유명 가수나 스포츠 스타의 전속 광고 모델료가 어떻게 수천만 위안에 달하는 것인지……. 문화 오락이라는 소프트 밸류를 제대로 이해하지 못하는 사람들은 상품과 서비스 자체의 기능만을 가지고 그 원가를 따지고 든다. 하지만 '문화 오락계' 혹은 관련 사회 집단에 가입해보지 않은 사람이라면 그들이 가져다주는 심리적 효용이 얼마나 큰지 헤아리기 어려울 것이다.

수용자가 문화 오락 상품에서 자신에게 익숙하고 좋아하는 감동적인 요소를 발견하게 되면 그들의 대뇌에서는 뉴런의 동기화 방전 과정이 일어나게 된다. 어떤 문화 오락 상품의 소프트 밸류 속에 포함된 투입 요소가 얼마나 되는지는 창작 당시에 얼마나 투입했는지와 창작자 본인의 천부적인 재능, 그간의 훈련, 순간의 영감 및 창작 당시 특정 정보의 자극과 감성 투자에 따라 결정된다.

예를 들어 디즈니의 고전 애니메이션 〈라이온 킹〉은 어린이들뿐만 아니라 어른들의 사랑까지 한 몸에 받았다. 영화 속 생동감 넘치고 유쾌한 캐릭터들이 아이들의 마음을 사로잡았고 작품 속 왕위를 빼앗기는 스토리 전개도 매우 극적이었다. '스카'의 악역이 두드러지면서 관중들은 극 속에 몰입하며, 작은 영웅이 성공하길 함께 기원했다. 관중은 어린 심바와 함께 성장하며 자신의 감정을 이입하는 등 강한 몰입감을 보여주었다. 그뿐만 아니라 〈라이온 킹〉의 가족적 요소가 현실 생활을 투영하고 있었다. 스토리 역시 정극, 희극, 액션, 뮤지컬, 로맨스 등의 다양한 요소를 모두 갖추고 있었으며 서로 적절히 조합되어 있었다. 각 캐릭터들의 조합도 거의 완벽에 가까웠다. 이러한 이유로 〈라이온 킹〉은 온 가족이 함께 즐겨 볼 수 있는 영화가 되었다. 〈라이온 킹〉처럼 인간의 보편적인 감정, 즉 사랑·우정·가족애·위협·위험 등을 다룬 작품에 우리 인간의 대뇌는 더 민감하게 반응하는데 이것이 바로 영화가 흥행에 성공할 수 있었던 이유다.

전자 게임, 온라인 게임, 모바일 게임 등은 거의 모든 연령대, 거의 모든 계층의 사람들을 아우르는 장르다. 아이들만이 게임에 중독되는 것이 아니라 요즘은 성인들도 전자 게임에 점점 많은 시간을 쏟아붓고 있다. 게임 세상에서는 인간의 환상, 천진함, 단순함, 탐욕, 게으름, 영광, 의리, 허영, 성공 등 다양한 심리적 욕구를 채울 수 있기 때문이다. 당연히 이러한 심리적 욕구를 채우기 위해 온라인 게임 유저들은 적지 않은 비용을 투자한다. 게임 설계자는 더 많은 유저들의 주머니를 열기 위해 다양한 소비 방식을 창조한다. 사실 사람들이 소비하는 것은 게임이 아닌, 게임 아이템이 아닌, 오락이 자신에게 주는 일종의 심리적 만족감이다.

문화 오락 소프트 밸류: 단가를 높일 것인가? 인지 집단을 확대할 것인가?

문화 오락 상품은 본체가 완성되고 난 후에야 진정한 소프트 밸류가 창조되기 시작한다. 왜 세계적으로 유명한 가수의 음반 가격이 일반 가수와 차이가 없는 것일까? 단가를 올리는 방법 말고도 인지 집단 확대로도 소프트 밸류를 높일 수 있기 때문이다. 완보 소프트 밸류 방정식 중 소프트 밸류 상품의 신작 발표와 홍보가 매우 중요하다. 양자 단위로 대규모 공진을 일으키려면 인지 집단의 범위를 넓히고, 전파 범위를 넓혀야만 그 소프트 밸류를 늘릴 수 있다.

복제와 공유가 가능한 영화나 음반의 경우 단가를 높이는 것보다 팬층을 넓혀 판매량을 늘림으로써 소프트 밸류를 실현하는 것이 더 효과적이다. 옆집의 왕 서방도 영화를 만들 수는 있지만 그 표가 하나도 팔리지 않을 공산이 크다. 반면 할리우드 메이저 영화사의 작품도 영화표 한 장에 몇천 원밖에 안 하지만 전 세계적으로 상영된다.

매체가 고도로 발달한 요즘 같은 세상에서 소프트 밸류의 창조자는 더 이상 타인의 플랫폼에만 의존하지 않는다. 트위터, 유쿠, 위챗, 웨이보 등을 통해 직접 홍보가 가능해졌기 때문이다. 인터넷으로 소통하는 연예인·작가·예술가 등은 소프트 밸류 창조 능력이 어떤 기업에도 전혀 뒤처지지 않는다. 예를 들어 미국의 팝스타 레이디 가가는 페이스북이나 트위터, 유쿠 등을 이용해 가십을 만들면서 팬들(레이디 가가의 별명은 '작은 괴물')과 활발하게 소통한다. 이 방면에 있어서만큼 그녀는 일반인을 뛰어넘는 천부적인 재능을 가지고 있다. 그녀는 한때 페이스북에서 가장 사랑받는 공인이었으며 트위터 팔로워가 가장 많은 인물 중 하나였었다.

아마존은 인지 집단을 확대하는 새로운 기술을 발굴했다. 바로 '협업 필터링' 기술로 고객의 과거 소비 기록을 분석하여 컴퓨터 시스템이 독자에게 알맞은 책을 추천해주는 방식이다. 최종적인 결과물이 바로 해당 기술의 성공을 증명한다. 이 빅 데이터 기술로 증가한 실적이 서평보다 100배나 더 효과가 있었고, 결국 아마존은 서평을 해당 데이터 분석 결과로 대체하기로 결정했다.[1]

어떤 작품들은 일반적인 정서 혹은 소비 방식을 벗어나지만 여전히 인지 집단이 확대되어 소프트 밸류가 증가하기도 한다. 예를 들어 러시아 출신의 미국 작곡가 이고르 스트라빈스키의 〈봄의 제전〉을 파리에서 처음 무대에 올렸을 때, 많은 관중들이 강하게 저항하는 바람에 결국 경찰까지 출동해 소요를 잠재운 일이 있었다. 하지만 세계 각지에서 여러 차례 상연된 이후 〈봄의 제전〉은 이미 권위 있는 음악으로 칭송받았으며 많은 청중들이 그만의 독특한 아름다운 선율에 빠져들게 되었다. 디즈니의 애니메이션 〈판타지아〉에 삽입되기도 했는데 이는 사람들이 더 이상 이 곡에 대하여 이질감을 느끼지 않는다는 것을 보여준다.

뿐만 아니라 소비 방식의 혁신으로도 소비 확률을 높여 소프트 밸류를 높일 수도 있다. 중국 IT업계의 거물 스위주 회장은 이런 말을 한 적이 있다. "검에 보석을 박는 게임이 있습니다. 이 검을 최강의 검으로 만들려면 1,000위안이 필요합니다. 하지만 1,000위안짜리 보석 하나를 삽입해야 한다고 하면 모두들 사려 들지 않을 것입니다. 그래서 다시 10위안짜리 보석을 삽입하도록 합니다. 삽입 성공률이 1퍼센트라서 결국 1,000위안을 써야만 하지만 그래도 사람들은 후자를 더 쉽게 받아들이고 소비층도 훨씬 더 넓힐 수 있습니다.[2]

---

1) 빅토르 마이어 쇤버거·케네스 쿠키어, 《빅 데이터가 만드는 세상》.

2) 텅타이, 《소프트 포춘》, 베이징: 베이징시대화문서국, 2014년, 174쪽.

소프트 밸류 승수를 높이는 '상호 작용'

신문이 주요 언론 매체였던 시대에서는 문학 평론가, 음악 평론가, 영화 평론가의 역할이 매우 중요했다. 새로운 작품을 발표할 때마다 먼저 그들을 초빙하여 읽고, 듣고, 보도록 한 후 신문에 평론을 발표하곤 했었다.

언론 매체나 인터넷 등 다양한 형식으로 상호 작용을 하면서 집단 인지를 이끌어내고 특정 문화 오락 상품의 인지도를 높이면 그 가치가 수 배 혹은 수백 배는 올랐다. 과장이 아니라 확실히 소프트 밸류가 창조 되었다. 상호 작용을 통해 이 제품을 소비하는 집단에 이전보다 더 높은 문화 오락적 효용이 창출되었기 때문이다.

IT 시대 최대 온라인 서점인 아마존은 서평의 힘을 굳게 믿었다. 20여 명의 서평가와 에디터로 팀을 만들어 전문적으로 서평을 쓰고 신간을 추천하도록 했다. 가장 특색 있는 신간을 선정하여 표제를 아마존 홈페이지에 게재했는데 그 결과는 꽤나 만족스러웠다. 그들이 구축한 '아마존의 소리' 코너가 기업의 경쟁력을 높여주는 데 큰 기여를 하며 서적의 판매량도 급증했다. 이에 〈월스트리트 저널〉은 그들을 전미에서 가장 영향력 있는 서평가로 평가했다.

화가는 개인 전시회를 빈번하게 참관하거나 개최하면서 화가와 작품의 인지도를 높인다. 혹은 봉사활동을 통해 예술 애호가들이 자신의 작품에 주목하도록 유도하기도 한다. 이때 그림의 가치는 그저 단순한 종이와 필묵의 가치를 뛰어넘어, 예술가가 투입한 노동과 창작의 영감을 뛰어넘어, 특정 집단에 인정받는 소프트 밸류로 거듭나게 된다.

스타들은 왜 몸값을 낮춰 출연하느니 쉬는 게 낫다고 할까?

유명 연예인의 광고 전속 계약료는 수백만 심지어 수천만은 우습게 넘긴다. 그렇다면 광고를 여러 편 찍으면 좋지 않을까? 유명 연예인의 공연비 역시 수십만 위안 정도에 달한다면 저렴한 공연이라도 여러 번 출연하는 것이 낫지 않을까? 그런데 왜 저렴한 공연에 출연하느니 무료 자선 공연에 출연하는 것이 낫다고 할까?

문화 오락 상품 중 일부가 소장하거나 독점하고 있는 문화재나 소장품, 서화는 다른 문학작품이나 음반처럼 대량으로 복제 및 보급하여 인지 집단의 범위를 넓히는 방식으로 가치를 실현하지 않는다. 대개 혼자 향유하고 독점하거나 혹은 현장에서만 실물을 볼 수 있는 문화 오락 상품의 경우 그 가격이 높은 편인데, 이들은 인지 집단의 범위를 넓히기보다는 소프트 밸류의 승수를 높이는 데 주력한다. 예를 들어 명화, 조각, 소장품, 문화재는 대개 관람료나 입장료를 팔아서 돈을 벌지 않는다. 주로 매매나 양도를 통해서 가치를 실현한다. 앞서 설명한 문화 오락 상품은 거래가격을 높이기 위해, 양도자가 이를 정성스럽게 포장하고 다양한 이야기와 배경에 대한 소개를 덧붙인다. 권위자나 혹은 유명인의 평론을 요청하고, 문화계 최고권위자를 참석시킨 후 최고급 호화 입찰에서 경매에 부친다.

유명 연예인의 출연료는 사실 적은 편이 아니다. 하지만 개인 활동을 자주 하거나 몸값을 낮춰 출연하게 되면 팬들 마음속에 연예인의 레벨이 떨어질 수밖에 없다. 이는 마치 양날의 검과 같아 인지 집단의 범위를 넓히면 소프트 밸류 승수는 낮아진다. 사회적 이미지 때문에 많은 연예인들은 봉사활동에 참여하여 무상 공연을 한다. 하지만 이는 몸값을 낮춰 출연하는 것과는 또 다른 이야기다. 대부분의 이류 스타들은 출연 제의를 거의 받지 못한다. 하지만 조금 총명한 사람이라면 차라리 집에서 쉬는 것이 값싼 출연료를 받고 출연하는 것보다 낫다는 사실을 알 것이다. 자칫하다간 연예계에서 자신에 대한 대중의 인식이 달라질 수 있고, 일단 한 번 몸값이 낮아지면 되돌리기 어렵기 때문이다. 때문에 연예인이 우정 출연이나 봉사 차원에서 무료 공연을 하거나, 혹은 사회 홍보, 브랜드 지명도를 높이기 위해 저가 공연에 출연할 수는 있지만, 순전히 상업적인 의도의 공연이라면 높은 출연료를 받아야 한다.

마찬가지로 그림 한 폭의 가치는 화가의 작품 수에 따라 결정될 때가 많다. 예술품 경매시장에서도 화가가 별세하고 난 후 작품의 가치가 생전보다 높아진다. 이처럼 작품의 수량이 현재 희소하거나 앞으로 희소할 것으로 예상되는 경우 해당 작품의 가격이 달라진다. 일부 화가들은 작품의 가격을 높이기 위해 일부러 시장에 작품을 잘 내놓지 않고, 작품의 희소 가치를 만들어서 소프트 밸류의 승수를 높이기도 한다. 이와 반대로 어떤 화가들은 사회에 대한 영향력을 충분히 형성하기 전까지 계속해서 창작하고 심지어 증정하여 인지 집단을 확대하기도 한다. 그렇게 어느 정도 사회 인지도를 얻게 되면 다시 빠르게 작품의 수량을 제한하여 희소성을 높인다.

문화 오락 산업의 소프트 밸류 4부작

공감대 형성, 인지 집단 확대, 상호 작용으로 인한 발효 과정, 희소성 관리는 문화 오락 산업의 소프트 밸류를 창조하는 4부작이다. 그간의 훈련, 순간의 영감 및 창작 당시 특정 정보의 자극과 감성 투자는 문화 오락 소프트 밸류의 기초가 되고, 이를 적절히 투입하여 소프트 밸류를 창조한다. 만약 앞 단계의 유효 투입이 없다면 뒷 단계의 인지 집단이라든가 공감대 형성은 아예 존재하지도 않을 것이다. 상영할 영화도 없는데 그걸 영화관에 앉아서 관람할 관객이 어떻게 존재할 수 있겠는가? 인터넷에 영화 평론이며 관객의 뇌리에 남는 감동적인 줄거리나 인물 등도 애초에 존재할 수 없다.

유효 투입 요소가 문화 오락 산업 소프트 밸류의 1부작에 해당한다면, 특정한 참여 집단을 형성하는 것은 소프트 밸류 창조의 2부작에 해당한다. 소프트 밸류의 창작은 수용 집단을 떠나서는 생각할 수 없고, 아무도 감상하지 않는 조각상은 그 소프트 밸류를 논할 가치도 없다. 수용 집단의 광고나 홍보가 없다면 마치 아무도 없는 빈산에 서서 고함을 지르는 것과 같으며 돌아오는 것은 자신의 메아리뿐이다. 즉 특정 집단의 참여가 있어야만 1부작에서 유효 투입한 소프트 밸류를 발굴해낼 수 있다. 참여 집단의 범위가 넓을수록 소프트 밸류 역시 커지면서 더 높은 경제 효율을 누릴 수 있게 된다.

'상호 작용'의 홍보 효과와 주도자의 역할은 소프트 밸류를 높이는 촉진제 역할을 한다. 하나의 영화를 정식 상영하기 전 대개 팬 미팅을 열어 영화 촬영 과정 중 에피소드나 감상에 대해 이야기를 나눈다. 가수는 신곡을 출시하기 전 오락 프로그램에 출연해 자신의 곡과 창작 당시 감상에 대해 소개한다. 이런 상호 작용을 통해 사람들은 그 영화를 관람하거나 그 음반을 구매하고 싶은 충동을 느끼며 제품의 소프트 밸류를 높여준다. 그뿐만 아니라 문화 오락 상품에서 집단 인지 주도자의 '의사 결정권자'로서의 역할을 무시할 수 없다. 사람들은 습관적으로 책을 구매하기 전 권위자의 서평을 읽고, 영화를 보기 전 전문 사이트를 찾아가 영화 평점을 본다. 평점이 높을수록 사람들의 관람 욕구도 높아져 흥행 수입도 증가한다.

마지막으로 희소성을 적절하게 조절하여 소프트 밸류의 지속성을 유지한다. 희소할수록 물건 값은 비싸지게 마련이다. 적당히 희소성을 통제하는 것이 가격을 일정 수준으로 유지하는 데 유리하다. 이것이 바로 대부분 업체가 한정판을 출시하는 이유다. 동시에 소프트 밸류 승수와 인지 집단 범위는 상호 대체 관계를 갖는데 이 비율을 적절히 조절해야만 한다. 지나치게 소프트 밸류 승수를 낮추면서까지 인지 집단을 한 번에 늘리려고 해서는 안 된다. '청의³⁾'를 자처하는 대형급 여배우가 '소화⁴⁾'보다 팬이 훨씬 적고, 출연작도 많지 않지만 언제나 높은 출연료를 받는 이유이기도 하다.

---

3) 중국 전통극에서 현모나 절개를 지키는 중년의 여인을 나타내는 정단(正旦)을 이르는 말로 주로 푸른색의 겹옷을 입어서 청의라고도 부른다._옮긴이
4) 중국 전통극에서 젊은 여자 배역을 이르는 화단(花旦)을 말한다._옮긴이

지식형 소프트 밸류 산업의 5대 영역

지식형 소프트 밸류 산업은 교육 훈련 경제, 과학 연구 경제, 자문 경제, 싱크탱크 경제, 콘퍼런스 및 포럼 경제 등 다양한 형태로 분화되고 있다.

교육 훈련 경제: 일반화된 '정신적 측면의 소비'
지식이 마치 구불구불 흐르는 여러 지류의 강물이라면, 교육과 훈련 산업은 우수한 지식의 강물이 다양한 방향으로 흐를 수 있도록 길을 잡아주는 둑과 같다. 물길을 잘 다스려 한 세대 한 세대 잘 저장해두었다가, 강물이 점점 더 확장될 수 있도록 도와주는 역할을 한다.

소프트 밸류 시대에는 이미 의무화된 기초 교육과 일반화된 고등 교육 덕분에, 교육 콘텐츠는 더 이상 신분 상승의 도구가 아닌, 소비품처럼 선택하여 향유할 수 있는 대상이 되었다. 교육은 일종의 새로운 정신적 소비품이자 투자 상품으로, 전통적인 기초 교육과 고등 교육 외에도 점점 방대한 시장을 형성하고 있다. 예를 들어 예술 교육, 예체능 교육, 언어 교육, 법률 교육, 직업 훈련 등 다양한 교육 훈련 산업이 빠르게 확산되면서 교육 훈련 산업에도 수많은 부자들이 양산되고 있다.

교육과 훈련 산업의 생산 방식 역시 큰 변화가 발생했다. 서양의 기초 교육은 이미 과거 많은 학생들을 한 반에 몰아놓고 수업하던 '큰 학급'의 방식에서 점차 변모하여 '작은 학급'이 각광을 받기 시작했다. 일대일의 개성화 교육도 전문 분야에서 더욱 활발하게 이루어지고 있다. 90년대 중국에서 유행했던 '통신 교육'에서 교육 소프트웨어를 거쳐 온라인 강의에 이르기까지 발전을 거듭하며, 다원화된 교육 방식으로 사람들의 정신 생활을 풍족하게 만들어주고 있다.

하지만 그중에서도 진정으로 명맥을 유지하고 있는 기업은 역시 시장에 힘입어 성공을 거둔 교육 훈련 기관들뿐이다. 그중 가장 대표적인 기업이 중국의 신둥팡 교육과기그룹이다. 신둥팡은 짧은 시간 안에 전국적으로 분점을 개설하고 2006년에는 미국 뉴욕 증권거래소에 상장되기까지 했다.

신둥팡처럼 성공한 교육 훈련 기관의 노하우를 분석해보면, 우선 소프트 밸류 시대에 사람들의 지식과 기능에 대한 다양한 수요를 정확히 파악했다는 점을 알 수 있다. 동시에 완보 소프트 밸류 법칙처럼 이들 성공 기업들은 유효 투입, 집단 인지 범위 및 집단 인지 탄력성 제고 등에 차별성을 지니고 있었다.

지식 혹은 기능형 소프트 밸류의 배양은 대개 오랜 시간의 투자가 필요하다. 교육 과정, 소재 개발, 교원 육성 혹은 독특한 교육 훈련 트렌드를 형성하거나 네임 밸류를 높여 시장을 독점하려면 우선 독특한 소프트 밸류 자원이 필요하고, 지속적인 창조와 장기적인 관리가 필요하다. 하지만 일단 시장의 인정을 받게 되면 초반에 투입했던 모든 요소들이 브랜드, 기술 혹은 플랫폼의 안정적인 기반이 되어, 후발주자들은 감히 넘어설 수 없는 장벽을 만들며 이익을 독식하게 된다.

어떤 분야에서 오랫동안 흔들리지 않고 굳건하게 입지를 굳힌 교육 브랜드들은 대개 후발주자들이 감히 흉내 낼 수 없는 독특한 운영 방식이나 문화 가치관을 지니고 있다. 예를 들어 신둥팡 기업 문화 중 '절망 가운데 희망을 발견할 수 있다면 그 인생은 언젠가 빛날 것이다'라는 말이 있다. 초심을 잃지 않고 꾸준히 노력하는 그 정신은 기업 경영진에게 뿐만 아니라 고객 만족 서비스에서도 고스란히 전해진다. 또 다른 예로 중국유럽국제경영대학원CEIBS의 글로벌 교학 문화와 중국장강경영대학원 CKGSB의 실무 위주 수업과 높은 위상은 학생들에게 각각의 메리트가 있다. 이는 자신만의 독특한 운영 방식과 시장 포지셔닝, 문화 가치관을 제대로 파악한 사례로, 교육 훈련 기업이 자신의 집단 인지를 높일 수 있는 주요 방식이기도 하다.

과학 연구 경제의 높은 밸류에이션

하드 밸류 시대에서 과학 연구의 성과는 하드 밸류 상품으로 만들어 판매를 해야만 간접적으로나마 부를 창출할 수 있었다. 하지만 소프트 밸류 시대에서는 누구든, 어떤 기업, 어떤 연구기관이든 그 연구 성과물을 시장 메커니즘을 통해 소프트 포춘으로 전환할 수 있다. 과학 연구는 더 이상 개인의 흥미나 취미 또는 가치를 간접적으로 실현시켜주는 비생산 활동이 아니다. 국가 재정 자금으로 육성해야 하는 사업 단위가 아니다. 전혀 새로운 소프트 밸류 산업의 형태다. 바이오 의약품, 컴퓨터 기술, 인터넷 등 각 분야에서 이름만 들어도 아는 마이크로소프트, 애플, 페이스북, 구글이든 아니면 미국 실리콘 밸리의 다른 유명 기업이든 대부분 모두 과학 연구 분야 종사자가 직접 창업하여 경영하고 있다. 이는 실리콘 밸리의 일반적인 소프트 밸류 형태이자 전 세계 과학 연구 분야의 소프트 밸류 산업을 반영하는 축소판이기도 하다.

[사례] 실리콘 밸리: 미래 과학 연구 소프트 밸류의 축소판

실리콘 밸리는 샌프란시스코 남단에 위치한 팰로앨토에서 주청 소재지인 새너제이에 걸쳐 형성된 길이 40킬로미터에 달하는 계곡이다. 그리고 지난 100여 년간 과수원으로 이루어져 있던 곳이었다. 때문에 인근에 스탠퍼드대학교와 캘리포니아공과대학교가 있지만 현지의 일류대학을 나온 졸업생들은 대부분 취업을 하기 위해 동해안 쪽으로 이동해야만 했다. 스탠퍼드대학교의 프레데릭 터먼 교수는 졸업생의 취업난을 해결하고 인재 유출을 막기 위해 대학교가 보유한 큰 부지는 임대업에 사용하고, 졸업생들에게는 현지에서 창업할 수 있는 기회를 제공했다. 터먼의 지도하에 그의 두 제자는 작은 차고에서 538달러만으로 휴렛팩커드를 창업하게 된다. 그리고 1951년 터먼은 더 큰 프로젝트 계획을 세운다. 대학 인근에 스탠퍼드 연구 단지를 조성하여 작은 공장을 세운 뒤 소규모 첨단기술업체에 싼값에 임대하기로 한 것이다. 처음 몇 년간은 입주 기업이 얼마 되지 않았지만 점차 늘어났다. 그리고 전 세계 과학 연구 경제를 주도하는 신흥 기업들이 이곳에 터를 잡고 발전해나갔다. 그렇게 이곳은 번화한 도시로 변모했다. 수십 년이라는 짧은 시간 안에 첨단 과학의 제국이 완성되었고, 새로운 부의 신화를 써 내려갔다.

물론 실리콘 밸리는 풍부한 광산 자원을 가진 것도, 교통이 발달한 것도 아니었다. 하드 포춘 창조의 관점에서 보자면 이곳은 어떠한 이점도 없는 곳이었다. 하지만 과학 연구 경제와 소프트 포춘의 관점에서 보자면 상황이 180도 달라진다. 소프트 포춘의 원천은 인간의 사유와 감성이다. 실리콘 밸리 주변에 우수한 일류 대학이 있었고, 그곳에서 끊임없이 과학 연구 분야의 인재를 배출하고 있었기 때문에 과학 연구형 소프트 밸류 기업이 운집할 수 있는 최적의 자원을 갖추고 있었다.[5]

---

5) 텅타이, 《소프트 포춘》, 베이징: 베이징시대화문서국, 2014년, 105쪽.

대부분의 과학 연구형 소프트 기업은 제품의 연구 개발, 설계와 마지막 단계의 판매 부분이 전체 산업의 부가가치 중 약 90퍼센트를 차지하고, 하드웨어의 제조는 겨우 10퍼센트만을 차지한다. 이 때문에 소프트 포춘의 거함들은 대개 기업의 과학 연구 실체는 남겨두고 구체적인 하드웨어 제조나 판매 부분을 다른 업체에 외주를 준다.

반대로 전통적인 정부나 기업의 과학 연구 기관 혹은 과학 연구 종사자 개인은 아예 과학 연구 사업 및 프로젝트 위탁 및 소프트웨어 프로그램 외주 등의 다양한 방식을 활용하여 자신의 과학 연구 활동을 직접 판매하는 경우가 늘고 있다. 과학 연구 활동의 가격 책정 방식이 점차 시장화되면서, 과학 연구 종사자와 과학 연구 활동의 업무 시간, 과학 연구 활동의 과도기적 성과물과 최종 산물에 대한 가격 책정 시스템과 거래시장이 이미 성숙 단계에 접어들었다.

미국의 실리콘 밸리와 중국 베이징 중관춘에서는 이미 오래전부터 다양한 소프트 밸류 창조 활동에 보수를 지불해오고 있다. 나스닥과 차스닥의 투자자들은 이미 '전자 과학 연구소'류의 이름을 가진 상장기업에 친숙해졌으며, '과학 연구'라는 이름이 붙은 기업의 밸류에이션을 더 높게 평가하기도 한다.

과학 연구형 소프트 밸류의 창조는 특히 불확정성이 높아 자원 투입은 많은데도 그중 진정한 유효 투입 요소는 얼마 되지 않는 경우도 종종 있다. 예를 들어 제약 산업의 경우 신약 하나를 개발하는 데 대략 26억 달러의 비용이 들어간다. 하지만 26억 달러를 투자한다고 모두 신약을 개발할 수 있는 것은 아니다. 26억 달러 안에는 어쩔 수 없이 발생하는 무수한 무효 투입도 포함된다. 그렇다고 해도 과학 연구형 소프트 밸류 산업은 가치 창조를 위해 어쩔 수 없이 막대한 자금을 지속적으로 투입해야만 한다. 2013년 당시 전 세계 10위권 제약회사의 연구 개발 투자비는

603억 9,000만 달러로 전체 매출의 17.8퍼센트를 차지했다.

　　과학 연구형 소프트 밸류를 창조할 때는 반드시 수용자 집단을 최대한 정확하게 설정하여 전파 집단의 범위를 확대해야 한다. 예를 들어 제약 산업에서 연 매출액 10억 달러를 벌어다 주는 '블록버스터'급 약물에는 적어도 한 가지 공통점이 있다. 즉 고혈압, 콜레스테롤, 통증, 궤양, 알레르기, 우울증 등 흔한 질병에 광범위하게 이용되는 치료제를 개발한다는 점이다. 이처럼 잠재적인 환자 집단이 많아질수록 '블록버스터'급 약품이 될 확률이 높아진다.[6]

자문 경제: 혁신 가치의 비보존성

같은 지식형 소프트 밸류라도 과학 연구 경제는 주로 자연과학 연구 분야에서 그 성과가 나타나고, 자문 경제의 성과는 주로 사회 분야에 치중되어 나타난다.

　　자문기관은 특정 분야의 풍부한 경험과 이론을 지닌 전문 인재를 모집하여, 다량의 연구와 분석 모델을 통해 기업과 국가 및 개인에 서비스를 제공한다. 우선 기업에는 공공 관계, 전략 수립, 경영 과정, 시장 조사, 마케팅 전략, 재무 관리, 인력 자원, 격려 제도, 브랜드 이미지, 업계 발전 동향, 법률 서비스, 자본시장 가치 등 전문적인 자문 서비스를 제공한다. 정부 기관에는 국제관계 발전 계획, 재정 융자 계획, 공개 입찰, 각종 전문적인 정책을 수립하고, 여론 조사 등에 대한 전문적인 자문 서비스를 제공한다. 일반 가정에는 재테크 관리, 교육 및 심리 자문 서비스 등을 제공한다.

　　전문 연구 및 자문을 기본 상품으로 하는 자문 회사는 경제활동 중

---

6)　Jie Jack Li, 《Blockbuster Drugs: The Rise and Fall of the Pharmaceutical Industry》.

생산 과정에는 직접 참여하지 않는다. 다량의 조사와 연구 및 답사, 연구 분석에 다양한 선진 사회 이론을 도입하여 '외부 브레인'이라는 특수한 신분으로, 가정·기업·정부를 위해 자신만의 역량을 최대한 발휘하여 그들이 찾아낼 수 없거나 해결할 수 없는 문제에 대해 판단하고 정확한 정책을 시행함으로써 자원을 최적화할 수 있도록 도와주는 역할을 한다.

소프트 밸류의 창조와 판매 과정에서 기업은 점점 전통적인 기업 조직 구조와 운영 방식을 벗어나려 시도하고 있다. 시장은 점점 변화무쌍해지고 감성 문화에 대한 사람들의 수요도 점점 다원화되고 있어 가정뿐만 아니라 기업 혹은 정부 역시 점점 더 '외부 브레인'에 의존해야만 문제를 해결할 수 있게 되었다. 이때 '외부 브레인'이 문제 해결을 위해 투입하는 것은 석유 광물 등의 자연 자원이 아니다. 공장의 선반과 같은 기계 설비가 아니다. 바로 전문 지식과 전문 분석 기술을 가진 인력과 그들이 가진 차별화된 혁신적 사유 활동이다.

특정 인재 집단을 제외하고 대부분의 전문 자문기관은 특정 분야에 대한 전문적인 데이터베이스를 가지고, 독립적인 제3자의 입장에서 답사 및 조사를 진행한다. 그리고 정해진 분석 연구 방법을 이용하여 정책을 수립한다. 자문기관은 거기에 이를 제안하는 능력까지 지니고 있다. 일반적으로 교육 훈련 경제는 비교적 중복된 노동과 대량 생산이 가능하다. 하지만 자문 경제는 매 '생산' 과정마다 필수 과정만이 중복될 뿐 대부분 대상별로 적절히 개조해야만 하며, 하나의 상품은 하나의 자문 대상에만 적용된다.

이 때문에 자문 경제에서 필요로 하는 인재는 일반적으로 혁신적 인재, 추상적 운영 규칙을 제대로 파악할 수 있는 인재여야만 한다. 자문기관은 각각의 독립된 분야가 있고 그 분야마다 창의적인 분위기와 창조적 인력이 필요하다. '창조'는 지식형 소프트 밸류 산업의 영혼과 같은데 영혼이 없는 자문 인력은 자문 서비스를 제대로 완수할 수 없다.

자문기관은 어떠한 자연 자원도 거의 사용하지 않으면서 수많은 소프트 밸류를 무한히 창조하는 확실히 매력적인 업무를 한다. 그렇다면 자문기관은 도대체 어떻게 축적된 지식과 일정한 과정을 각자 다른 사례에 새롭게 적용하여 고객 가치 창조를 실현할 수 있는 것일까? 어떻게 남다른 차별화된 창조 능력과 문제 해결 능력을 갖추게 된 것일까? 최고의 컨설팅 기업 맥킨지를 심층 분석하여 교훈을 얻고자 한다.

[사례] 맥킨지 앤드 컴퍼니[7]

맥킨지 앤드 컴퍼니는 1926년 시카고대학교 제임스 맥킨지 교수가 창립한 회사다. 30년대 맥킨지는 '엘리트 집단'으로 이루어진 '기업 회생의 의사'라는 기업의 이미지를 굳혀가며 주로 기업의 중대 경영난을 해결해왔다. 최우수 젊은 인력을 모아 전문적인 최고의 기술을 이용해 고객에게 일류의 경영 자문 서비스를 제공했다.

맥킨지 기업은 창의성이 존중되는 산업사회에서 지식의 학습과 축적만이 경쟁력을 강화하고 유지하는 핵심이라 여겨, 기업 내부적으로 평등하게 경쟁하고 서로의 지혜를 자극할 수 있는 업무 환경을 조성했다. 맥킨지 직원들 모두 특정 자문에 관계된 지식만을 일시적으로 공부하는 것이 아니라 끊임없이 학습해야 한다는 것을 잘 알고 있다. 그뿐만 아니라 교육을 제도적으로 의무화하고 난 후부터 맥킨지 내에서도 점점 교육은 당연한 것으로 받아들여졌고 이제는 이것이 맥킨지만의 특별한 전통이 되었다.

뿐만 아니라 다양한 방법을 통해 서로 공유할 만한 업무 노하우나 새로운 아이디어를 종합하여 인트라넷을 통해 함께 교류하기도 한다. 이러한 간

---

7) 텅타이, 《소프트 포춘》, 베이징: 베이징시대화문서국, 2014년, 107쪽.

편한 공유 방식으로 지식 및 기술에 대한 전파 비용을 대대적으로 낮춤으로써 기업의 소프트 밸류 창조 능력이 배가되었다.

맥킨지 전문 자문 인력들은 일반적인 자문 서비스를 다양하게 진행한다. 새로운 고객 하나하나에게서 새로운 노하우와 기술을 배울 수 있다고 생각하기 때문이다. 동시에 어느 정도 난이도가 있는 임무를 수행하며 기업의 수준과 실력을 높이고 있다. 실제 문제 해결 과정에서는 특정 분야에 대한 고객의 전문적인 수요를 만족시켜주기 위해 특정 분야에 배경지식 등 전문성을 지닌 전문가를 초빙하여 전통적인 통찰력을 지닌 자문 전문가와 함께 일하게 함으로써 기업의 진정한 'T자형 인재' 구조를 완성했다.

지식의 학습과 축적을 중시하는 것은 경쟁력을 유지하는 핵심이다. 이는 바로 자문형 소프트 밸류 산업이 유효 투입을 확대할 수 있는 핵심 요소이기도 하다. 고위층 인재의 내부 지식 축적과 공유 시스템에 지속적으로 투자함으로써 맥킨지는 소프트 밸류의 결정 요소 중 유효 투입 요소를 효과적으로 늘릴 수 있었다. 그리고 그들이 제공한 컨설팅 방안은 일반 자문 기업들과는 감히 비교할 수 없는 높은 소프트 밸류 함량을 지니게 되었다.

맥킨지와 마찬가지로 회계사 사무소, 변호사 사무소, 증권 자문기관, 시장조사 기업 등 모두 그 소프트 밸류가 차별성과 창조성을 지닌 인간의 사유 활동으로부터 비롯된다. 이들 자문기관의 주요 원가 비용 구조는 하드 밸류 생산 기업과 확연한 차이를 나타낸다. 자문 기업은 가공 제조 공정이 거의 없기 때문에 그 대부분의 비용이 컨설턴트의 임금과 같은 연성(소프트)의 비용으로 지불된다. 현재 업계 컨설턴트의 임금은 높은 반면 기타 자재비 등 기타 운영비의 비중이 낮은 것만 보아도 잘 알 수 있다.

동시에 맥킨지와 같은 자문 회사와 투자은행의 애널리스트 혹은 회계사, 변호사, 그리고 그들의 창의적인 지식형 소프트 밸류 상품이 얼마나 표적성과 창의성을 지니는가가 집단 인지의 탄력성, 즉 소프트 밸류 승수의 크기를 결정한다. 지식형 소프트 밸류 상품은 표적성이 강하고 창의성이 높을수록 고객의 시선을 끌 수 있고, 소프트 밸류 승수도 높아진다.

자문형 소프트 밸류는 특히 컨설팅 방안 자체가 얼마나 표적성을 가지는가가 매우 중요하다. 어떤 경영 전략이 어떤 기업에는 경영을 회생시키는 데 도움이 될 수 있지만, 다른 기업에는 전혀 통하지 않을 수도 있다. 컨설팅 방안 자체의 가치는 대개 컨설팅 설계자의 충분한 설명과 고객과의 원활한 소통, 반복적인 상호 교류를 통해 기업에 구체적인 행동으로 이어졌을 때 비로소 진정한 가치가 나타나게 된다. 반대로 틀에 맞춘 듯 획일화된 방식은 기업 경영에 도움을 주기보다 오히려 마이너스 요인이 될 수 있다.

자문의 성과물이 보고서 형식으로 나타나지만 그렇다고 그 가치가 보고서 자체에 있는 것이 아니라 보고서를 통한 소통과 파급 효과를 통해 나타난다. 일반적으로 네임 밸류를 지니는 투자은행 애널리스트의 가치는 펀드 매니저와 주가에 미치는 영향을 통해 나타난다. 회계사의 분석 보고서 역시 특정 기업에만 유효하고, 심리 상담사의 상담 내용 역시 특정 환자에게만 효과가 있으며, 변호사의 변호 역시 무단 복제나 표절이 불가능하다.

따라서 자문형 기업이 지식형 소프트 밸류 상품을 창조할 때는 표적성과 창의성에 우선순위를 두어야 한다. 그래야만 소프트 밸류의 함량을 높일 수 있을 뿐만 아니라, 누군가 기밀을 훔치거나 표절한다고 해도 형식만 훔칠 수 있을 뿐 그 원래 가치는 타격을 받지 않기 때문이다. 표적성이나 창의성이 높은 소프트 밸류 상품은 유실 혹은 유출 및 전파된다고 해도 자문기관에 어느 정도 타격을 주긴 하겠지만 그 보고서를 받은 사람이 보고서의 가치를 충분히 활용할 수 없을지도 모른다. 기밀을 도둑맞은 사람과 이를 훔친 사람이 누릴 수 있는 자문 서비스의 가치는 사실 항상 같을 수 없는 비보존성을 지니기 때문이다.

싱크탱크 경제: 멀티 플레이어

소프트 밸류 의미상으로는 자문기관이나 싱크탱크나 그 업무에는 큰 차이가 없다. 다만 자문기관의 가치는 구체적인 전략, 프로젝트, 기업·가정·개인에 대한 영향력에 있고, 싱크탱크의 가치는 대중에 대한 영향력, 즉 공공정책에 대한 영향력을 통해 더 넓고 높은 측면에서 기업·산업·지역·국가에 유리한 환경 및 정책, 서로 윈윈할 수 있는 정책을 수립한다는 데 차이가 있을 뿐이다.

서방 국가에서는 싱크탱크 경제가 매우 발달했으며 싱크탱크 조직의 영향력 또한 막강하다. 한 연구 결과에 따르면 현재 글로벌 50대 안보 및 국방 관련 싱크탱크 중 90퍼센트 이상이 모두 미국과 유럽계인 것으로 나타났다.

[사례] 500만 달러 가치의 랜드 연구보고서

모두 다 알고 있는 랜드사의 사례를 소개하고자 한다. 랜드사는 한국전쟁을 분석하기 위해 50년대에 수많은 전문가를 조직했다. 한국전쟁을 분석한 후 '중국 출병'을 예상하는 보고서를 500만 달러에 미국 국방부에 넘기려고 했었다. 하지만 당시 미국 국방부는 이 연구보고서를 거들떠보지도 않았다. 후에 전세와 상황이 랜드의 예측과 맞아떨어지자 맥아더 장군이 한탄을 하며 이런 말을 했다. "우리의 가장 큰 실수는 전투기 한 대 값이 아까워 몇백 억 달러와 수천만 미군의 생명을 잃었다는 것이다."

랜드 사건 이후 각국 정부는 싱크탱크의 연구 성과를 더욱 중시하게 되었다. 미국에서는 대형 싱크탱크 심지어 수천 명의 엘리트를 고용하여 전문 분야별로 연구기관을 설치하고, 대기업·주州정부·연방정부 및 국제 조직을 위해 서비스하고 있는 전문 기관이 있다. 일반적으로 싱크탱크의 연구 성과에는 자문 기업과 같은 직접적인 제안서 외에도 일정 정도의 로비와 사회 영향력도 포함된다.

기업과 산업협회가 싱크탱크에 거액의 비용을 지불하는 것은 연구 성과물을 얻기 위해서도 있지만 그보다 이들 기업 혹은 산업에 유리한 성과물을 회의나 정부에 나가 로비하여, 자신의 기업과 산업에 유리한 정책을 수립하기를 바라서이다.

정부 부처와 국제 조직의 목적은 연구 성과를 구매하기 위해서라기보다 싱크탱크의 독립성과 영향력을 이용하여 어떤 정책에 대한 여론조사, 여론몰이, 정책 추진을 준비하기 위해서가 더 크다.

서방 정치경제체제하의 시장화된 싱크탱크 조직과 비교하자면, 중국 싱크탱크 대부분은 정부의 지원을 받아 운영된다. 일반적으로 이들 사업 단위에 핵심 인물의 조직 편제는 정부 편제기관의 관리를 받으며 정부 차원의 대우와 임금을 받는다. 그리고 동시에 정부는 개인이 자체적인 프로젝트 사업을 통해 지방정부나 기업에서 일정 수입을 받아 자신의 임금과 기타 지출을 충당할 수 있도록 허용하고 있다. 또한 이처럼 추가 업무 수당의 비중이 높은 사업 단위의 경우 시장화를 통해 외부에서 연구 인력을 추가 고용할 수 있도록 제한적으로 허락하고 있다. 이처럼 반정부·반시장화된 메커니즘에서 상술한 싱크탱크 집단은 엘리트를 유치할 만한 메리트가 부족하다. 그뿐만 아니라 엄격한 인력 채용 및 심사 제도를 도입하기도 어렵다. 그나마 조건에 부합하는 연구 인력도 대부분 공공 플랫폼을 통해 개인 수입이 많은 업무에 종사하려 하기 때문이다. 이 때문에 싱크탱크의 규모는 커지는데 고품질의 연구 성과는 턱없이 부족한 실정이다.

소프트 밸류 창조의 관점에서 보자면 서양과 중국의 싱크탱크 운영 방식은 비슷한 점도 있지만 차이점이 훨씬 더 많다. 하지만 모두 완보 소프트 밸류 이론으로 분석이 가능하다.

유효 투입 요소를 먼저 살펴보자. 싱크탱크는 자문기관과 어느 정도 유사한 점이 있다. 정신적 지도자의 역할이 상당히 중요하긴 하지만 수준 높은 학술 및 정책 연구 인력 역시 필요하다. 또한 지식 축적과 공유 방면에서도 안정적이고 효과적인 메커니즘을 구축해야 한다. 그러려면 지속적인 자원의 투자가 필요하다.

전파 집단 측면에서 보자면 진정한 영향력을 갖춘 싱크탱크는 국가·사회·대중의 이익을 최우선으로 하여 전체 사회를 위해 서비스해야만 진정한 싱크탱크의 소프트 밸류를 실현할 수 있다. 따라서 싱크탱크는 합리적인 자원 수집과 운영 방식을 구축해야 하며, 이해 관계자와 정부 부처의 영향력으로부터 분리되어 독립적으로 학술 및 정책 연구를 진행하여 국가와 사회, 전체 국민을 위해 서비스해야만, 전파 집단의 범위를 최대한 넓혀 소프트 밸류 창조를 극대화할 수 있다.

싱크탱크는 반드시 당시 소프트 밸류 참조 체계를 고려하여 갈등이 가장 두드러진 문제에 대해 독립적이고 전문적이며 실행 가능하고 건설적인 정책적 제안을 연구해야 한다. 그러한 싱크탱크 소프트 밸류 상품만이 높은 소프트 밸류 승수를 가질 수 있고 정책 수립에 긍정적인 영향을 미칠 수 있다.

콘퍼런스 및 포럼 경제의 세 가지 요소

소프트 밸류 시대에 콘퍼런스와 포럼은 소통과 교류의 수단일 뿐만 아니라 그 자체가 독립적인 부와 산업을 형성한다. 콘퍼런스와 포럼 경제의 소프트 밸류를 만들기 위해서는 다음의 세 가지 요소가 반드시 필요하다.

우선 유효 투입 요소 측면에서 살펴보자. 발전 가능성이 큰 콘퍼런스와 포럼 산업은 충분한 메리트도 있어야 하겠지만 그 메리트를 지속적으로 유지할 수 있는 테마도 필요하다. 콘퍼런스 혹은 포럼과 같은 소프트 밸류는 차별성 없는 노동만으로 창조할 수 있는 것이 아니라 특수한 인물과 특수한 기반을 바탕으로 이루어진다. 너무 빤한 이야기지만 영향력 있는 대형 언론 매체나 인지도 높은 정치가·기업가·학자들이 주최하는 세미나는 초짜나 경험이 없는 주최자들보다 더 많은 사람들의 참여를 이끌어낼 수 있다. 이들 유명 정치가·기업가·학자들은 소프트 밸류 창조 과정에 '이상적인 흑체'가 되어 대중의 주의를 최대한 끌면서 동시에 에너지를 방출하게 된다.

경제 발전, 환경 보호든 정치적 신뢰, 문화 교류, 건강 보건, 재테크 투자든 모두 참여 집단을 충분히 이끌어내어 인지 집단의 범위를 넓힐 필요가 있다. 이는 소프트 밸류의 기본 요소이기도 하다. 콘퍼런스나 포럼 폐회 후에도 콘퍼런스나 포럼을 둘러싼 교류가 지속되면서 새로운 소프트 밸류에 대한 수요가 파생된다. 이러한 소프트 밸류의 수요를 만족시키기 위해 영향력 있는 콘퍼런스나 포럼 주최 측은 대개 전문적 혹은 종합적인 일상적 교류 플랫폼을 구축한다. 심지어 다양한 분야의 클럽을 조직하여 정기적으로 교류를 진행하기도 하는데, 이를 통해 클럽 경제와 클럽 소프트 밸류가 파생된다. 또 일부 포럼은 독자적인 간행물을 제작하는데 이를 통해 정보형 소프트 밸류가 파생된다.

사회적 영향력이나 브랜드 가치를 가진 콘퍼런스나 포럼의 경우 유명 기업이 줄을 서고 각종 언론 매체가 앞다투어 보도하려고 한다. 콘퍼런스나 포럼의 좌석도 부족하다 보니 해당 포럼을 통해 인지도를 높이려거나 전문 정보를 얻으려거나 동종업계 간의 교류를 촉진하려는 일부 기업 혹은 개인들은 후원이나 입장표를 구매하는 방식으로 포럼에 참가하기도 한다. 광고 후원업체나 유료 참가자가 증가하면 자연스럽게 콘퍼런스나 포럼 자체의 소프트 밸류도 빠르게 증가한다.

콘퍼런스나 포럼 경제의 소프트 밸류를 형성하기 위해서는 절대 없어서는 안 되는 제3의 요소, 즉 소프트 밸류 승수가 있다. 자문 기업이나 싱크탱크에서 전문가 집단이 필요한 것처럼 포럼 역시 소프트 밸류 승수를 높이기 위해서는 전문화된 콘퍼런스 기획 및 운영·홍보 인력이 필요하다. 콘퍼런스나 포럼 경제 역시 자연경관이 뛰어난 입지 조건을 선택해야 할 필요가 있긴 하지만 주요 부의 원천은 자연경관이 아니라 포럼에 대한 사람들의 주관적인 집단 인지와 포럼 자체가 촉발한 소프트 밸류다. 콘퍼런스나 포럼을 성공적으로 개최한 후, 그 영향력을 지속적으로 확대하고자 한다면 정치가·기업가·전문 학자를 초청해야 한다. 그리고 이들 유명인사의 인지도와 영향력 및 창조성을 현장에서 적절히 이끌어내거나 통합하는 등 소프트 밸류를 적극 발굴해야 한다. 막대한 사회자원을 투자하여 이들을 초빙한 회의 주최자뿐만 아니라 특별히 초청인사의 강연 혹은 토론을 듣기 위해 먼 길을 달려온 참석자 역시 최대한 짧은 시간 안에 이들의 생각 중 가장 가치 있는 부분을 잘 포착해야 한다. 오랜 기간 성황을 이루는 콘퍼런스나 포럼 뒤에는 이 분야에 능숙한 고수들이 숨어있다. 그들은 유명인사를 초청하고 초청인사의 발제와 강연 순서를 계획한다. 그리고 적합한 토론 진행자를 섭외하여 정보와 의견 교류가 원활하게 이루어질 수 있도록 기획한다.

사실상 각종 콘퍼런스나 포럼 같은 소프트 포춘의 소프트 밸류는 영리성보다는 콘퍼런스나 포럼 산업의 공유성과 대외 파급 효과에 있다. 예를 들어 참여자는 정보와 교류의 기회를 얻어 사회적 영향력을 높일 수 있어 좋고, 개최자는 직간접적인 경제적 효과를 누릴 수 있어 좋다. 콘퍼런스에 참가한 개인은 콘퍼런스나 포럼에서의 정보 교류를 통해 경영 관리 이념에 자극을 받기도 하고 전문적인 지식을 얻기도 하며 참여자 간에 서로 소통하면서 많은 사업 기회를 포착하기도 한다. 회의에서 발언하는 강연자 역시 출석 혹은 강연을 통해 수당을 받을 뿐만 아니라 언론 매체의 스포트라이트를 받으며 사회적 영향력이 확산된다. 콘퍼런스 장소를 제공한 도시나 호텔 역시 직접적인 경제 수익 외에도 사회적 관심도를 높일 수 있다.

일부 콘퍼런스나 포럼 경제는 다른 산업의 발전을 촉발하기도 한다. 특히 브랜드를 가진 포럼의 경우는 더더욱 정상급 기업가, 전문 학자가 몰리면서 성황을 이룬다. 그리고 대개 개최 지역의 관광이나 요식업 등 서비스 분야의 발전을 촉발하기도 한다. 전 세계 엘리트가 운집하는 다보스 포럼과 아시아의 유명한 보아오 포럼 모두 현지 관광 산업 발전에 큰 기여를 했다.

정보형 소프트 밸류의 새로운 규칙

어떤 상품에 가장 많은 시간을 할애하는가를 묻는다면 각자 다른 대답을 할 것이다. 젊은 아가씨는 옷·화장품이라고 대답할 것이다. 성공한 남성의 경우 자신을 빛나게 해줄 사교나 접대에 매일 시간을 쏟는다고 대답할 것이다. 가정주부는 가구·인테리어·자녀 교육·영화·문화생활, 중산층 샐러리맨들은 자동차 운전, 기차나 비행기 여행 등이라 대답할 것이다. 하지만 결국 그들이 가장 많은 시간을 할애하는 소비 분야는 '정보'라는 동일한 상품이다.

텔레비전 앞에서 뉴스를 볼 때, 비행기에 앉아 신문을 볼 때, 컴퓨터 앞에 앉아 웹 서핑이나 이메일을 수발신할 때, 핸드폰을 들고 블로그나 메신저를 할 때, 포털 사이트로 정보를 검색할 때, 핸드폰으로 친구와 수다를 떨 때도 그들은 모두 정보 상품을 소비하고 있는 것이다.

정보 생산의 도약성과 불확정성

가치 원천 측면에서 살펴보면 정보 산업의 가치 원천은 인간의 사유 활동이다. 기자의 기사 원고나 비즈니스 정보 수집, 경제 정보 분석, 영상·

음악·사진·문자·디지털 정보를 창작할 때 모두 차별화되고 개성화된 소프트 밸류 창조 활동을 하고 있는 것이다. 그리고 모두 도약성과 불확정성을 지닌다.

일반적으로 뉴스 제작, 정보 수집, 정보 선별 및 분석은 모두 정보 제작자의 경력·체험·사유와 감정 상태와 밀접한 관련이 있다. 하다못해 한 통의 편지도 창작자의 감정과 순간적인 기분에 따라 작성된다. 이는 마치 퀀텀 점프 현상처럼 양자가 서로 다른 준위로 도약하는 것과 같다. 즉 전자가 고준위에 있거나 저준위에 있어야지 고준위에서 저준위로 향하는 과도기적 중간 상태에는 존재할 수 없다. 이러한 도약은 순간적이며 불연속적으로 발생한다. 정보의 생산 과정 역시 이러한 법칙을 따른다. 정보의 생산이 비록 창작자의 풍부한 인생 경험, 지식과 기술을 바탕으로 하지만 영감은 순식간에 발생한다. 그 순간이 바로 정보 생산의 노드[node8)]가 되며 무작위성을 지니기 때문에 예측이 불가능하다.

정보 콘텐츠의 무작위성 때문에 정보형 소프트 밸류의 생산 원가는 측정이 어렵다. 정보 콘텐츠의 창조 원가는 주로 인간 사유의 원가로 사람마다 각자의 성장 배경과 교육 수준이 다르다. 하지만 그렇다고 하나의 정보를 생산할 때 소요되는 사유를 들어간 교육 원가나 두뇌 세포의 수로 판단할 수는 없다.

정보 상품의 정가는 정보 수용자가 판단하는 가치에 따라 결정된다. 예를 들어 같은 비즈니스 정보라도 동종 비즈니스 활동에 참여하는 경쟁자에게는 가치가 높을 수 있지만 제3자에게는 아무 가치도 없을 수 있다.

---

8) 네트워크에서 연결 포인트 혹은 데이터 전송의 종점 혹은 재분배점을 말한다._옮긴이

정보 '원료'와 빅 데이터의 '가공'

회계 기준에 따라 엄밀하게 계산한다면 페이스북의 자산 가치는 66억 달러에 지나지 않는다. 하지만 페이스북이 증시에 상장될 때 그 밸류에이션이 1,000억 달러가 넘었다. 어떤 전문가가 페이스북 상장 전 '데이터 자산'을 평가하며, 페이스북이 가진 데이터의 가치를 2조 1,000억 달러로 평가하며 그 갭을 설명했다[9]. 이 2조 1,000억 달러 가치의 데이터가 바로 정보다.

　뉴스, 비즈니스 정보, 경제 정보, 영상 및 음성 정보, 사진 정보, 문자 정보, 디지털 정보의 창조는 정보 유효 투입 요소가 축적되어 형성되는 과정이다. 데이터의 수집과 저장 기술이 발달하면서 '빅 데이터'의 개념이 등장하게 되었다. 맥킨지 글로벌 연구소는 빅 데이터를 다음과 같이 정의했다. 정보의 수집·저장·관리·분석은 전통적인 데이터베이스의 소프트웨어 용량으로는 감당할 수 없을 정도의 데이터의 양, 전송 속도, 종류의 다양성, 가치 밀도가 낮다는 네 가지 특징을 지닌다.[10] 예를 들어 인터넷 검색, 쇼핑몰 서핑, 광고 클릭 등 우리가 살면서 인터넷을 통해 무심코 한 행동들이 사실은 모두 무수한 데이터를 생산하는 활동에 속한다. 이것을 기업들은 '웹 스파이더' 등을 이용하여 기록해둔다. 하지만 사실 빅 데이터는 인간 활동(교통, 쇼핑, 의료 등) 혹은 자연 현상(기온, 혈압, 모터의 발진 주파수)을 기록하여 보관한, 가공 처리되지 않은 데이터를 의미하며 여기에는 인간의 사유 활동이 거의 개입되지 않는다. 따라서 빅 데이터는 소프트 밸류가 낮은 '정보 원료'에 해당한다.

　오렌 에트지오니는 최초로 인터넷 검색 엔진 '메타 크롤러'를 개발했

---

9)　빅토르 마이어 쇤버거·케네스 쿠키어, 《빅 데이터가 만드는 세상》.

10)　Mckinsey Global Institute, Big Data: The Next Frontier for Innovation, Competition, and Productivity.

다. 그는 2003년 비행기 표를 구매하면서 불쾌한 일을 겪은 뒤 빅 데이터를 이용해 비행기 표 가격 예측 시스템을 개발하기로 결심한다. 처음에는 작게 시작했던 업무가 벤처투자를 받아 첨단 벤처기업, '페어캐스트'로 발전하게 된다. 비행기 운임 예측 엔진인 페어캐스팅은 비행기 운임료의 추세와 변동 폭을 예측해 구매자들에게 비행기 표의 최적 구매 시기를 알려준다. 최근 페어캐스트는 이미 약 2,000억 건이라는 놀라운 비행 데이터를 보유하고 있다. 고객은 이 데이터를 통해 약 수백만 달러의 잠재적 지출을 절약할 수 있었다. 그리고 기업은 데이터를 과학적으로 가공하여 정보라는 소프트 밸류를 창조 및 생산할 수 있었다.

미디어와 트래픽의 가치

정보를 전파하고 좀 더 많은 인지 집단이 이를 숙지하고 받아들이게 하려면 미디어를 벗어나 생각할 수 없다. 예를 들어 신문, 라디오 방송, 텔레비전 프로그램, 전보, 포털 사이트, 우편, 블로그, 웨이보, 위챗 공공계정 및 클라이언트 APP, 광고가 실린 내비게이션 지도 등 모두 정보 전달의 도구이자 기술 수단이다.

경제와 과학기술이 발전하면서 미디어 자체에도 변화가 발생했다. 제일 처음 우편과 비둘기 전서, 봉화에서 지금의 무선통신, 양자통신 등에 이르기까지 미디어가 업그레이드되면서 정보 전달에도 새로운 특징이 생겨났다. 즉 정보 전달의 시간이 짧아지고, 전파 범위는 확대되었으며, 용량은 늘어났다. 그뿐만 아니라 정보가 실시간으로 공개되며 커버리지도 넓어졌고 고객에 대한 효용 가치 역시 점점 커졌다.

정보 매체의 가치 핵심은 '트래픽'이다. 일정 정도의 트래픽이 있어야만 기본적으로 사람들의 주목을 끌 수 있고 인지 집단의 범위를 넓힐 수 있다. 그래야 비로소 정보 매체의 소프트 밸류를 창조할 수 있는 능력을 지니게 된다. 모바일 클라이언트 차원의 새로운 매체와 커뮤니케이션 앱은 많은 사용자 집단을 보유하고 있다. 사용자 집단의 규모는 대개 이 미디어가 얼마나 고객의 사랑을 받고 있으며 얼마나 광고의 가치가 있는지를 보여준다. 사람들의 정보에 대한 인지 상태는 마치 '양자화 상태'와 같다. 한 학생이 빈 교실에 들어가 아무 빈자리나 선택하여 앉을 수도 아무 때나 떠날 수도 있는 상태와 비슷하다. 이처럼 사람들의 정보에 대한 수요 탄력성이 매우 크기 때문에 인지 집단 창조자의 역할이 더욱 두드러지게 된다. 미디어는 정보 자체가 시효성·중요성·연속성·흥미도 등의 특징을 가지고 있다. 하지만 그보다 그 내용이 얼마나 많은 인지 집단의 인지와 행위 및 사고에 영향을 미치는지 혹은 어떤 공명을 일으켜 지속적인 관심을 유도할 수 있을는지가 더 중요하다.

같은 정보라도 어떤 경로로 퍼져 나가느냐에 따라 그 영향 범위와 방법에 차이가 있다. 예를 들어 신문에 게재한 경우 신문 발행량의 영향을 받고, 텔레비전을 통해 송출한 경우 시청률의 영향을 받는다. 인터넷 사이트와 1인 미디어에 게재한 경우 클릭 수에 영향을 받는다. 이처럼 어떤 매체를 선택하는가에 따라 소프트 밸류의 창조 능력이 달라진다.

정보 매체 가치의 비대칭적 실현

상품은 A에게 무료로 제공하고 돈은 B에게 받아 이익을 실현하는 방법은 하드 밸류 거래에서는 절대 상상하기조차 힘든 일이다. 하지만 정보 소프트 밸류에서는 이처럼 새로운 가치 실현 방법이 이미 자리를 잡아가고 있다. 즉 정보는 A집단에 무료로 제공하고 계산서는 B집단에 청구하는 방식이다. 매스 미디어의 주요 수익원은 정보 상품의 판매가 아니라 어느 정도 누적된 방문자 수를 이용하여 벌어들이는 광고 수익이다. 예를 들어 검색 엔진은 무료지만 검색 엔진에 광고를 실은 광고업체에는 유료다. 이는 검색 사이트가 사람들이 정보를 검색하기 위해 들이는 주의력을 광고업체에 '판매'하기 때문에 가능한 일이다.

뿐만 아니라 A집단이 지불한 직접적인 가치와 B집단이 지불한 간접적인 가치는 반비례한다. A집단의 규모가 작을수록 B집단의 지불하고자 하는 비용이 줄어들고, A집단이 지불해야 하는 비용이 늘어나게 된다. 반대로 A집단의 규모가 클수록 B집단의 지불하고자 하는 비용이 늘어나고, A집단이 지불해야 하는 비용은 줄어들게 된다. A집단이 규모를 갖추게 되면 B집단은 서로 앞다투어 고가를 지불하겠다고 나서고, A집단은 비용을 전혀 지불하지 않고도 무료로 정보 상품을 향유할 수도 있다.

시청률 높은 예능 프로그램의 간접광고 비용과 특약 송출가격, 타이틀 스폰서[11] 가격이 시청률 낮은 프로그램보다 훨씬 비싸다. 시청률이 2.969퍼센트에 달했던 중국판 〈무한도전 3〉의 타이틀 스폰서권은 4억 위안을 들여 겨우 따낼 수 있었다. 반면 시청률이 약 0.2퍼센트였던, 그 이름도 들어봤을까 말까 한 중국판 〈붕어빵〉의 경우 타이틀 스폰서권이 겨우 400만 위안 정도였다. 어떤 프로그램이든 시청자는 그저 일부의 유선방송 수신료만 내거나 혹은 무료로 시청한다.

이처럼 비용에 큰 차이가 존재하는 이유는 A집단의 규모(시청자)가 B집단으로부터 충분한 대가를 받을 수 있는지를 가늠하는 결정적인 요인이기 때문이다. A집단의 규모를 확대하기 위해 미디어들은 처음부터 아무 이윤도 바라지 않고 A집단에 다채로운 무료 상품을 제공한다. 그리고 A집단이 어느 정도 규모를 갖추게 되면, 비용을 지불하고자 하는 B집단이 나타난다. 예를 들어 사용자들이 위챗에 무료로 가입한 후 친구들과 최신 정보를 공유하고, 친구의 글에 '좋아요'를 누르고 댓글을 남기면

---

11) 방송 프로그램 이름에 후원사의 이름을 넣을 수 있는 권리를 말한다._옮긴이

서 거대한 고객 집단이 형성된다. 사용자는 위챗을 무료로 사용하지만 위챗 운영업체는 무료 서비스와 인간 중심의 서비스를 통해 끌어들인 사용자를 광고업체에 유료로 판매한다. 그리고 이를 통해 유치한 협력사에서 비용을 받기도 한다. 고객 집단이 커질수록 광고업체 혹은 협력업체가 지불하고자 하는 비용이 높아진다.

금융 소프트 밸류의 양자 규칙

금융 소프트 밸류는 허상이 아닌 실물경제의 파동

과거 노동 가치론으로 보자면 금융자산은 '현실 자본의 종이 복사본'이자 순전히 '허상'에 지나지 않는 소위 '가상'의 자본일 뿐이다. 하지만 뉴턴 시대에 파생된 이 이론을 양자 세계와 소프트 밸류 시대에 적용하고자 한다면 시대착오적인 발상이다.

소프트 밸류 시대에 하이테크 기업과 교육 훈련 기업, 자문 회사, 네트워크 정보 회사, 문화 예술 기업, 금융 기업을 실물경제의 표현방식(임대한 일부 사무실 공간이나 컴퓨터 설비 정도)으로 나타내기는 어렵다. 그 주요 가치는 해당 소프트 밸류에 대한 금융시장의 밸류에이션으로 나타난다. 소프트 밸류형 기업이 금융자산을 실물자산이라고 인정하지 않는다면 이들 업체의 부의 주체와 주요 가치의 실존 방식을 전면 부인하는 것과 마찬가지다.

만약 금융자산이 진짜 '가상'이라면 그 가치가 증가하든 감소하든 실제 부에는 변화가 없어야 한다. 그렇다면 구글, 애플, 텐센트, 알리바바 등 수많은 과학기술업체의 주가로 대변되는 그들의 가치 또한 허상이란 말인가? 당연히 이들 소프트 밸류는 허상도 '가상'의 경제도 아니다. 오히려 정반대로 소프트 밸류 세계에서는 주가로 나타나는 하이테크 기업의 가치가 진상이다. 그리고 이에 부속적인 유형자산은 그것이 임대한 사무실 공간이든 사무용 설비든 모두 부차적인 것으로, 있어도 그만 없어도 그만인 언제나 대체가 가능한 것들이다.

어떻게 우리는 상대방의 눈만 보고도 그 마음을 읽을 수 있는 것일까? 우리는 어떻게 전화 한 통으로 지구 반대편의 목소리를 들을 수 있는 것일까? 그건 빛과 전기, 소리의 파동이 절대 추상적인 것이 아니기 때문이다. 허구가 아닌 실존하는 물질이기 때문에 가능한 것이다.

볼 수도, 만질 수도 있는 '입자'는 당연히 물질이다. 하지만 볼 수도 만질 수도 없는 '파동' 역시 물질이다. 물질세계는 본래 '파동'과 '입자'의 특징을 모두 갖는 '파동과 입자의 이중성'을 지닌다. 경제도 마찬가지다. 볼 수도 만질 수도 있는 실물경제도, 볼 수도 만질 수도 없는 금융 신용도 모두 부다. 화폐와 금융의 소프트 포춘(부)은 실물경제의 '영상'이 아니라 실물경제의 '파동'이다. 아니 오히려 '영상'이 허구이고, '파동'이 실존하는 물리적 존재다. 영상과 실체는 일대일의 대응관계를 가지지만, 화폐와 금융자산 등 소프트 포춘은 실물경제와 단순한 일대일의 대응관계가 아닌 자신만의 운동 규칙을 갖는다. 마치 물질세계에서 어떤 물질이 '입자'의 특성이 강하지만 파장의 특징은 약하기도 한 것처럼, 가치 세계에서는 어떤 기업은 실체만을 가질 뿐 신용의 소프트 밸류는 갖추지 못한 경우도 있다. 어떤 기업은 실물경제가 크지만 신용의 소프트 밸류는 작은 경우도 있다. 반대로 기업의 실물경제는 매우 작지만 신용의 소프트 밸류는 큰 경우도 있다.

양자 이론 중 이중 슬릿 실험이 바로 빛의 입자성과 동시에 빛의 파동성을 모두 증명해준다. 슈뢰딩거의 파동 방정식은 입자도 파동으로 보아 하나의 미분방정식으로 다루며, 소립자는 '파동과 입자의 이중성'의 기본 속성을 지닌다는 사실을 증명했다. 부가 '파동과 입자의 이중성'을 지닌다는 이론은 그저 단순한 비유가 아니라 현대 금융 사회에서 우리가 반드시 받아들여야 하는 철학론이자 인식론이다. '파동'이 물질세계에서는 절대 없어서는 안 되는 부분인 것처럼, 금융자산의 가치 역시 절대 무시할 수 없는 부분이다. 주식과 채권은 실체의 부에서 발생하는 '파장'이고, 기축통화는 국가 신용으로부터 비롯된 '파장'이다. 화폐와 금융자산 모두 신용의 소프트 밸류이며 형태는 조금 다르지만 '진짜' 부이다.

금융 소프트 밸류의 불확정성 원리

전통적인 가치론에서 금융자산은 모두 '내재적 가치'이며, 내재적 가치는 '펀더멘털'로써 결정된다고 여겼다. 펀더멘털로써 결정된 내재적 가치를 잘 발견하기만 하면 백전백승할 수 있다고 생각했다. 지금 고평가되었든 저평가되었든 결국 내재적 가치로 회귀할 것이라 판단했기 때문이다.

하지만 소프트 밸류 관점에서 보자면 금융자산의 소프트 밸류는 인간의 사유를 통한 일련의 가설과 수학적 설계를 통해 만들어지는 것이다. 그 가격은 인간의 집단 인지에 따라 결정되기 때문에 그 자체에 내재적 가치는 존재하지 않는다.

주식을 예로 들어보자. 물론 거시경제나 업종 및 기업의 실적을 바탕으로 주식의 펀더멘털을 분석할 필요가 있다. 하지만 기업의 향후 발전 동향·수익 및 현금 흐름에 대한 예측은 불확정적이다. 해당 주식에 대한 사람들의 리스크 프리미엄 역시 상대적이다. 게다가 인플레이션, 화폐의 유동성·금리·환율·기타 금융자산의 위험수익 변화·인간의 가치관·자본시장의 수급관계 등의 변수가 동시에 금융 소프트 밸류의 참조 체계를 구성하고 있다. 때문에 동일한 기업이라고 해도 금융 소프트 밸류 참조 체계에 따라 그 소프트 밸류가 달라진다.

하드 밸류 세계에서 사람들은 다른 가설들은 다 무시한 채 그저 중량과 거리만을 논하는 경우가 허다하다. 물리량의 참조 체계는 기본적으로 일치하며 상대적으로 안정적이라고 판단하기 때문이다. 절대 공간이나 절대 시간, 절대 운동이 없어도 사람들의 잠재의식 속에는 뉴턴의 물리학에 근거한 일련의 가설들이 자리 잡고 있기 때문이다. 하지만 금융 분야는 그들이 생각하는 것과는 전혀 다르다. 사람들 마음속에 인지하는 바가 서로 다르기 때문에 시장 참여자의 인지 변화가 금융자산 가격에 미치는 영향은 실제 '내재적 가치' 변동으로 인한 영향보다 훨씬 크다.

지금까지 대부분의 금융자산의 가격 책정 모형은 뉴턴의 인식론과 물리학 모형을 그대로 답습해왔다. 각종 펀더멘털의 요소들을 분석하여 금융자산의 절대적·내재적 가치를 찾고자 했다. 이들 모형에 만약 투자자의 심리 변화와 집단의 인지라는 변수가 없었다면 당연히 정확한 답을 도출할 수 있을 것이다. 유명한 미국의 헤지펀드 전문가 바턴 빅스가 그의 저서에서 한 말을 인용해볼까 한다. "주식의 움직임을 통계학적으로 접근하려는 사람들, 주식 운용에서 상상력을 무시하는 사람들 혹은 주가 등락의 기술적 근거를 무시하는 사람들은 반드시 재앙을 맞이할 것이다. 왜냐하면 실제로 게임은 감정이라는 3차원과 꿈이라는 4차원에서 벌어짐에도 불구하고 이들은 오로지 사실과 수치라는 평범한 2차원 공간에서만 판단하기 때문이다."[12]

'슈뢰딩거의 고양이'의 생사는 관찰자에 의해 결정된다는 사실을 이제는 모두 알 것이다. 금융 소프트 밸류의 세계에서는 투자자의 생각과 행동의 변화가 금융자산 가격 변동에 영향을 줄 뿐만 아니라 투자계의 큰손 역시 금융자산의 가격에 영향력을 미친다. 소로스는 이러한 작용을

---

12) 바턴 빅스, 《투자 전쟁》.

'시장 참여' 혹은 '시장 조종'이라고 부르며 만약 참여 혹은 조종 작용을 자산 평가의 모델에 고려해 넣지 않는다면 결국 모든 밸류에이션 모형은 실패할 것이라고 말했다.

금융 소프트 밸류의 체계적 변수와 운동 방향

금융자산의 가격은 자산보다 참조 체계의 일부 변화 혹은 전반적인 가치 운동 추세에 따라 변화한다. 양자 이론의 '로렌츠 변환' 중 관성 참조 체계는 달라도 광속은 영원히 달라지지 않는다. 하지만 길이와 시간, 속도는 로렌츠 변환을 거쳐 새롭게 도출해야 한다. 전체 참조 체계의 운동 방향을 파악하는 것이 개별적인 금융자산을 파악하는 것보다 더 중요하다. 따라서 금융시장에서 수익을 보고 싶다면 먼저 개별적인 금융자산 자체를 연구할 것이 아니라 당신이 투자하려는 금융자산이 어떤 참조 체계에 속하는지를 확정하여 참조 체계의 전반적인 운동규칙을 파악해야 할 것이다.

예를 들어 중국 자본시장에 투자하려면 먼저 중국 경제 성장률을 배경으로 대체 투자재인 부동산 예상 수익률, 무위험 이자율, 리스크 프리미엄, 중국 투자자의 포트폴리오 구성 및 위험 선호도, 위안화 환율 변동, 경제정책 변화 등을 종합적으로 고려해야 한다. 그리고 해당 자본시장이 전체 중국 금융시장에서 차지하는 위상을 판단해야 한다. 만약 경제 성장률, 환율, 금리, 물가지수, 경제정책, 각 자산시장별 밸류에이션과 리스크 수준, 사람들의 신뢰도와 인식이 자본시장에 유리하다면 해당 자본시장의 전반적인 운동 방향은 상향 곡선을 그릴 것이다.

정태 분석을 해보면 홍콩 거래소와 상하이 거래소에 동시 상장된 기업의 주가는 같을 수가 없다. 하지만 중국 우량기업의 H주와 A주 주가가 큰 차이를 보이면 사람들은 아마도 자본시장의 가격이 불합리하다고 오해할 것이다. 하지만 서로 다른 참조 체계의 주가는 원래부터 같을 수가 없다. 다른 요인은 다 배제하고, 무위험 이자율만 보아도 홍콩 자본시장의 무위험 이자율이 훨씬 낮다. 그래서 중국 자본시장의 무위험 이자율이 상승하면, 그 요인 하나만으로도 홍콩의 H주와 중국의 A주 사이에 큰 갭이 발생한다.

동태 분석을 통해 살펴보면, 전반적인 참조 체계의 운동 규칙이 더욱 중요해진다. 예를 들어 2002~2007년 글로벌 자본시장에 상승랠리가 나타나며 투자자 모두 쉽게 돈을 벌 수 있었던 적이 있었다. 하지만 2007년 3/4분기부터 시작된 글로벌 금융위기 때문에 투자자가 아무리 우량주에 투자한다고 해도 리스크를 배제할 수는 없었다. 2014~2015년 중국의 상하이 종합지수가 2,000포인트에서 5,100포인트까지 한 차례 폭등한 적이 있었다. 이때 추세를 제대로 파악하는 것이 구체적으로 어떤 종목을 선택하는가보다 더 중요했다. 반대로 2015년 10월부터 중국 증시는 연이어 50퍼센트 이상 폭락했고, 이 단계에서 대부분의 주가가 하락하기 시작했는데 이때는 참조 체계의 운동 방향을 파악하는 것보다 구체적으로 어떤 종목을 선택하는가가 더 중요했다.

당연히 금융 글로벌 시대에서는 완전히 폐쇄된 금융 시스템이란 존재할 수 없으며 각 참조 체계 간의 밸류에이션은 상호 영향을 미친다. 따라서 2008년부터 시작된 월가의 금융위기가 신속하게 전 세계 금융위기로 번지게 되었던 것이다. 당시 중국 자본시장도 무풍지대에 있을 수만은 없었다. 이러한 관점에서 보자면 참조 체계의 운동 방향과 그 상호 관계를 분석하는 것이 정확한 투자를 위한 전제가 되어야 할 것이다.

금융 소프트 밸류의 집단 인지와 수급관계의 역전성

전반적인 참조 체계의 운동 방향은 투자자에게 추세적 기회 혹은 위험을 줄 수 있다. 체계적 위험을 파악하여 이를 회피하려면 추세 변화의 변곡점을 파악하는 것이 관건이다. 그렇다면 추세 변화의 변곡점은 수급관계에 의해 결정되는가 아니면 위험수익에 관한 사람들의 인식 변화에 의해 결정되는가?

중국 투자자는 습관적으로 금융시장의 공급과 수요 관계를 계산한다. 예를 들어 주식 시황을 판단할 때 언제나 증권 리서치기관이 내놓은 향후 상장 가능성이 있는 신주 공급량과 새롭게 유입될 자금을 찾아보고, 이를 근거로 향후 시황을 판단한다. 하지만 잠재적 투자자나 신주 발행을 계획 중인 기업 역시 모두 금융시장의 수익과 위험에 대한 예측을 보고 그 투자나 상장 계획을 결정한다. 예를 들어 상승장이 예상되면 대량의 사회자본이 쏟아져 들어온다. 하지만 하락장이 예상되면 거래량도 위축되고 원래 신주 발행하려던 계획도 수정에 들어간다. 이러한 변화 모두 비연속적이며 도약적으로 발생한다. 마치 '퀀텀 점프' 사이에 존재하는 빈 공간처럼 전자는 순식간에 에너지 준위와 준위 사이를 뛰어넘으며, 그 두 개의 준위 사이에는 전자 궤도가 존재하지 않는 것과 비슷하다.

당연히 금융 소프트 밸류의 운동 규칙 역시 공급과 수요 관계를 완전히 부정할 수는 없다. 하지만 대개 자금과 주가의 인과관계를 판단하기 어렵고 심지어 원인과 결과가 상호 역전되기도 한다. 일단 금융시장에서 위험수익에 대한 인식이 변화하면 공급과 수요 관계에도 이에 상응하는 변화가 발생하고 기존의 인식에 '자기 강화[13]' 효과가 나타난다. 예를 들어 2014년 중국 증시는 한마디로 '돈 놓고 돈 먹는' 시장이었다. 여기에 신주 상장이 지렛대 역할을 하면서 대량의 자금이 A주 시장으로 흘러들었고, 이는 주가 지수를 견인하는 역할을 했다. 하지만 2015년 6월 이후

---

13) 심리학 용어로, 어떤 기준을 설정해놓고 그 기준에 도달했거나 초과했을 때 스스로 칭찬함으로써 자신의 그 행동을 확고히 하는 행위를 말한다._옮긴이

리스크가 확대되고 기대 수익이 감소하면서 수개월 연속 대량의 자금이 자본시장에서 빠져나가기 시작했다. 감독관리자들은 감독관리를 강화하여 '지렛대'를 제거했다. 그 결과 대량의 '레버리지(지렛대) 자금'이 증시에서 유출되며 자본시장의 하락랠리가 나타났다. 이는 투자자의 신뢰도로 인해 자금량이 변화한 것일까 아니면 자금량이 변화하여 투자자의 신뢰도에 영향을 미친 것일까?

결론적으로 말하자면 금융시장의 추세적 변화는 공급과 수요 관계의 영향을 받기도 하지만 사람의 심리적인 영향을 받기도 하며, 두 개의 요인이 상호 강화 작용을 일으키기도 한다. 보통 시간상으로 보면 우선 위험 수익에 대한 심리가 변화한 후 공급과 수요 관계에 변화가 발생한다. 일단 공급과 수요 관계가 역전되면 이는 다시 기존에 형성되어 있던 심리 예측을 강화하는 효과를 낳게 된다. 그리고 이 둘이 일단 동일한 방향으로 추진력이 발생하면 추세적 기회 혹은 리스크가 형성된다. 추세적 기회의 임계점은 대개 리스크와 수익관계에 대한 투자자의 인식이 바뀌는 시점에서부터 공급과 수요 관계가 역전되는 시점 사이의 특정 단계에서 형성된다.

금융 소프트 밸류의 자금과 거래량: 추세 이탈 VS 평균 회귀

일단 금융시장에 추세가 형성되면 두 개의 힘이 충돌하여 향후 추세에 영향을 주게 된다. 하나는 기존 추세대로 계속해서 발산하여 상향 이탈하거나 하향 이탈하려는 힘, 다른 하나는 고정된 궤도로 평균 회귀하려는 힘이다.

전통적 가치론으로 보자면 금융자산의 가격은 펀더멘털에 따라 결정된다. 시장 참여자 역시 사실에 근거한 완벽한 인지 상태에서 투자한다. 때문에 금융자산의 가격은 균형점 혹은 내재적 가치로 계속해서 회귀한다. 하지만 금융시장의 참여자 대부분이 펀더멘털의 변화를 완벽하게 인지하고 독립적으로 결정하는 것은 아니다. 사실은 정반대로 시장 참여자는 대부분 불완전한 인지 상태에서 행동을 취하며 심지어 잘못된 생각에 빠져 자기 강화나 자기 와해 현상이 나타나기도 한다. 그 결과 금융시장에서는 이동 평균선을 상향 돌파 혹은 하향 돌파하는 일이 발생한다.

이 때문에 투자자들이 금융시장에서 최대의 수익을 보기 위해서는 반드시 글로벌 금융시장의 폭등과 폭락하는 본질적인 원리를 이해해야 한다. 시장 분위기가 불 마켓일 때는 주가가 소위 '내재적 가치'를 벗어났다고 해도 급하게 매도해서는 안 된다. 분명 주가가 '상향 돌파'할 것이기 때문이다. 반대로 베어 마켓 추세가 형성되었을 때는 주가가 소위 말하는 합리적인 주가 구간을 벗어났다고 해서 급하게 매수해서도 안 된다. 분명 '하향 돌파'할 것이기 때문이다.

이처럼 '상향 돌파'와 '하향 돌파'를 통계학적으로는 '변동도(베리오그램)'로 표시할 수 있다. 변동도는 변화 과정에서 어쩔 수 없이 발생하는 편차를 말하며, 변동도는 클 수도 작을 수도 있다. 변수를 제어하면 안정적이고 반복적으로 일어나지만, 제어하지 않은 상태에서는 프로세스 분포에 변화가 발생하여 진짜 결과와 예상 결과 사이에 차이(VaR)가 발생하게 된다. 구간 변수 $Z(X)$와 $Z(X+h)$ 사이의 편차의 절반(세미베리오그램)으로 베리오그램을 정의하면 다음과 같다.

$$V = 1/2 Var[Z(X)-Z(X+h)]$$

가중 최소 제곱법과 선형 계획법 등을 이용하여 베리오그램을 조정할 수 있는 것처럼 장기적으로 보면 금융시장 역시 평균으로 회귀할 수 있는 능력이 있긴 하다. 하지만 금융 소프트 밸류에 일단 상향 돌파나 하향 돌파 추세가 나타나게 되면, 투자자는 추세가 전환되기 전까지는 쉽게 확신을 버리지 못한다. 혹은 가능성이 남아있는데도 스스로 와해되어 회복이 불가능해지는 경우도 있다.

상향 돌파 혹은 하향 돌파 후 평균으로 회귀하는 운동 과정은 대개 시간상 불규칙한 분포를 보인다. 그리고 이는 에너지의 자기 강화와 소산 消散에 따라 결정된다. 어떨 때는 에너지가 대체로 일정하게 보존되기도 한다. 예를 들어 상향 돌파 중인 금융시장은 대개 투자자들의 지나친 광기로 인해 거래량이 계속해서 늘어난다. 반대로 하향 돌파 중인 금융시장에서는 투자자의 심리가 과도하게 위축되어 거래량이 줄어들기도 한다. 마치 맹렬히 타오르는 장작이 금세 사위는 것처럼 거래량이 계속해서 확대되는 시장은 에너지 소모가 더 빠르게 일어나고 그 지속시간도 짧다. 반면 거래량이 위축된 시장은 에너지 소모가 느리게 일어나고, 장세가 오래 유지된다.

또 어떨 때는 금융시장의 에너지가 비보존적인 양상을 보이는데 시장이 비이성적인 상승 혹은 하락을 보이다가 추세가 전환되기도 한다. 추세선을 상향 돌파하여 최고점에 달하면 투자심리가 급격하게 냉각되며 시장의 매수자였던 투자자가 매도자로 돌변한다. 그러면 거래량이 급격하게 위축되며, 개장 전 주가가 전일 고점에서 갑자기 하락하며 하락장으로 시작하기도 한다. 공매도를 배제하고 이런 시장에서 주가 하락을 통해 수익을 볼 수 있을까? 절대 아니다. 투자자 모두 손해를 보게 될 것이다. 이미 긍정 에너지가 사라졌기 때문이다. 마찬가지로 추세선을 하향 돌파하여 저점을 찍게 되면 투자심리 역시 추세 전환점에서 도약적인 변화가 발생한다. 시장의 매도자였던 투자자가 갑자기 매수자로 돌변하여 거래량이 신속하게 늘어나고 에너지가 순간 팽창하기도 한다.

기타 서비스 산업의 소프트 밸류 규칙

예전에 한 언론 매체에서 스타벅스가 중국에서 폭리를 취한다며 결국 소비자들에게 외면을 당하게 될 것이라고 보도한 적이 있었다. 스타벅스가 폭리를 취한다고 한 것은 아마도 스타벅스 커피 한 잔을 만드는 데 필요한 재료 원가와 실제 판매가격의 차이가 크다고 생각하여 내린 결론일 것이다. 하지만 대부분의 소비자는 스타벅스에 가서 단순히 한 잔의 커피를 구매하는 것이 아니라 그 안에 응축되어 있는 브랜드에 대한 신뢰도와 사람과의 교류, 편안한 분위기, 빠르고 편리한 서비스를 구매하고자 하는 것이다. 스타벅스의 CEO 하워드 슐츠는 "우리는 단순히 커피를 파는 사업을 하는 것이 아니라 사람을 위한 사업을 합니다."라고 말한 바 있다.

서비스 소프트 밸류의 가치 잠재력

비즈니스, 소매업, 의료, 보건, 미용, 헤어, 요식업, 찻집, 양로, 관광 등의 서비스를 누리면서 비록 공간, 용기, 기구 등의 하드 밸류를 이용하기는 하지만 사람들이 누리는 주요 효용 가치는 기술자가 제공하는 서비스에서

비롯한다.

사람들이 술과 차를 마시면서 지불하는 비용은 단순히 술과 차의 원가와 물리적인 기능만이 아니라 대개 술과 차, 그리고 술집과 찻집이 주는 문화, 안락함, 사치, 과시, 사교 등의 기능이 더 크다.

스타벅스와 비슷한 가치 구조를 가지는 고객형 서비스는 무수히 많다. 단순히 허기만을 달래주는 식당은 가치가 제한적일 수밖에 없다. 하지만 사람들에게 편안한 환경과 양질의 서비스를 제공하는 식당은 고객을 편안하고 여유롭게 만들어줄 뿐만 아니라 심지어 사치와 과시 및 사교 등에 만족감을 준다. 때문에 빈자리가 없을 정도로 성황을 이룬다. 5성급 호텔이 단순히 쉬어갈 침대만을 제공하는 것이 아닌 것처럼 말이다.

일단 하드 밸류 상품 자체가 가지는 물리적 기능에 대한 본래의 수요를 어느 정도 만족하고 나면 사람들은 건강, 사교, 과시, 품위 등 심리적 만족과 감성적인 것에 더욱 치중하게 된다. 이러한 수요는 소프트 밸류 공급을 통해서만 충족할 수 있다.

지금처럼 전 세계적으로 하드 밸류 상품의 생산 능력이 과잉된 시대에서는 하드 밸류는 점점 위축되고 소프트 밸류가 확장되는 현상을 볼 수 있다. 표면적으로는 그 원인이 제조업체들이 고수익을 노리고 경쟁적 수단으로 소비자의 수요를 끊임없이 개발하기 때문인 듯 보인다. 하지만 그 본질적인 원인은 소비자 자신의 심리 혹은 서비스에 대한 수요가 끊임없이 높아졌기 때문이다.

영국의 경제학자 앨프레드 마셜은 이렇게 말하고 있다. "인간의 욕망은 끝이 없고 그 종류 또한 다양하여 유한한 자원으로는 영원히 만족시킬 수 없다. 미개한 사람들의 욕망은 짐승보다 크게 많지 않지만, 인류가 한 걸음 발전할 때마다 인간의 수요도 다양해지기 때문에 수요를 만족시키는 방법도 다원화할 필요가 있다."[14]

이처럼 복잡한 심리적 수요를 만족시키기 위해 서비스 산업은 더욱 다양하고 좀 더 세밀하게 분업화되기 시작했다. 그리고 이제는 상품 본연의 가치를 넘어 인간의 심리적 경험과 정신적 만족감까지 제공하고 있다. 상인들은 사람들의 사치와 허영을 채워주고 인간의 잠재의식과 인간관계에 대한 수요를 만족시켜주는 서비스를 개발한다. 이들은 전통적인 관점에서 말하는 것처럼 모두 사기꾼이 아니라 오히려 현대적 소프트 밸류의 관념을 가진 성공한 사업가다. 상품의 물리적 기능을 부풀려서 소비자를 현혹시키는 것이 아니라 인간의 문화·휴식·사치·과시·사교 등 잠재적 심리 경험과 정신적 수요를 창조하고 만족시켜주는 것이라면 진정한 서비스 소프트 밸류의 창조자라 할 수 있다.

노동시간으로만 판단할 수 없는 서비스형 소프트 밸류

서비스형 소프트 밸류의 가치 측정은 하드 밸류처럼 구체적이지도 지식·정보·문화·금융처럼 추상적이지도 않은 그 중간 개념이다. 구체적으로 말해 차별적·창조적 노동을 기초로 하는 서비스형 소프트 밸류의 가격은 표준화·일반화된 노동을 기초로 하는 서비스형 소프트 밸류와는 다른 가치 법칙을 준용한다.

차별적이지도 창조적이지도 않은 일반화된 노동을 기초로 하는 서비스 산업, 즉 교통·운수·창고·물류·항공 운송·도매·소매·수리水利·환경 보호·공공시설 관리·폐기물 회수 등의 서비스 분야의 가치 법칙은 하드 밸류와 상당히 유사하며 공급 원가로 가격을 결정한다. 이들 서비스 산업의 주요 투입 요소는 인력 자원이다. 따라서 노동자의 지식·기술·건

---

14) 앨프레드 미셜, 《경제학 원리》, 〈제3편 욕구와 욕구의 충족에 대해서〉.

강과 노동 투입 그리고 인력 자원의 조직 방법 및 생산 효율로 가격을 결정할 수 있다.

비싼 호텔, 브랜드 식당, 고급 보건 서비스, 전문 의료, 양로 서비스, 고급 피부 및 미용 관리사, 전문 가사 관리 서비스 등 특별 전문가들은 장기간 훈련과 특정 기술 습득을 거쳐, 특정 비용을 투자한 사람에게 차별화된 서비스를 제공한다. 물론 이들 서비스는 지식·정보·문화·금융처럼 강한 추상성과 도약성·모호성을 지니지는 않는다. 하지만 서비스형 소프트 밸류 역시 주관적, 상대적, 불확정성을 지니기 때문에 단순히 노동시간으로 가치를 판단하기는 어렵다. 어느 일류 요리사가 시간을 얼마 들이지 않고도 요리를 뚝딱 만들어냈지만, 그 요리가 손님에게 '엄마의 손맛'을 느끼게 해주었다면 이 요리의 유효 투입 요소를 어떻게 측정해야 할까?

수요 측의 심리적 경험의 관점에서 보자면 소비자의 심리적 공간에서는 가격에 대한 탄력성이 상당히 높다. 개인의 주관으로 평가되는 소프트 밸류는 상대적인 가치 체험 구간이 존재하는데, 소비자는 그 가치 체험 구간 안의 가격에 대해서는 매우 수용적이다. 공급 측 투입 비용의 관점에서 보자면 서비스를 제공하는 몇 분 동안 우리가 볼 수 있는 것은 기술자의 차별화된 노동뿐이지만 그 기술의 뒤에는 수 년 혹은 수십 년에 달하는 피나는 훈련과 노력이 숨어있다. 전자의 경우는 시간으로 측정이 가능하겠지만 후자의 경우 매우 모호하다.

서비스 소프트 밸류의 '효율성의 패러독스'

하드 밸류 산업에서 가치 향상의 지름길은 바로 효율성을 높이는 것이다. 예를 들어 노동자의 업무 효율이 올라가면 노동 비용도 감소한다. 예전에는 한 사람이 한 시간 안에 10개의 부품을 생산했다면 지금은 20개의 부품을 생산할 수 있게 된다. 하나의 부품을 만드는 데 들어가는 인건비는 절반으로 준다. 하지만 품질이 같다면 시장 경쟁력은 높아지게 된다. 마찬가지로 토지의 이용 효율이 올라가면 토지 비용이 하락한다. 기계의 사용 효율이 상승하면 감가상각비가 줄어든다. 그렇다면 서비스 소프 밸류 산업에서도 이 논리가 유효할까?

스타벅스가 2007년 쓰디쓴 교훈을 얻은 바 있다. 스타벅스는 표준화와 생산 원가 등을 고려하여 2007년 '맥도날드화'하기로 결정한다. 스타벅스 매장에 자동화된 커피머신을 도입하면서 효율성 면에서만 보자면 직원 교육 비용과 커피 손실이 줄어든다. 커피 제조 시간도 훨씬 단축되면서 생산 효율은 높아진다. 하드 밸류 산업이라면 꿈에 그리던 혁신적인 변화였을 것이다. 하지만 그 효율성이 스타벅스에 어떤 결과를 가져왔을까? 2007년 스타벅스의 영업이익은 동기 대비 18.24퍼센트 증가했으며 순이익은 동기 대비 19.21퍼센트 증가했다. 하지만 이와는 대조적으로 2007년 1년간 스타벅스의 주가는 42퍼센트나 급락했고, 주가 수익률(PER)은 35배에서 20배로 떨어졌다. 그리고 선행했던 자본시장의 예측이 현실에서 드러나기 시작했다. 스타벅스의 2008년 4/4분기 재무보고서를 보면 4/4분기 수익이 2007년 동기 대비 1억 5,850만 달러에서 540만 달러로 95퍼센트까지 급락했다. 2008년 연간 순이익은 3억 1,550만 달러에 그치며 2007년 6억 7,260만 달러였던 것과 비교해 53퍼센트나 하락했다. 이후 스타벅스는 전자동화된 커피머신을 철수하고 다시 고전적인 라 마르조코 수동 커피머신으로 교체했다. '블랙 2008'을 지나 2010년 순이익이 다시 2007년 고점을 돌파하며 9억 4,000만 달러에 달했다.

어째서 '효율성의 패러독스'가 발생하는 것일까? 효율성이 높아지는데도 왜 주가가 반토막 나고 이윤이 급락했던 것일까? 스타벅스 이윤에 변화를 주는 요인은 다양하고 그중 커피머신 교체는 그저 고객의 체험

중 하나만 달라졌을 뿐인데 말이다. 하지만 한 가지 분명한 사실은 서비스 소프트 밸류 산업이 경영하는 것은 하드 밸류가 아니라 소프트 밸류인 서비스란 사실이다. 사람들이 스타벅스를 소비하는 것은 짧은 시간에 커피 한 잔을 얻기 위해서가 아니라 바리스타의 손길을 느끼고자 하는 것이다. 어쩌면 익숙한 맛 때문일 수도 있고 어쩌면 그 안에 침전되는 시간일 수도 있다. 어쩌면 그 안에 녹아든 수고로움, 혹은 희소성을 누리는 과시욕이 될 수도 있다. 어쩌면 진짜 아무 이유 없는 행동이었을지도 모른다. 그러니 스타벅스가 교체한 것은 커피머신이 아니라 고객을 존중하는 마음인 것이다. 물론 지금은 라 마르조코 수동 커피머신을 사용하지는 않지만 그래도 스타벅스는 고객에 대한 최상의 서비스에 대한 생각만큼은 버리지 않았다.

대다수의 서비스 산업에서 '효율성의 패러독스'를 쉽게 찾아볼 수 있다. 효율성에 고객들이 만족하지 않는다면 바로 인지 집단이 큰 폭으로 감소하게 될 것이다.

'인지도'를 높여라

사람들은 돈을 내고 요가 수업을 들으러 가기도 하고, 친한 친구들끼리 모임을 조직하여 요가 선생님을 초빙하기도 한다. 인지도가 없는 선생님이 창조한 소프트 밸류는 그를 알아봐주는 집단에만 유효하다. 하지만 일단 사회적으로 인지도가 높은 '대가'가 되고 나면, 소프트 밸류 창조 능력 역시 수백 혹은 수천 배로 늘어난다. 이것이 바로 인지 집단의 규모가 가지는 매력이다.

하지만 광고만이 인지 집단을 넓히고 인지도를 높이는 유일한 방법은 아니다. 스타벅스는 상장 초기 매출액이 연평균 40퍼센트씩 성장했고, 전 세계에 5,000개가 넘는 프랜차이즈점을 열어 고객이 2,000만 명을 넘었지만, 그 기간 동안 마케팅에 들인 돈은 전체 비용의 1퍼센트도 채 되지 않았다. 이는 대부분의 패스트푸드 프랜차이즈가 평균적으로 마케팅에 투자한 약 4퍼센트보다 훨씬 낮은 액수다. 그뿐만 아니라 스타벅스에는 최고기술책임자CTO, 최고데이터책임자CDO, 최고운영책임자COO는 있지만 최고마케팅책임자CMO는 없다. 그건 스타벅스 경영 전략 중 '스타벅스가 있는 곳이면 어디나, 직원이면 누구나 스타벅스의 파트너가 된다'는 전략 때문이다.

서비스 산업에서 인지도를 높이는 방법으로 흔히 사용하는 것이 '군집'을 이루는 것이다. 이렇게 군집을 이루게 되면 서로 인지도를 높여주는 효과를 누릴 수 있다. 1983년 스타벅스의 전임 CEO 슐츠가 전람회 참가차 밀라노로 출장을 간 일이 있었다. 에스프레소 커피숍이 거리에 길게 늘어서 있었고 모두 손님들로 붐볐다. 이탈리아 사람들은 아침에도, 점심에도 이곳을 찾았고, 심지어 저녁에 퇴근하면 우선 커피숍부터 순회한 뒤 집으로 돌아갔다. 커피숍에 들어선 이탈리아 사람들은 마치 오랜 지인을 만난 것처럼 익숙한 경음악 속에서 즐겁게 담소를 나누었다. 사실 미국인 역시 집 안 벽난로에 앉아 수백 년 동안 커피를 마셔왔고, 그때 이미 스타벅스도 10여 년간 커피 원두를 팔아왔었다. 하지만 이처럼 편안한 분위기에 친근한 공간, 기분 전환할 수 있는 커피숍이야말로 고객이 다시 찾고 싶어 하는 곳이란 사실을 인지하지 못하고 있었다. 사람들이 원하는 건 한 잔의 커피가 아니라 커피 한 잔의 여유였다.[15]

"우리는 그저 분위기 좋은 카페를 만들어서 누구나 발걸음을 멈추고 들어와 바쁜 일상 속에서도 잠깐의 낭만과 신선함을 느꼈으면 하는 바람

---

15) '스타벅스에서 시장전략을 배우다: 당신이 커피를 마시는 이유', http://finance.sina.com.cn/manage/zljy/20050610/19171675303.shtml.

뿐입니다." 슐츠는 스타벅스를 사무실과 집 이외의 '제3의 공간'으로 만들고 싶어 했다. 중국에는 주로 번화가에 스타벅스가 자리 잡고 있다. 직장인들이 주로 스트레스를 풀 수 있는 쉬어가는 '간이역'을 필요로 하고 글로벌 문화가 녹아 있는 커피를 쉽게 받아들이기 때문이다. 하지만 유럽에는 주로 거주 지역에 카페가 있는데 사람들이 주로 집에서 커피를 마시는 습관이 있기 때문이다. 스타벅스는 커피를 매개로 가정이나 직장을 벗어나 편안하게 쉴 수 있는 커뮤니티 장소를 만들어두고, 그 '군집' 안으로 들어오는 사람을 자연스럽게 스타벅스의 소비자로 만든다.

'초점 효과'를 통해서도 소프트 밸류 '인지 집단'을 공유하여 인지도를 높일 수도 있다. 서비스형 소프트 밸류는 집단의 인지를 떠나서는 생각할 수 없다. 그리고 지식·정보·문화·금융 분야보다 서비스형 소프트 밸류에 대한 집단 인지를 측량하는 것이 훨씬 수월하다. 대개 이들 문제는 '문화 참조 체계'와 함께 거론되는데, 문화 참조 체계가 달라지면 집단 인지도 크게 달라진다. 하지만 동일한 문화 참조 체계에서는 서비스형 소프트 밸류에 대한 사람들의 인식이 서로 비슷해지면서 '초점 효과'가 나타난다. 이러한 초점 효과는 생물학 분야에서는 '기러기 편대 효과'라고 하는데, 선두 기러기를 다른 기러기들이 '六'자형으로 따르면 혼자서 단독 비행하는 것보다 훨씬 힘은 덜 들고 빨리 날 수 있다.

할리우드 영화라고 다 좋을 리 없고 일본 애니메이션이라고 다 우수할 리 없겠지만, 영화 하면 할리우드가 떠오르고 애니메이션 하면 일본을 꼽는다. '초점 효과'를 잘만 이용하면 쉽게 '무임승차'하여 기존 서비스형 소프트 밸류 산업의 인지 집단을 공유할 있다. 쇼핑을 하고 싶으면 대부분 상가를 찾는다. 그곳에 웬만한 점포가 다 모여 있어 어느 상점엔가는 나의 소비 수요를 만족시켜줄 만한 상품이 있기 때문이다. 상가의 개별 점포 역시 자연스럽게 인지 집단을 공유하게 된다.

서비스형 소프트 밸류의 고객 충성도, 차별성, 고품질

지식 및 정보, 문화 소프트 밸류 산업은 배타성을 지니지 않지만 서비스형 소프트 밸류 산업의 소비는 대개 배타성을 지닌다. 스타벅스 커피 한 잔은 한 사람에게만 팔 수 있을 뿐 재활용도 공유도 불가능하다. 이 점은 하나의 만두를 A에게 주면 B는 먹을 수 없는 하드 밸류와 유사하다. 이처럼 서비스형 소프트 밸류 산업은 특정 시간에 다른 소비 집단에 대해서는 배타성을 지니지만, 시간 자체에 대해서는 배타성을 지니지 않는다. 따라서 고객의 충성도가 높으면 소프트 밸류 승수 상승에 도움이 된다. 예를 들어 스타벅스의 충성고객이 한 달에 스타벅스를 열여덟 번 방문해 동일한 커피를 마실 수 있다. 지식 산업과 정보 산업에서는 보기 드문 일이다. 어떤 책이 아무리 좋아도 한 달에 열 번이나 구매하지 않는다. 하지만 동일한 서점에서 여러 권의 책을 구매할 수는 있다. 하나의 정보는 대부분 일회성 소비로 끝나기 때문이다. 하지만 동일한 정보 사이트에 오랫동안 주목할 수는 있다. 그러니 스타벅스가 이렇게 이야기하는 것도 당연한 이치다. '고객이 실수로 커피를 쏟고 무료로 한 잔을 더 요구하더라도 기꺼이 커피를 제공해라.' 스타벅스는 고객과의 장기적인 신뢰가 중요하다는 것을 잘 알고 있었다. 서비스의 소비는 대개 관계 구축에 상대적으로 오랜 시간이 필요하다. 따라서 사소한 이익 때문에 대의를 그르쳐서는 안 된다고 생각했던 것이다.

서비스형 소프트 밸류는 소비자의 주관적인 심리 경험에 의해 결정된다. 이러한 심리 경험은 대개 사람마다 차이가 있기 때문에 차별화된 서비스를 제공해야만 소프트 밸류 승수를 높일 수 있다. 소비자의 선호도 역시 차이가 있는데, 어떤 소비자는 서비스의 효율을 중시해 패스트푸드나 비행기 등을 선호하는 반면, 어떤 소비자는 서비스 자체로 누릴 수 있는 사교적 기능에 중점을 두기 때문에 고급 문화센터나 다양한 클럽을 더 선호하기도 한다. 가격 제일주의 소비자와 심미주의 소비자가 미용실의 가치를 판단하는 기준은 완전히 다르다. 사람마다 자기가 생각하는 엄마의 손맛이 다른 것처럼 차별화된 서비스의 가격을 확정하려면 우선 어떤 소비 집단을 겨냥할 것인가, 이들 소비 집단이 원하는 심리적 체험은 무엇인가부터 먼저 파악해야 한다.

서비스형 소프트 포춘의 가치는 제공자의 기술과 인적 자본의 영향을 받는다. 하지만 대개 소비자가 투입한 심리적 원가, 즉 시간·정보·기타 정신적 원가의 영향을 더 많이 받는다. 따라서 서비스 품질이 소프트 밸류 승수에 영향을 준다. 예를 들어 동일한 안마 서비스가 미국에서는 시간당 50달러나 하고 태국에서는 5달러밖에 하지 않는다. 이는 이 두 지역의 인적 자본에 의해 결정된다. 동일한 서비스라 해도 소비자가 지불한 시간·정보·감정적 원가가 많을수록 소비자의 불만도는 높아지고 체감하는 서비스의 소프트 밸류는 점점 낮아진다. 예를 들어 당신이 핸드폰 앱으로 배달을 시켰는데 GPS가 정확하지 않아 배달업체의 주문 시스템에 오류가 발생했고, 배달원이 길을 잘못 들어 당신이 허기가 극도에 달했을 때서야 주문한 음식을 받아보았다면? 결국 서비스를 받긴 받았지만 평소에도 당신이 많은 시간과 정보 및 감정 원가를 지불해야만 했었다면? 이 앱을 통해 당신이 느끼는 소프트 밸류는 확실히 떨어지게 될 것이다.

고객의 피드백은 소프트 밸류 승수의 '반사판'

표준화·일반화된 서비스의 효용을 평가하려면 기본적으로 선형평가 방식을 사용하면 된다. 하지만 차별화·창조적 노동을 기초로 하는 서비스의 소프트 밸류를 평가하는 것은 말처럼 쉽지 않다. 원가 투입을 가늠하기도 어려울 뿐만 아니라 소비자가 느낄 심리적 경험 역시 비선형적이기 때문이다. 그렇다면 소비자의 비선형적인 심리적 시간과 비선형적인 심리적 공간은 어떻게 평가해야 하는가?

고객의 피드백은 소프트 밸류 승수의 특정 상태를 반영하게 된다. 일반적인 서비스 기업은 고객에게 '매우 만족', '만족', '보통', '불만' 등의 표준으로 평가해달라고 요청한다. 그러면 소비자들은 마음속으로 '예상보다 별로', '만족', '예상보다 좋음'과 같은 평가를 내릴 것이다. 당연히 이보다 더 자세하고 계량화된 서비스 평가 시스템에 더 다양한 모형이 있을 것이다. 하지만 기본적으로 모두 서비스 내용, 서비스 과정, 서비스 느낌, 서비스 결과, 서비스 후 평가 결과 등 각각의 단계마다 가중 점수를 매기도록 한 뒤 고객의 평가를 반영하여 도출한 소프트 밸류 승수를 종합적으로 측정하는 방식을 따른다.

고객의 민원과 피드백은 마치 이중 슬릿 실험에 쓰이는 스크린과 같아서, 스크린이 없을 때 빛은 파동성을 보이며 볼 수도 만질 수도 없게 된다. 하지만 스크린에 부딪히는 순간 빛의 입자가 구체적인 하나의 점으로 변했다가 순간적으로 붕괴된다. 고객의 민원과 피드백은 소프트 밸류 승수의 상태와 변화를 반영한다. 그뿐만 아니라 고객이 집중적으로 불만을 토로하는 것이 무엇인지, 피드백을 통해 어떻게 하면 고객의 만족도를 높일 수 있는지, 소프트 밸류 승수를 높일 수 있는 방법에 대한 정보도 얻을 수 있다. 스타벅스는 다음과 같은 문제에 대해 고객 설문조사를 실시했다. '어떻게 하면 당신이 '가치 있는 고객'이라 느낄까?' 선택지는 '서비스 개선, 콘센트 제공, 간단 용품 대여 서비스, 저렴한 가격, 여러 차례 방문 시 혜택' 등이 있었다. 고객의 서비스 불만에 대한 피드백을 존중하여 즉시 이를 개선한다면 고객의 심리적 만족도가 높아져 소프트 밸류도 상승하게 된다.

인지 집단을 고정된 단위나 수치로 표시하기는 어렵다. 하지만 인지 집단의 어림치에 고객의 피드백을 통해 얻은 고객의 정보로 특정 상태의 소프트 밸류 승수를 나타낼 수 있다. 그리고 이를 기업의 서비스 개선에 유용한 정보로 활용할 수도 있다.

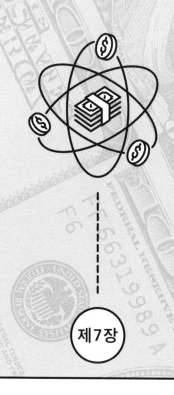

제7장

소프트 밸류 시대, 글로벌 경제 신모델과 사회 변화

소프트 밸류: 글로벌 경제의 신모델

소프트 밸류로 전환한 GE

미시적 관점에서 보면 미국 경제는 50~60년대부터 지속적인 '소프트화' 과정이 시작되었다. 이 모든 것이 과학기술의 발전과 시장원리가 공동으로 빚어낸 성과였다. 기업의 소프트화는 정부의 개입으로 이루어진 것도 아니며, 또한 정부가 개입한다고 해도 가능한 일이 아니다.

제너럴 일렉트릭GE은 1896년 다우존스 산업평균지수 30이 처음 만들어졌을 때부터 지금까지 지수 편입 주식의 자리를 굳건하게 지켜온 유일한 기업이다. GE 자체가 미국 경제 구조 전환 역사의 산증인이다. 50년대 GE의 사업 분야는 주로 대형 기계, 가전, 군용품이었다. 60년대에는 사업을 전력 설비, 원자력 에너지까지 확대했으며, 70년대에는 항공, IT 분야까지 손을 뻗쳤다. 산업 발전만 놓고 본다면 GE는 과학기술의 발전에 보조를 맞추며 꾸준히 발전해왔다. 하지만 모두 하드 밸류 상품과 하드 포춘의 생산 분야에 국한되어 있었다.

80년대 이후 잭 웰치를 수장으로 하는 GE는 지속적으로 업무에 대한 구조조정을 진행했다. 가전 제조 사업을 매각하고, 미국 최대 방송국

NBC를 인수한다. 또한 기존의 규모가 작았던 소비자 대출 부분을 확대하여 GE 머니를 만들고, 기업 금융 서비스인 GE 파이낸스 업무를 개설했으며 의료 보건 사업을 인수했다. 이처럼 각 분야의 인프라 및 산업 부문을 유지하며 더욱 보강하기 시작한다.

2009년에 이르러 GE는 산하의 6개 사업 분야를 기술 인프라(의료, 비행기, 교통 운수, 기업 보안), 에너지 인프라(에너지, 수자원 시스템, 천연 오일 가스), GE 캐피털(상업 금융, 소비자 금융, 기업 금융), NBC 유니버셜 4개 사업으로 합병한다. 라디오 텔레비전 방송국과 금융이 모두 소프트 밸류 범주에 속한다. GE의 기타 산업 부문에서 생산하는 상품 역시 MRI, 비행기 엔진, 발전 설비처럼 모두 기술적 함량이 높고, 그 안의 소프트 밸류 성분 또한 매우 높다.

'소프트화'된 실리콘 밸리

분석가들은 실리콘 밸리의 발전을 총 3단계로 나눈다. 1단계는 실리콘 밸리의 탄생(1957년 9월 페어차일드 반도체 설립)에서 70년대 중반(1971년 샌프란시스코의 기자 돈 회플러가 지방 일간지에 처음으로 '실리콘 밸리'라는 용어를 사용)까지다. 이 단계의 주도산업은 반도체 산업이었으며, 이름 그대로 정말 실리콘을 만드는 계곡 혹은 '하드한 실리콘 단계'에 해당한다.

2단계는 70년대 중반부터 IT 버블이 붕괴한 2001년까지다. 소프트웨어와 인터넷이 주도산업이었으며, 윈텔 진영[1] 역시 이 시기에 탄생했다. 2단계는 '하드와 소프트의 공존' 단계에 해당한다.

3단계는 2003년 이후 실리콘의 혁신이 전 영역에 걸쳐 일어났다. 정보기술·바이오·의학 및 각종 비즈니스 모델 등 수많은 분야에 혁신이 일

---

1) MS와 윈텔의 연맹으로 80년대부터 전 세계 PC 시장을 주도한다.

어났다. 그리고 더는 자연 자원과 하드 기술의 제한을 받지 않는 완전한 '소프트화'가 이루어졌다.

1단계 후기에는 일본 및 대만과의 경쟁이 치열해지면서 반도체 집적 회로의 가격이 대폭 하락했다. 80년대 말 일본의 도시바·히타치·NEC가 글로벌 반도체의 3대 강자로 떠오르며 모토로라, 인텔, 텍사스 인스트루먼트는 4~6위까지로 밀려났다. 이 시기 대량의 반도체 기업이 아시아로 이전했다. 그리고 대부분의 사람들은 이제 실리콘 산업이 강철 산업 쇠퇴 후의 피츠버그, 자동차 산업 불황기의 디트로이트의 전철을 밟아 쇠퇴기로 접어들 것이라고 비관했다.

만약 당시 레이건이나 부시가 지금의 트럼프처럼 반도체 기업이 아시아로 이전하는 것을 막았더라면, 미국에 남겨두고 미국의 실업률을 해소하고자 했더라면, 오늘날 우리는 피츠버그 같은 강철 산업과 디트로이트 같은 자동차 산업의 전철을 밟는 반도체 공장을 보게 되었을 것이다. 그랬더라면 실리콘 밸리의 2단계, 3단계 발전 과정을 볼 수 있었을까?

소프트 밸류의 역전승

만약 어느 날 하드 포춘 속 소프트 밸류가 사라져버린다면 하드 포춘은 어마어마한 퇴화의 과정을 겪게 될 것이다.

먼저 우리의 마음과 눈을 행복하게 해주었던 정신적 요인인 소프트 포춘이 사라져버린다면 하드 밸류는 그저 여러 가지 부품들의 조악한 조합물로 전락해버리고 말 것이다. 다양한 건축물 역시 단순히 철근과 시멘트 덩어리로 만들어진 공간으로 퇴화할 것이다. 자동차는 금속 껍데기에 바퀴가 네 개 달린 단순한 조합에 지나지 않으며, 가전은 복잡한 전선들로 얽혀 있는 각종 부품들을 담아놓은 플라스틱 상자로 전락해버릴 것이다.

둘째, 이들 원자재를 부품으로 가공하는 사람들의 사유 활동마저 사라져버린다면 부품은 그저 철강·플라스틱·비철 금속·목재 등 단순한 원자재로 환원되어 우리가 사용할 수 있는 하드 포춘 상품 또한 존재하지 않을 것이다.

마지막으로 지구 자원을 원자재로 가공하는 인류의 사유 활동이 사라져버린다면 원자재는 단순한 광물, 원유, 원목, 심지어 산, 황무지, 삼림으로 퇴보되어 인류는 미개한 시대로 회귀하게 될 것이다.

하드 포춘 중에는 어느 정도의 소프트 밸류가 포함되어 있다. 자고이래 그래왔다. 다만 과학기술과 경제, 사회가 발전하면서 소프트 밸류의 비중이 점점 높아졌을 뿐이다. 그러다 양자 시대에 이르러 소프트 밸류가 하드 밸류를 밀어내며 주도권을 쥐게 되었을 뿐이다.

수천 위안에 달하는 백주를 즐겨 마시는 관료와 부자들을 초청하여 술자리를 마련했다. 사전에 수천만 위안에 달하는 백주를 수십 위안짜리 저렴한 백주 병에 담아두었다. 어느 누구도 술 맛에 대해 칭찬하는 사람이 없었다. 수천 위안짜리 고급 술이 그들 입속에서 한순간에 그저 '쓰디쓴 술'로 전락하고 만 것이다. 술의 하드 밸류는 변화가 없고, 기존의 양조 기술 역시 그대로인데, 그저 담고 있던 소프트 밸류만이 사라졌을 뿐인데 이처럼 큰 변화가 일어났다.

양자 시대 상품들은 비록 하드 포춘의 겉모습을 하고 있으나 실제로는 주로 소프트 밸류를 담고 있는 경우가 늘어나고 있다. 텔레비전을 생산하는 업체는 점점 몰락하는데, 텔레비전 방송 자원을 생산하는 기업은 유료 채널 가입비를 지불하는 고객에게 텔레비전을 증정품으로 주고 있다. 데이터나 통화료를 지불하면 핸드폰을 공짜로 주기도 한다.

물론 학습용 컴퓨터 '샤오빠왕'과 초기 셀룰러폰 '다거다'와 같은 혁신적인 제품이 처음 개발되었을 때만 해도 사람들의 소통·지식·편리성·다원화된 수요를 만족시켜주기에 충분했었다. 하지만 사람들의 수요가 달라지자 기존 제품의 소프트 밸류는 점차 하락하고 하드 밸류의 비중은 높아졌다. 그리고 결국 사람들의 시야에서 멀어지게 되었다.

시대가 진보하면 소비 트렌드도 변화한다. 지금은 유명 백주, 비싼 담배라도 모두 샤오빠왕과 다거다처럼 비주류로 밀려날 수도 있다. 하지만 사람들의 교류와 과시욕, 자아실현 등에 대한 감정적 욕구는 영원히 사라지지 않을 것이다. 그리고 하드 밸류 상품에서 소프트 밸류의 역할은 점점 더 중요해질 것이다.

하드 밸류와 소프트 밸류의 80 대 20 법칙

같은 술인데 왜 마오타이의 총이윤이 일반 백주보다 훨씬 높은 것일까? 똑같이 만들어진 자동차인데 테슬라의 수익률이 왜 디트로이트 자동차 제조업체보다 훨씬 높은 것일까? 같은 영화인데 왜 〈아바타〉는 전 세계 흥행 수입이 160여억 위안에 달하고, 8,000만 위안이나 들여 만든 〈몽회금사성〉은 상영 10일이 지나도록 100여만 위안의 수익밖에 올리지 못한 것일까? 단순한 원가 가산법으로는 소프트 밸류의 형태를 설명할 수 없다. 아래와 같이 '소프트 밸류 지수'로 상품 혹은 전체 사회의 소프트 밸류가 차지하는 비중을 나타내보았다. 도표를 보면 소프트 밸류가 양자 시대의 주요 가치 형태이긴 하지만 모든 상품 혹은 모든 사회에 고함량의 소프트 밸류만 존재하는 것은 아니다. 우리는 하나의 상품 속 소프트 밸류가 차지하는 비중을 상품의 '소프트 밸류 지수'라고 부르기로 한다.

상품의 소프트 밸류 지수 = 소프트 밸류/상품의 총가치

여기에 일부 대표성을 지니는 상품을 선택하여 눈금 그래프로 표시하고, 상품 속 소프트 밸류 비중에 대해 점수를 매겼다. 소프트 밸류 비

중이 높을수록 점수가 높아지며 만점은 10점이다. 순전히 소프트 밸류, 즉 생산 원가에 따라 가격을 책정하고, 부가가치가 '0'인 상품에는 0점을 부여했다. 이렇게 대략적인 상품의 소프트 밸류 지수를 도출하고, 상품의 소프트 밸류 눈금 그래프를 표시한 것이 바로 도표 7.1이다.

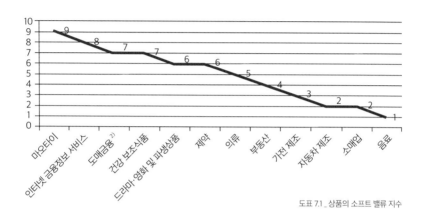

도표 7.1 _ 상품의 소프트 밸류 지수

도표 7.1에서 볼 수 있듯이 과학기술 함량이 높거나 소비자에게 기본적인 기능 외에 좋은 소비 체험을 만들어주는 상품일수록 하드 밸류의 비중은 낮아지고 소프트 밸류의 비중은 높아지며, 총이윤 역시 증가한다. 이들 제품의 가치는 '80 대 20'의 법칙을 따르고 있었다. 마이타이 술의 생산 원가 비중은 20퍼센트 정도로 크지 않다. 간단히 말해 수수에 누룩, 증류수와 기본적인 공정에 대한 비용만 들어간다. 그리고 나머지 대부분을 차지하는 소프트 밸류가 사람들의 수요를 만족시킨다.

마찬가지로 코카콜라의 소프트 밸류와 하드 밸류 비율도 8:2 정도로

---

2) 법인 또는 기관을 상대로 하는 거래를 기업금융 또는 도매금융이라 한다._옮긴이

'80 대 20 법칙'을 따른다. 코카콜라의 상징 '리본'은 당시 세계에서 가장 가치 있고 인지도가 높았던 로고 중 하나였다. 사람들이 코카콜라를 마실 때 물리적인 상쾌함뿐만 아니라 정신적인 만족도 추구한다. 코카콜라의 영상 광고는 어디서든 쉽게 볼 수 있다. 짧지만 강렬한 광고가 코카콜라 상품에 '도전을 즐기고', '형제간의 우애를 느낄 수 있고', '친구와 함께 나눌 수 있는' 이미지를 심어주었다. 소비자는 이 짧은 영상 하나로 일상 속의 사소한 행복이 사람들의 마음속 뉴런의 동기화 방전 모드를 자극하도록 만든다. 몸으로 느끼는 탄산음료의 청량함과 '이보다 더 상쾌할 순 없다'는 중국어 광고 문구가 코카콜라 로고와 함께 연결고리를 만들고 있다가, '뭘 마시지?' 하고 소비자들이 생각할 때 혹은 코카콜라의 로고를 보았을 때, 즉시 대뇌 속에서 동일한 뉴런의 동기화 방전이 일어난다. 나는 비록 한 병의 음료수를 마시지만, 마치 글로벌하고 트렌디하며 다이내믹하고 정이 넘치며 열정적인 삶 속으로 풍덩 뛰어드는 느낌이 들 것이다. 이러한 상호 작용이 바로 코카콜라의 소프트 밸류가 부단히 발효할 수 있었던 주요 비결이다.

소프트 밸류 창조 능력이 부족한 가전이나 음료 같은 산업은 대량으로 동일한 제품을 찍어내어 하드 밸류를 창조하기 때문에 그 총이윤이 자연스럽게 낮아질 수밖에 없다. 어제의 이론으로 오늘을 사고하는 사람, 뉴턴의 물리학에 갇혀 양자 이론은 이해하지 못하는 사람, 전통적인 가치론에 얽매여 소프트 밸류를 알아보지 못하는 사람은 두 근의 곡물로 유명 백주의 가치를 가늠하려 하고, 약효만으로 나오바이진을 판단하려 하고, 언론 매체를 이용하여 스타벅스의 정가가 너무 높다고 공격하려 든다.

미래의 상품 가치는 온전히 얼마의 소프트 밸류 비용을 투자했는가에만 달린 것이 아니다. 오히려 소비자에게 더 나은 경험을 선사하고 더

많은 커뮤니티·문화·트렌드·환경 보호·품질 등에 대한 관념을 심어줌
으로써 얼마나 상품의 소프트 밸류 지수를 높일 수 있는가에 달렸다. 소
프트 밸류의 비중이 80퍼센트 이상을 넘는 기업들만이 소프트 밸류 시
대에서 '쿨'하게 살아남을 수 있다.

하드 포춘과 소프트 포춘의 80 대 20 법칙

양자 시대에는 상품만 80 대 20의 법칙을 따르는 것이 아니라 사회 전반
에도 변화가 발생했다. 테슬라와 비트코인, 위챗과 같은 소프트 밸류 상
품이 많아지면서 자동차, 가전, 집 등 하드 밸류 상품을 밀어내고 주도적
인 위치를 점하게 되었다. 빠르고, 개성 넘치며, 트렌디하고, 문화적 함양
이 높으며, 브랜드 가치를 원하는 소프트 수요가 늘어날수록 식품, 물, 수
면, 비바람을 피할 정도의 공간 등 기본적인 생리적 욕구를 충족시키는
일은 그 우선순위가 점점 뒤로 밀려나게 되었다. 직업 훈련이나 세계 유명
대학의 공개강좌, 유료 방송, 가상현실 체험, 관광 오락과 같은 소프트 소
비가 점점 증가하게 되었다. 지식 산업, 정보 산업, 문화 산업, 금융 산업,
기타 사회 서비스가 국가 경제에서 차지하는 비중이 점점 커지고 있다.
미국의 경우 전체 GDP 중 이들 5대 산업이 차지하는 비중이 80퍼센트에
달했으며, 세계는 이미 '소프트화'되어 가고 있다.

엥겔지수는 가계 소비 지출 중 식료품비가 차지하는 비중으로 한 국
가의 발전 정도를 나타내는 주요 지표였다. 하지만 양자 시대에는 가치가
주로 소프트 밸류의 형태로 나타난다. 따라서 한 사회의 소프트 밸류의
발전 정도를 가늠하려면 '제조품 소비 지수'를 따져보아야 한다. 즉 가계
의 총소비 중 제조업의 하드 밸류 상품이 차지하는 비중을 따져보아야
한다. '제조품 소비 지수'가 높을수록 사회 경제가 낙후되었음을 의미하
며 사람들이 정신적 수요를 채우기 위해 지출하는 소프트 밸류 소비 비

중이 낮다는 것을 의미한다. 반대로 '제조품 소비 지수'가 낮을수록 가정의 소프트 밸류 소비 지출이 많으며 경제가 발달했음을 의미한다. 혹은 사회 전반의 소프트 밸류 지수가 높을수록 경제가 발달했음을 의미한다.

사회의 소프트 밸류 지수 = 1-제조품 소비 지수

양자 시대에서는 '제조품 소비 지수'가 과거의 '엥겔지수'를 대신하게 될 것이다. 경제가 발전할수록 엥겔지수가 계속해서 하락하는 것처럼, 사회 전반의 소프트 밸류 지수 역시 필연적으로 상승할 수밖에 없다.

오랜 역사를 회고해보면 인간은 점점 쉽게 제조품을 얻을 수 있게 되었다. 종자와 화학비료, 농업의 기계화로 미국은 총인구의 1퍼센트도 채 안 되는 사람이 농업 생산에 종사하지만 전 세계 총생산량의 5분의 1에 해당하는 곡식을 생산한다. 이처럼 앞으로는 극소수의 사람만이 제조업에 종사해도 제조품에 대한 수요를 충분히 충족시킬 수 있다.

앞으로는 좀 더 많은 여가 시간을 지식·정보·문화 및 오락 등의 활동에 투자하게 될 것이다. 관광 산업, 영화 흥행 수입, 음악 다운로드 수, 동영상 조회 수, 동영상 사이트 유료 회원 수입 등의 데이터가 바로 이러한 추세를 반영하고 있다. 예를 들어 초고속 인터넷과 인공지능, 가상현실 등의 기술이 발달하면서 인간의 문화 오락 활동 영역이 확대되었다. 언제 어디서든 영화와 공연을 보고, 생생하게 경기와 박물관을 관람할 수 있게 되었다.

하지만 제조품 소비 비용의 비중이 낮아졌다고 해서 우리가 소비하는 제조품의 품질이 떨어졌다는 의미는 결코 아니다. 오히려 스마트 제조 기술이 보급되면서 전통 제조업의 생산 효율은 점점 높아지고 원가는 점점 낮아졌다.

소프트 밸류: 글로벌 경제의 새로운 패러다임

미국은 지식·문화·정보·금융 등 일부 주요 소프트 밸류 분야에서 전 세계 우위를 점하면서 아주 오랜 기간 소프트 밸류 혁신의 만형 역할을 해왔다. 하지만 트럼프가 "애플 컴퓨터는 미국에서 만들어야 한다."며 제조업을 다시 미국으로 불러들이고 있다. 이는 퇴보의 길을 걷겠다는 것이며 소프트 밸류 혁명의 흐름을 역행하겠다는 소리다.

세계은행의 통계에 따르면 미국 서비스업의 부가가치가 전체 GDP에서 차지하는 비중이 1960년 이미 60퍼센트를 넘어섰다. 그 후 지속적인 상승세를 보이며 2014년에는 78퍼센트에까지 달했다. 관점을 달리해보면, 미국은 이미 소프트 밸류 시대로 접어들었으며 80퍼센트 이상의 가치와 부의 창조가 사람의 창조적인 사고 활동에 의해 실현되고 있다는 말이 된다. 그럼에도 불구하고 보복 관세와 보호 무역으로 하드 밸류의 생산을 부양하여 미국 국내 취업난을 해결하겠다는 것은 마치 숙련된 기술자에게 굳이 호미를 쥐여주며 밭이나 갈라는 것과 다를 바 없다.

역사를 돌아보면 산업화 시대에 들어선 후에도 다시 농경 위주의 가치 창조 방식으로 역행하고자 했던 국가가 있었다. 하지만 모두 심각한 경제 위기와 재난을 맞았다. 아르헨티나가 바로 그 예다. 60년대 전까지 아르헨티나는 눈부신 산업 발전을 거두었다. 제트기와 대형 함정을 충분히 제조할 수 있었을 뿐만 아니라, 자체 탑재 로켓을 개발하여 위성 발사를 준비하고 있었다. 그리고 자동차와 기타 공산품을 이미 전 세계 각지로 수출하고 있었다. 당시 아르헨티나 페소와 달러의 환율은 1:1로, 모두들 아르헨티나가 이미 선진국 대열에 이미 한 발을 들여놓았다고 생각하고 있었다. 하지만 사회 및 경제 정책에 정부의 잇따른 실책으로 오늘날의 아르헨티나는 산업이 낙후되어 어쩔 수 없이 소고기와 포도주 등 농산품 수출에 의존할 수밖에 없는 나라가 되어버렸다. 한때 낭만으로 가득했던 남미의 국가가 이제는 개발도상국의 맏형 노릇도 힘들 정도가 되었다.

좀 더 시간을 거슬러 올라가보면 과거 미국 경제의 패권을 잡았던 대부분의 기업 모두 석유 아니면 강철, 철도 산업에 속한 기업들이었다. 1896년 처음 발표한 다우존스 산업평균지수에 편입된 주식 대부분이 하드 밸류 제조업체였으며 심지어 미국 면화유 제조업체, 당류 및 담배 제조업체처럼 농산품 가공업체도 적지 않았다. 100여 년의 발전을 거듭하며 처음 다우지수 편입 주식 중 유일하게 GE(업무가 대체로 '소프트화'됨)만이 남아있을 뿐이다. 나머지 업체들 중 일부는 인수 합병되었거나 혹은 파산 신청의 운명을 피할 수 없었다. 경제가 발전하고 사회가 진보하면서 새로운 산업과 기업들이 속속 출현했다. 최근 다우존스 산업평균지수의 편입 주식 중 전통적 하드 밸류 제조업체의 비중은 대폭 감소했다. 그리고 소프트 밸류를 제조 및 판매하는 금융 기업, 정보통신 기업, 문화 오락 기업, 지식 및 교육 기업, 서비스 기업 등 소프트 밸류 기업이 편입 주식의 주류를 이루게 되었다.

소프트 밸류 시대에 이르러서는 전 세계 부자 순위에서 석유왕 록펠러, 강철왕 앤드류 카네기, 밴더빌트 같은 인물은 더 이상 찾아볼 수 없게 되었다. 그리고 그 자리를 빌 게이츠, 래리 페이지, 세르게이 브린, 워런 버핏, 조지 소로스 등 소프트 밸류 창조의 수장들이 차지했다. 소프트 밸류는 상품의 가치 구조를 변화시키고 있다. 원자재 등 하드웨어의 가치는 점점 위축되고, 사람의 정신적 수요를 충족시켜주는 커뮤니티·오락·지식·정보 등 상품과 서비스가 미래 소비의 주류가 되고 있다. 앞으로는 각종 정보 경제, 지식 경제, 문화 경제, 서비스 경제의 비중이 점차 커지며 경제 성장의 신동력이 될 것이다. 이것이 전 세계 경제의 큰 흐름이자 새로운 경제의 패러다임이다. 소프트 밸류는 이미 세계의 무대에 올라 새로운 시대를 향해 문을 활짝 열고 기다리고 있다.

사회 구조의 소프트 변혁

인류가 양자 시대와 소프트 밸류 시대에 접어들면서 우리 사회의 생산 방식·제조 모델·사회 조직 방식·생활 방식 등 곳곳에서 일대 변혁이 일어나고, 새로운 사회 경제와 라이프스타일이 형성되고 있다.

소프트 밸류에 필요한 사회 구조

캐나다 온타리오주에 사는 잭의 아버지는 300만 제곱미터나 되는 농장을 운영하면서 단 2명의 인력만 고용했다. 그는 대부분의 시간을 위성 원격탐사, 무인기, 센서, 무인 카메라로 작물의 생장 상태를 관찰하면서 보낸다. 젖소 사육은 이미 전자동화되어 로봇이 모니터링한 데이터를 근거로 젖소에 배합사료를 제공하고, 무균 상태에서 젖을 짠다. 최근 그의 아버지는 뜻이 맞는 몇몇 농장주와 함께 작은 협회조직을 만들어 농자재와 농구를 공동 구매한다. 그리고 온라인을 통해 자신의 농장에서 생산한 소고기와 우유를 판매한다.

　잭의 어머니는 심리 상담사인데 온라인으로 심리 상담 과정을 개설해 평소에는 화상으로 강의를 하고 학생들과 소통한다. 오프라인으로는 토론토에서 교육과 상담 업무를 진행한다. 가사 업무의 경우 기본적인 장보기는 스마트 냉장고가 구매 목록을 보여주면 그녀가 확인한 후 자동으로 주문에 들어간다.

잭은 첫 번째 창업 이후 자신의 소프트웨어 회사를 페이스북에 매각했다. 현재는 빅 데이터의 알고리즘을 연구하며 엔젤투자 업무를 병행한다. 몇몇 벤처 과학기술회사에 투자하여 자금을 지원할 뿐만 아니라 창업과 경영도 지도한다. 잭은 자신의 연구생들과 멘토링 제도를 도입해 지속적으로 연락하면서 연구 과정에 맞닥뜨리는 문제들을 함께 토론한다.

잭의 아내는 지역사회 클럽에서 근무하지만 역시 업무가 많다. 개방된 인터넷 공간에 클럽을 만들고 아침부터 저녁까지 온라인으로 소통을 하는데, 오프라인 업무도 더불어 많아지기 시작했다.

큰딸은 상경대를 막 졸업했지만 대기업이나 정부 기관에 취직하지 않고, 피아노 강습이나 하면서 조금 모아둔 돈으로 각국 금융시장에 투자 및 거래를 하며 자유롭게 생활하고 있다.

고등학교에 다니는 막내아들만이 새벽부터 저녁까지 힘들게 공부한다. 하지만 학습 내용이 잭이 어릴 때와는 전혀 다르다. 단어나 언어 공부를 제외하고 인터넷에서 쉽게 찾을 수 있는 지식은 더 이상 외울 필요가 없어졌다. 선생님도 시험문제에 아예 잭의 세대에서는 전부 암기해야만 했던 수학공식, 화학 주기율표, 역사적 시대와 사건 등을 보기로 준 뒤 학생들에게는 다양한 각도로 분석하도록 요구하고 있다. 거의 매일 저녁 잭의 가족들은 한자리에 모여 앉아 각자 자신이 좋아하는 동영상이나 재밌는 이야기, 영화, 오페라, 지구 반대편의 투자, 그리고 다음 여행계획에 대해 이야기를 나눈다.

과거에는 기업에서 근무했다면 소프트 밸류 시대에는 좀 더 가벼운 업무 플랫폼에서 근무한다. 생활 면에서 보자면, 오프라인보다는 온라인 활동이 더 많은 클럽 활동이 늘어나고 있다. 이제 더는 시시각각 얼굴을 맞대고 일할 필요 없이 언제고 전 세계 자금과 정보를 교류할 수 있게 되었다. 사람들은 공간적 제약에서 벗어나, 수많은 학습에 대한 부담에서 벗어나, 자유를 만끽할 수 있게 되었다.

농경 시대에는 촌락이나 농가가, 산업화 시대에는 공장과 기업이 생산 및 생활의 기본 조직이었다. 하지만 소프트 밸류 시대의 사회 구조는 이미 이처럼 큰 변화가 발생하기 시작했다.

양자 시대의 소프트 밸류 기업

하드 포춘 전성기에는 공장과 작업장, 작업라인이 자본·자원·기술·노동·경영 등의 생산 요소를 하나로 묶어주는 사회 생산 조직의 전형적인 모델이었다. 그리고 이러한 하드 밸류 기업이 경제 고속 성장의 견인차 역할을 했었다.

하지만 소프트 밸류 시대에서는 기업의 생산과 자본 조직을 분리하여 생각할 수 없고, 생산 과정에서 기술·연구 개발·경영은 더욱 불가분의 관계가 되었다. 공장들은 그렇게 하나둘 근현대 도시에서 내몰리게 되었다. 현대 도시에 남겨진 기업마저도 하드 포춘의 제조 부문은 방출되고, 대부분 소프트한 금융·경영·디자인·무역과 자원을 적절하게 조합하는 사업 부문만이 남겨졌다.

인터넷 통신기술이 발전하면서 대부분의 금융·경영·디자인·무역과 자원 관리 기능 역시 굳이 사무실에 모두 모여 앉아 얼굴을 맞대고 회의할 필요가 전혀 없어졌다. 언제든 실시간 영상 등 현대 통신기술을 이용해 상술한 기업 활동이 가능해지면서 기업의 물리적 가치는 점점 작아지고, 현대 기업의 실체는 점점 더 개방형 플랫폼으로 변모하고 있다.

소프트 밸류 기업에는 지식 산업·정보 산업·문화 산업·금융 산업과 기타 서비스업의 기업이 포함되며, 우수 기술·브랜드·채널·자금·경영이 핵심인 소프트형 제조 기업도 포함된다. 소프트 밸류 기업도 고정적인 사무실과 고정적인 직무가 필요하긴 하지만 직원들은 더 이상 현장에만 매여 있지 않고 창작에만 매진할 수 있게 되었다. 직원이 굳이 현장에 모여야 한다면 그건 팀워크를 높이고 상호 학습과 교류를 촉진하기 위해서이며, 이런 상호 학습 및 교류 역시 꼭 현장에 있지 않더라도 가능해졌다.

소프트 밸류 기업은 임대한 사무 공간과 저렴한 컴퓨터 설비 외에 대부분 하드 자산보다 소프트 밸류를 더 많이 보유하고 있다. 마이크로소프트·구글·애플 등 과학기술형 소프트 밸류 기업이든, 촨메이그룹·타임워너 등 매스 미디어나 엔터테인먼트 기업이든, 사립학교 및 오페라 하우스 등 문화 교육형 기업이든, 아니면 화치은행·골드만 삭스 등 금융 기업이든 모두 지구 자원은 극히 일부만 소모한다. 그리고 대부분 인간의 지능과 과학기술 및 자본 투입에만 의존하여 다양한 형태의 소프트 밸류를 창조한다. 머크와 같은 제약회사의 핵심 자산은 실험실과 각종 브랜드 및 특허권이지 방대한 제조공장이 아니다. 나이키처럼 운동화를 제조하는 기업도 그 핵심 자산인 브랜드 문화·스타일·디자인·특허·유통 채널 등만을 남기고 하드 제조사업 부분은 전부 다른 나라 제조업체에 외주를 주고 있는 실정이다.

기업 자산과 기업의 조직 형태가 점점 소프트화되면서 대부분의 소프트 밸류 기업은 개방적인 플랫폼으로 변모하게 되었다. 그 과정에서 표준화·브랜드화된 플랫폼을 발판 삼아 각종 생산 요소를 빠르고 적절하게 조정하여 사회자원을 효과적으로 배치하고 있다.

소프트 잡 시대

하드 밸류 기업의 '하드한' 업무 환경은 특정 시간과 공간 안에서 노동력을 집약하여 생산하고 작업하는 과정을 의미한다. 하드한 업무 환경에서 개인은 고정된 생산라인에 묶여 있어야 하거나 근로계약의 조건에 따라 근무해야 하는 등 기업 조직 속에 완벽하게 종속되어 있다. 기업은 엄격한 공정 관리, 근무 평가를 통해 인력·자금·물자를 생산 및 판매한다. 하드 포춘 시대에서는 공동 생산을 통한 규모화 생산 방식을 취하기 때문에 노동자가 일단 실직하여 생산라인을 떠나게 되면 개인 혼자서 단독으로 부를 창출할 능력을 상실하게 되어 실업이 곧 생활고로 이어졌다.

하드 밸류가 주도하는 경제에서는 실업 문제가 대개 전체 경제난을 초래하는 악순환이 반복되고 심각한 사회문제를 야기한다. 경제적인 면에서 보자면 실업률이 상승하면 필연적으로 소비가 위축되고 기업 투자에 대한 신뢰도가 떨어져 결국 소비와 투자 모두 동반 하락하게 되는 악순환이 반복된다. 사회에 미치는 영향을 살펴보면 대부분의 실업자가 빠르게 재정 위기와 심리적 공황 상태에 빠지면서 어떤 사회에도 속하지 못하는 아웃사이더가 된다. 이처럼 대량의 실업난이 발생하면 지역 및 전체 사회에 불안 심리가 팽배해진다.

취업은 단순히 기업과 가정의 문제가 아닌 전반적인 사회 문제로 대두되었다. 실업률이 높아지면서 자유시장 경제를 주장하던 정부도 더는 수수방관하지 않고 시장에 직접 개입하기 시작했다. 사회복지 제도를 통해 실업자를 구제하거나 확장적 재정정책[3] 및 통화정책을 통해 일자리를 창출하고, 주당 근로시간을 줄여 실업자의 취업 기회를 늘렸다.

하지만 하드 밸류 기업이 소프트 밸류 기업으로 대체되기 시작하면서 전통의 '하드 잡' 모델도 '소프트 잡'으로 변모하기 시작했다.

소위 '소프트 잡'이란 소프트 밸류 인재의 창조적 규율에 맞춰, 고정

---

3) 경기가 침체되었다고 판단하여 정부가 지출을 늘리고, 세금을 감면해주는 등의 경제 부양책을 말한다._옮긴이

적 시간과 고정적 장소에 대한 제약을 받지 않고 탄력적으로 근무하며 부를 창조하는 과정을 말한다. 정보 경제·문화 경제·지식 경제·서비스 경제·금융 경제가 주도하는 소프트 밸류 시대에는 '9시 출근 5시 퇴근'이라는 고정된 공장이나 사무실 의자에 앉아 일하는 하드한 업무 형태가 달라지기 시작했다.

슬래셔

'슬래셔(멀티족)'는 미국 칼럼니스트 마르시 앨보허가 그의 저서 《한 사람, 다중 직업One Person, Multiple Careers》에서 언급한 '슬래시slash'에서 파생된 단어다. 슬래셔는 단일 직업의 생활 방식에 만족하지 못하고 다양한 직업과 신분으로 다원화된 생활을 누리는 집단을 말한다. 슬래시는 영문으로 사선을 의미하며 영문 자판 중 부호 '/'에 해당하는 단어다. 마치 잭이 엔젤 투자자이자 소프트웨어 전문가이며 인물 사진작가인 것처럼 한 사람이 여러 개의 다른 신분으로 활동하는 것을 의미한다.

　이처럼 소프트 잡 방식은 개인이 재능과 열정을 최대한 발휘할 수 있도록 도와준다. 능력 있는 슬래셔들은 다양한 직업과 신분 사이를 자유롭게 오가며 '크로스 오버' 과정에서 새로운 영감과 기회를 포착하기도 한다.

　정보 산업은 소프트 잡이 가장 빠르게 전개되는 분야다. 통신기술이 발전하면서 원거리 협업 업무 방식이 점점 완비되어가고 있다. 인터넷을 기반으로 다량의 업무가 현실에서 네트워크 상호 접속 환경으로 옮겨 갔고, 그 과정에서 신종 직업이 대거 창출되었다. 집 안 컴퓨터 앞에 앉아서 일하는 '소프트 잡' 역시 점점 증가하는 추세다. 인터넷 쇼핑몰 고객센터·인터넷 쇼핑몰 전문 평가원·게임 기획자와 같은 다양한 소프트 잡이 창출되었다. 중국 취업 촉진회의 연구보고서 '인터넷 창업을 통한 고용

촉진'을 보면 중국 IT 경제가 매년 창출하는 소프트 잡 일자리는 1,000만 개가 넘는다. 정보통신 기술이 진보하고 인터넷 생태계가 확장되면서 각종 신흥 산업에서 다양하고 새로운 소프트 잡의 필요성이 높아지고 있다. 이처럼 소프트 잡은 사회 비용을 절약하고 사회 분업화를 촉진하여 인간의 생산과 생활 방식에 지대한 영향을 미치게 될 것이다.

변호사·설계사·배우·모델·작가 등 문화 오락 산업에서는 '소프트 잡'이 원래 주된 취업의 형태였었다. 이들은 대개 전통적인 '9시 출근, 5시 퇴근'처럼 딱딱한 제도에 얽매여 일하지 않고 자신의 창조력을 최대한 발휘할 수 있는 소프트 밸류 '생산' 방식을 선택한다. 개인 작업실이든 공동 작업실이든 혹은 업무 방식이 전통적이든 혁신적이든 이들의 지극히 개인적인 업무와 개인의 창작이라는 본질적인 특징을 변화시킬 수는 없다.

교육·미디어·뉴스·출판·과학 연구 등 지식 산업에서 소프트 잡의 추세가 더욱 두드러진다. 아이들과 성인의 홈 스쿨, 온라인 과정을 진행하는 교수나 기자 혹은 편집자들은 전통적 미디어에서 일인 미디어까지 플랫폼을 자유롭게 선택하여 글을 올리고 창작 활동을 진행한다. 아니면 디자인 혹은 프로젝트는 외주를 주기도 한다. 이때 소프트 잡이 가장 효율적인 방법이다. 상술한 소프트 밸류 창조 규칙을 모르는 관리자들은 이들에게 '9시 출근, 5시 퇴근'을 강요하며 정해진 자리에 앉아 일에 집중하도록 한다. 하지만 이는 기업의 운영 비용만 늘릴 뿐, 오히려 지식 산업의 업무 효율을 떨어뜨리는 결과를 초래할 수도 있다. 상술한 규칙을 잘 이해하고 있는 지식 종사자들은 적은 노동 원가만으로 많은 조력자를 찾아, 소프트 잡의 협력 방식을 통해 막대한 지식형 소프트 밸류를 창출할 수 있다.

금융 산업 분야에서는 민간은행 자문이나 합병·산업·재무 분야 자문 그리고 보험 브로커까지, 점점 무미건조한 직장생활을 때려치우고 소프트 잡을 선택하는 사람이 늘고 있다. 이들의 소득과 생활의 질이 높아지고 불필요한 업무 비용이 줄어든다.

마지막으로 판매 외주, 서비스 외주, 물류 배송, 개인 보건, 홈 서비스, 스포츠 코칭 등 다양한 분야의 전문가들도 점점 소프트 잡을 선호하기 시작했는데 수입은 그대로인데 자유롭게 일할 수 있다는 매력 때문이다.

숨어있는 잠재력을 깨우다

[사례] 웨이커

웨이커는 인터넷을 이용하여 지식을 경영하는 인터넷의 혁신적인 모델이다. Witkey와 웨이커 모두 중국의 신조어로 중국 과학원 연구원 류펑이 처음으로 사용한 단어다. 2005년 류펑이 웨이커 사이트(witkey.com)를 처음 개설하여 중국 과학원의 전문 자료, 과학기술 성과와 기업의 과학기술 난제를 서로 매칭해보려고 시도했다. 그는 인터넷 사이트를 개설하는 과정에서 인터넷의 혁신적인 사업 영역을 고안해낸다. 즉, 온라인을 통해 문제를 해결 받은 사람이 오히려 보수를 받는 것이다. 그 이후 그는 시행착오를 거치면서 이 분야를 탐색 및 연구하기 시작했고 결국 웨이커 모델을 만들어냈다.

웨이커 모델을 통해 어떤 것에도 구애받지 않는 취업 방식을 구현해낼 수 있었다. 장소와 시간, 업무 방식의 제한을 받지 않고, 인터넷을 통해 세계 각지의 업무 종사자가 같은 공간에서 함께할 수 있게 되었다. 근로자에게 동등하게 경쟁할 수 있는 인터넷 환경을 마련해주고 편한 시간에 자유롭게 일하며 창의적인 발상과 아이디어를 도출할 수 있도록 만들어주었다. 웨이커 플랫폼에서는 수천만 웨이커의 지식과 지혜·기술·노하우를 이용하여 기업에 저렴하고 수준 높은 서비스를 제공할 수 있다. 이 과정은 현상금을 걸어 공모를 한다든가 혹은 지식인을 검색할 수 있는 witmap[4]을 이용하는 등 두 가지 웹 기반 서비스를 통해 이루어진다.[5]

웨이커처럼 많은 소프트 밸류 기업의 경영진들이 이제 전통적인 '테일러 시스템[6]'의 작업 방식을 버리고, 심지어 기업 내부적으로 행해졌던 출퇴근 카드와 사무실의 고정되고 획일적인 관리 방식도 버렸다. 그리고 구글 기업처럼 인간 중심의 경영 방침을 취하기 시작했다. 탄력적 근무시간을 도입하고, 획일적이었던 업무 공간도 직원들이 직장을 내 집처럼, 모임처럼 충분히 편안하고 자유롭게 일할 수 있도록 소프트한 업무 환경으로 바꾸면서, 직원들의 잠재력을 최대한 이끌어내고 있다.

상상해보라. 머지않은 미래에는 하드 제조 산업에서 일하는 노동자도 매일 기계 설비 앞에 서서 힘든 육체노동을 하지 않아도 된다. 집에서도 원격조정을 통해 스마트해진 생산 기계 설비를 조정하기만 하면 된다. 사무직원도 생산에 필요할 때만 출근하고, 일상적인 업무는 화상회의나 온라인 사무 시스템을 이용하게 될 것이다. 그렇게 되면 원가는 줄고 업무 효율은 높아진다.

'하드 잡'을 대신하는 '소프트 잡'과 '충분한 잠재력'은 현대 가정·기업·국가가 새롭게 추구해야 하는 경제 및 경영 목표다. 그렇다면 기업은 어떻게 '소프트한 고용'을 통해 원가를 낮출 수 있을까? 개인은 어떻게 '소프트한 취업'을 통해 업무 효율과 삶의 질을 높일 수 있을까? 국가는

---

4) witkey map의 약칭으로 인터넷을 통해 사람의 위치, 특징과 장점 혹은 흥미, 연락 방법, 뇌구조도 등 인맥에 관한 정보를 검색할 수 있는 엔진을 말한다._옮긴이

5) 바이두 백과사전에서 '웨이커'를 정의한 내용이다.

6) 프레드릭 윈슬로 테일러에 의해서 제창된 노동의 과학적 관리법이다. 작업의 동작을 과학적으로 분석한 뒤 불필요한 움직임을 제거시켜 표준 동작을 책정하고 그것을 조합하여 작업 시간을 산출했으며 표준 작업량을 달성하기 위해 도입한 성과급 제도다._옮긴이

어떻게 취업 및 실업 경제지표가 나타내는 진정한 의미를 제대로 파악하여 소프트 잡을 촉진하고 개개인의 '충분한 잠재력'을 발굴·배양·촉진할 수 있을까?

소프트 밸류, 새로운 사회

실리콘 밸리의 하드 환경과 소프트 환경

지리학자의 눈으로 보자면 실리콘 밸리는 폭 10킬로미터, 깊이 50미터의 그저 평범하기 그지없는 골짜기다. 심지어 지도상에 '실리콘 밸리'라는 지명도 찾아볼 수 없는 곳이다. 여행자들이 이곳을 찾는다면 조금 실망할지도 모르겠다. 건축물도 그저 그렇고, 고층 건물은 거의 찾아볼 수조차 없다. 하지만 구글, 페이스북 같은 혁신적인 기업을 탄생시켰다. 세상을 변화시키고자 하는 기업이면 모두 이곳, 지구상의 동일한 좌표를 동경한다. 무엇이 이곳을 유일무이한 '실리콘 밸리'로 만든 것일까? 산학연의 스탠퍼드 클러스터, 3분의 1이나 되는 미국의 벤처 캐피털, 평범함을 신화로 바꾼 혁신적 문화, 특허권 보호 시스템, 인력 자원의 사이펀[7] 전략……. 실리콘 밸리의 '매력'은 절대 하드한 환경이 아닌 소프트한 환경에서 발산되는 것이다.

    스탠퍼드대학교와 실리콘 밸리 대부분의 기업들은 직원들이 쉬면서

---

7) 높은 곳에 있는 액체를 용기를 기울이지 않고 낮은 곳으로 옮기는 관을 말한다._옮긴이

도 창조 발명할 수 있도록 엄격한 관리는 피하고 편안하게 일할 수 있도록 오히려 적극 권장하는 편이다. 직원이 성과물을 내고 학교를 떠나거나 혹은 기업을 창업한다 해도 모교 혹은 전 직장의 지원을 받을 수 있다. 그에 반해 전통적인 통신회사 AT&T는 직원의 발명을 엄격하게 관리했다. AT&T와 고용계약을 해지하지 않는 한 직원의 발명품의 모든 재산권은 회사에 귀속되는데, 그 규정이 꽤 엄격한 편이었다. 그래서 "AT&T 직원들은 휴가 기간에 소파에 누워 토스트기 개발에 대한 생각만 해도, 그 아이디어의 재산권조차 AT&T 것"이라는 우스갯소리가 나올 정도였다.

그렇게 하면 AT&T의 이익을 보호할 수 있을 것 같겠지만, 실상 이는 직원의 창조에 대한 적극성을 아예 싹부터 잘라버리는 꼴이다. 그 결과 AT&T는 점점 혁신은 부족하고 행동은 우둔해진 덩치만 큰 공룡기업이 되었다. 스탠퍼드대학교와 실리콘 밸리 기업의 관리 방식은 얼핏 학교와 기업 수익에 피해가 갈 것 같지만 사실은 전혀 그렇지 않다. 직원의 혁신과 창업을 격려하면 학교 입장에서는 성공한 졸업생을 대량 배출한 명문 대학이라는 영예와 재력(성공한 졸업생의 기부)을 누리게 된다. 실리콘 밸리 기업 입장에서 보자면 분가해서 창업한 직원들을 지원해주면 사실상 향후 추진하게 될 혁신적인 사업 영역에 사전 투자를 하는 셈이 된다. 혁신에 성공하면 본가에서 이들 혁신 기업을 인수하는 등 결국 기업 발전에 더욱 보탬이 된다.

차별화된 소프트 환경에서 창조된 전혀 새로운 소프트 밸류 성과물이 바로 그 좋은 예다.

언어와 문화 역시 소프트 환경이다. 영어가 만국 공통어가 되고, 대부분 인류의 우수한 과학 연구 성과물 모두 영어로 되어 있기 때문에, 영어를 할 줄 안다는 것 자체가 일종의 경쟁력이 된다. 컴퓨터 프로그래밍 분야가 특히 그렇다. 최근 이민지로 각광을 받고 있는 미국·캐나다·오스트레일리아·뉴질랜드·싱가포르 등은 모두 영어권 나라다.

사람들의 도덕관념 역시 소프트 밸류 창조에 영향을 미치는 중요한 요인이다. 소프트 밸류 시대에는 단순히 기업에 충성만을 요구하면 오히려 혁신에 방해가 된다. 일본 기업은 연공서열제를 시행하면서, 한 사람이 대학을 졸업해서 하나의 대기업 혹은 상사商社에서 퇴직할 때까지 평생 한 곳에서 근무하는 것을 선호한다. 이러한 사회적 분위기가 이직이나 창업을 독려하지 않는다. 제조업의 하드 밸류 위주의 시대에서는 그러한 일본이 전 세계 2대 경제체제로 눈부신 성과를 거둘 수 있었다. '메이드 인 재팬' 하면 한때 우수 품질의 대명사처럼 여겨지기도 했었다. 하지만 소프트 밸류 시대에 '전자'를 하나의 '준위'에만 묶어두려는 도덕관념은 오히려 일본의 지속적인 발전을 묶는 걸림돌이 되고 말았다. IT 시대가 도래하면서 일본 기업 중에는 글로벌급 대기업 하나 찾아보기 힘들고, 어느 정도 인지도를 지닌 소프트웨어 기업 역시 거의 전무하다.

하지만 실리콘 밸리에서는 그 유명한 '8인의 반역자'가 쇼클리 반도체를 뛰쳐나와 페어차일드 반도체 설립했다. 그리고 인텔을 시작으로 직원들이 기존의 직장에서 떠나 이직 혹은 창업하는 것이 마치 이 지역의 통과의례처럼 되어버렸다. 심지어 캘리포니아 주정부가 애플·구글·인텔·어도비 4개 기업의 '스카우트 금지 조항'을 이유로 제소하는 해프닝이 벌어지기도 했었다. 지방정부에서 발 벗고 나서 인력 자원이 경색되어 혁신의 길이 막히지 않도록, 기업 간의 스카우트를 추진 및 촉진하고자 한 것이다.

당연히 법률 치안 환경과 세금 수준, 금융 서비스, 교육 서비스, 의료 서비스 등의 인프라 환경 역시 소프트 환경의 핵심 구성 요소다. 만약 어떤 지역의 치안 상태가 좋지 못하고 세금이 높으며, 금융 제재가 심하고, 교육 및 의료 서비스 질이 낮다면, 소프트 밸류 창조에 타격을 줄 뿐만 아니라 소프트 자원을 가진 인력이 지속적으로 이탈하는 결과를 초래하게 될 것이다.

탈중심화와 개방 · 평등 · 공유성

비트코인은 나카모토 사토시라는 가명의 암호화 개발자가 처음 만든 이후 현재 전 세계적으로 이미 수천수만의 지지자와 옹호자를 거느리고 있다. 블록체인기술은 비집중형 · 분산형의 디지털 거래 장부로, 누가 비트코인을 얼마나 보유하고 있는지 거래 추적이 가능하며, 세계 각지 비트코인 사용자가 공동으로 보안을 담당한다.

HSBC 애널리스트 안톤 토네프와 데이비 호세는 블록체인 기술을 이렇게 분석하고 있다. "어떻게 분산된 시스템에서 신용을 보장할 수 있는가 하는 문제에 대하여 블록체인은 부분 특화된 기술로 지금까지 가장 완벽한 솔루션을 제공하고 있다. 블록체인 기술로 과거 제3자, 즉 중심기관에 지나치게 의존적이라는 문제들을 본질적으로 해결할 수 있었다. 과거의 중심기관을 대신해 이제는 타자끼리 서로 거래를 추적하고, 상호 신용을 쌓기도 한다. 블록체인 기술과 보안 기술 덕분에, 신용을 담보하는 제3자가 없는 상황에서도 낯선 타인끼리 서로 신용을 쌓을 수 있게 되었다." 비트코인의 출현과 블록체인 기술로 금융 산업은 암호화폐 시대를 예고했고, 기술적 측면에서도 탈중심화의 가능성을 타진할 수 있었다.

현재 대부분 중앙 계획이 주도하는 부의 창조 방식은 사실 하드 밸류 시대의 전통적인 하드 파워 시스템에 해당한다. 하드 파워 시스템은 관료 직급의 상하, 기업 행정 체계 중 직급의 고하, 가정의 항렬을 핵심으로 한다. 직급이 높을수록 자원을 운용할 수 있는 권력과 더불어 책임도 많아진다. 이처럼 중앙집권적인 기업과 국가 관리 체계는 뉴턴 시대의 기계론과 결정론 및 환원론의 사상과 일맥상통한다. 하지만 중앙 계획 경제의 수직적·중앙 집권적·상명하복의 관리 시스템과 달리 소프트 밸류 시대에는 대부분 수평적·개방적·탈중심적 사회 조직 구조를 가진다.

소프트 밸류는 주로 사람의 사유 활동에 의해 분산적으로 창조된다. 작가나 화가에게 매일 출근해 작품을 창작하라고 요구할 수 없듯이 수석 프로그래머나 디자이너에게 정해진 시간에 창조적인 아이디어나 생각을 내라고 강요할 수는 없다. 이러한 생산 형태에서는 상명하복의 권력 체계로 생산과 사회활동을 조직하는 것은 아무 의미가 없다. 분산된 소프트 밸류 창조자가 인터넷 등 정보 시스템의 조직하에서 독립적으로 일하다가, 필요할 때 협력하는 경우가 더 바람직하다.

인터넷과 신흥 통신기술이 발전하면서 지역마다, 사람마다 중추신경 계통을 중심으로 상호 연계되어 있어 글로벌 커뮤니티 공간과 새로운 영역에도 진입이 가능해졌다. 이처럼 탈계급화, 탈중심화, 탈권력화된 정보 전달 방식으로 과거처럼 중앙계획 부서가 더 이상 유리한 정보 자원을 점유할 수 없게 되었고, 특히 계획경제 정책결정기관처럼 '문서 열람'이나 '회의 정신 전달'이 권력의 상징이 되던 시대는 지나갔다. 전 세계 인터넷에 접속할 수 있는 권한이 있는 사람이라면 모두 동일한 정보 접근권을 갖기 때문에 글로벌 인터넷 접속이 바로 '소프트 파워'의 시발점이 된다.

탈중심화·평등화·분산화된 인터넷 환경에서는 개인 모두 동일하게 지식·정보·문화·금융·서비스 상품을 창조 및 판매할 수 있는 '소프트 파워'를 지닌다. 하드 포춘 세계에서 생성 및 성숙한 브랜드·특허권·지적 재산권 등도 개방된 인터넷 공간에서 동일하게 존중 및 보호를 받는다. 하지만 식품이나 자동차 등 하드 포춘은 전용성을 가지는 것과 달리 대부분의 소프트 포춘과 소프트 파워는 개방성과 공유성이 좀 더 강하다.

예를 들어 블로그, 웨이보, 위챗 공공계정, 1인 미디어 등의 플랫폼이 개방성과 공유성을 잃게 된다면 그 존재 가치도 사라질 것이다.

소프트 밸류, 새로운 사회

소프트 밸류 시대에서는 사람과 사람 사이의 관계가 농경 시대처럼 토지 위주로 형성되는 것이 아니다. 산업사회에서처럼 공장이나 기업 위주로 형성되는 것도 아니다. 주로 소프트 자원을 중심으로 형성된다.

사람과 생산 요소의 관계는 인간과 토지와의 관계 혹은 인류와 지구 자원의 관계와 같을 수 없다. 지식·정보·기술·문화·자금·아이디어·재산권 등이 새로운 부의 원천이 되면서 소프트 밸류 시대 각축장의 주요 타깃이 되었다. 인터넷·플랫폼·커뮤니티·클럽은 새로운 생산 방식과 생활 방식, 새로운 사회 조직 형태가 되었다.

소프트 밸류 시대는 플랫폼 경제 시대다. 소프트 밸류 창조는 더 이상 고정된 공장이나 전통적인 기업에 의존적이지는 않지만 그렇다고 특정 플랫폼을 벗어나서 생각할 수는 없다. 소프트 밸류 시대에서 플랫폼이 없는 사람은 마치 농경사회에서 부락을 떠나 혼자 생활하는 아웃사이더와 같고, 산업사회에서 기업 조직을 떠나 방황하는 백수와도 같다.

소프트 밸류 사회는 플랫폼 사회다. 개개인은 모두 플랫폼을 창조할 수도 이용할 수도 있어야 하며 혹은 플랫폼의 구성 조직이 될 수도 있어야 한다. 그렇지 않으면 소프트 밸류를 창조할 수도 창조한 소프트 밸류를 사회에 투입하기도 어렵다.

소프트 밸류 시대는 네트워크 경제 시대다. 소프트 밸류의 생산 요소(정보·아이디어·자금·재산권·문화 등)는 주로 네트워크를 통해 전송된다. 소프트 밸류 시대에서는 사회생활이 곧 네트워크 생활이 된다. 각자 개인의 존재 형식은 무수한 네트워크의 단말과 같으며, 소프트 밸류 사회는 곧 네트워크 사회가 된다.

　각자 개인의 생활과 부의 창조는 모두 특정 인터넷 커뮤니티 혹은 클럽의 힘을 빌려야 하는, 소프트 밸류 사회는 곧 인터넷 사회이자 클럽 사회다. 지리적인 요인으로 묶인 마을 혹은 지역사회와 달리 소프트 밸류 시대의 커뮤니티와 클럽은 대부분 문화적 요인으로 사람과 사람을 연계한다. 점차 문화적 공감대가 있는 사람들끼리 모여 각자의 거주 지역사회를 구성한다. 그 밖에도 거주지를 중심으로 한 전통적 문화 공간을 뛰어넘어, 동창회·향우회·문예조직·건강 및 여가 클럽·스포츠 클럽·사교 클럽 외에도 페이스북·트위터·텐야서취·QQ 채팅방·위챗 채팅방·인터넷 게시판과 같은 인터넷 커뮤니티가 더 활기를 띤다. 심지어 실제 지역사회보다 더 중요시되고 있다. 소프트 밸류가 주도하는 커뮤니티·클럽 시대에서 인간의 생산 활동과 생활은 더 이상 전통적인 마을과 거주지 혹은 기업에 의존할 필요가 없어졌다. 인터넷 커뮤니티와 클럽 시대에서 인터넷 커뮤니티나 클럽의 성질을 갖추지 못한 기업은 더 이상 메리트가 없다. 심지어 실제 거주지 혹은 단지 역시 커뮤니티나 클럽의 특징을 지니지 않는다면 매력을 잃게 된다.

　개방·평등·탈중심화·공유성을 특징으로 하는 소프트 밸류 시대에서는 개인 모두 전 세계 소프트 밸류 창조와 판매에 참여할 수 있다. 개인이 소프트 밸류 상품의 제공자가 되기도 하고 소비자가 되기도 한다. 누구라도 소프트 자원을 창조할 수 있으며, 충분한 자원을 창조 및 소유함으로써 '소프트 파워'를 높일 수도 있다. 고정적인 공간과 전통적인 생산 및 소비 관념은 이미 완전히 무너져버렸다. 그 결과 전 세계 누구라도 타인과 함께 교류하고 공동으로 소프트 밸류를 창조할 수 있다. 순식간에 소프트 밸류의 거래와 전송이 가능해졌고, 소프트 밸류로 말미암아 누릴 수 있는 정서적 만족을 함께 공유할 수 있게 되었다. 개개인 모두 상호 교류를 통해 소프트 파워의 행복을 제공하고 향유할 수 있게 되었다. 가정도, 도시도, 국가도, 전 세계 사람 모두 마찬가지다. 영국의 시인 존 던의 《명상록》에는 "누구든 그 자체로서 온전한 섬은 아니다. ……어느 누구의 죽음도 나를 감소시킨다. 왜냐하면 나는 인류 전체 속에 포함되어 있기 때문이다."라고 쓰여 있다.

소프트 밸류의 리스크 관리

소프트 밸류 시대: 기본 물질생활에 대한 위험도는 중립 수준이다

하드 밸류 시대에는 제조한 하드 밸류 상품의 판매에 변동성이 발생하여 인플레이션이나 실업과 같은 거시경제의 리스크가 발생했다. 하지만 소프트 밸류 시대에는 소프트 밸류의 변동성으로 인해 리스크가 발생하여 인간의 정신적 수요에 영향을 미친다. 정상적인 변동 구간 안에서는 소프트 밸류가 변동한다고 해도 주로 소프트 밸류 영역에서만 리스크가 집중적으로 나타나기 때문에 인간의 의식주 등 일상적인 생리적 수요에는 큰 영향을 미치지 않는다.

예를 들어 오페라 〈카르멘〉의 입장료는 대개 몇만 원이지만 일부 특별관람석은 수십만 원을 호가한다. 하지만 오페라의 흥행 여부가 인간의 기본적인 생활에 영향을 미치지는 않는다. 마찬가지로 스타의 콘서트 입장료가 뻥튀기된다거나 혹은 좌석이 텅텅 비어도 인간의 생리적 기본 욕구에는 영향을 주지 않는다.

소프트 밸류 시대의 리스크가 전통 경제의 순환적 리스크와 가장 다른 점은 소프트 밸류 시대에 반복되는 거시적 리스크는 농경사회의 순환적 식량난처럼 치명적이지 않다는 점, 산업사회의 순환적 인플레이션과 디플레이션처럼 빠르게 인간의 생활과 사회 안정에 영향을 미치지 않는다는 점이다. 소프트 밸류 시대의 리스크는 제일 먼저 중산층 이상의 가정에 심리적인 부담을 준다. 하지만 어느 정도 시간이 지나면 기본적인 물질생활에는 영향을 주지 않는다.

소프트 밸류 시대, 기본적인 물질생활에 대한 위험도가 중립이라는 의미는 소프트 밸류 리스크가 하드 밸류 영역까지 확산되지 않는다는 것을 뜻하는 것은 아니다. 다만 하드 포춘 시대처럼 심각한 영향을 주지 않는다는 의미다. 2008년 폭발한 금융위기로 월가의 5대 투자은행 중 3대 은행이 사라져버렸지만 미국 국가 자체에 미치는 영향은 극히 제한적이었다. 당시 미국은 하드 산업의 비중이 상당히 낮았으며, 융자 방식 역시 자본시장에 직접 상장하는 방식으로 행해지고 있었기 때문이다. 만약 하드 산업이 차지하는 비중이 높고, 은행 대출에 대한 의존도가 높았다면, 은행에 발생한 체계적 리스크가 하드 밸류 영역까지 확산되었을 가능성이 상당히 높다.

제한적인 참여 집단, '부자들만의 리스크'

미국 '서브프라임 모기지 사태'로 금융시장이 한 차례 출렁였다. 금융기관은 도산하고 증시는 폭락했으며 부동산 버블은 붕괴되었다. 그리고 결국 '글로벌 금융위기'로까지 번졌다. 미국의 서브프라임 모기지론 사태로 가장 많은 피해를 입은 것은 금융기관과 부자들이었다. 그리고 홍콩·대만·중국 대륙의 투자기업 등 미국과 함께 리스크를 분담한 전 세계 각지의 금융기관이었다. 사실 부자들이 리스크를 분담했던 것이 미국의 서브프라임 모기지 사태를 해소하는 데 주효하게 작용했다.

마찬가지로 수천수만에서 수억 위안대의 고가 명화를 사서 소장하는 사람들은 이미 먹고살 걱정이 없는 사람들이다. 그러니 수억 위안을 주고 산 그림이 수천수만 위안까지 떨어져도 사는 데 아무 지장이 없다.

　중국 금융감독기관은 신탁 상품의 초기 금액을 대부분 100만 위안으로 높게 설정해 큰 비난을 받았다. 대부분 신탁 상품의 수익률은 10퍼센트를 넘지만, 저축액이 100만 위안도 안 되는 일반 가정에는 그저 그림의 떡일 뿐이기 때문이다. 그러니 일반 가정은 어쩔 수 없이 저금리의 정기예탁 금리만을 기대할 수밖에 없다. 당연히 정부의 정책은 신탁 상품의 위험자산과 관련이 있다. 만약 예상 수익 지불을 책임(지급 책임)질 수 있다면 당연히 중산층도 참여시켜야 옳다. 하지만 금융기관이 어느 날 예상했던 수익을 지불하지 못해 거액의 투자자들이 피를 흘리는 것을 지켜본다면 이를 비난했던 사람들도 소프트 밸류 참여 집단을 적절하게 통제해야만 했던 이유를 납득하게 될 것이다. 소프트 밸류의 심리적 효과와 리스크 변동성 및 파급 효과를 고려한다면 중산층 이하 계층은 좀 더 신중하게 소프트 밸류 투자 혹은 투기에 참여하여 안정적인 삶까지 송두리째 흔들리는 일이 없도록 경계해야 할 것이다.

　소프트 밸류 자체는 어느 정도 기본적 생리 욕구가 충족된 사람들이 추구하는 정신적 수요의 충족 대상이다. 소프트 밸류는 큰 변동성을 지니기 때문에 중산층 이하 계층은 가능하면 너무 많은 가산을 투자하지 않는 것이 바람직하다. 이미 기본적 생활고는 충분히 해소할 만큼의 재정 상태를 갖춘 중산계급 이상은 대부분 소프트 밸류의 변동성에 어느 정도 내성을 가지고 있다. 그리고 그 안에서 정신적 만족을 찾고 또 관련 리스크를 충분히 감당할 수도 있다. 소프트 밸류 참여 집단은 반드시 리스크를 적절히 관리하고 분산해야 한다. 절대 모든 리스크를 한 개 혹은 일부 주체에 집중 투자해서는 안 된다. 금융 분야에는 '규모가 클수록 쉽게 쓰러지지 않는다'는 원칙이 있다. 금융기관은 많은 참여 집단을 끌어들여 공동으로 리스크를 분담하여 자신의 안전을 보장하기 때문이다.

소프트 밸류 창조의 '단층 리스크' 관리

만약 창작자와 일부 참여자만이 명화나 골동품 등 문화 상품의 소프트 밸류를 증가시킬 수 있다면, 대부분의 감상자들은 소프트 밸류 창조 과정에 참여하지 못하고 그저 전파만 가능하다면, 문화 흡입력도 참여 집단의 증가도 제한적일 수밖에 없다. 그리고 그 결과 소프트 밸류가 위축되고 말 것이다.

　중국 공자학원은 미국의 영어 및 문화 전파와 어떻게 다른가? 미국의 디즈니와 영화 등 문화 상품의 전파 채널은 개방적이고 지속적으로 생겨난다. 세계 각지의 젊은이들이 지속적으로 참여하면서 새로운 인지 집단이 파생되고, 활력과 흡입력이 증가한다. 참여자 모두 소프트 밸류 창조에 참여하여 인지 집단의 폭을 넓힐 수 있다면 전파가 가속화될 것이다. 그러면 새로운 참여자가 늘어나 소프트 밸류도 증가한다. 이 때문에 참여자가 많아질수록 참여 집단의 범위가 넓어지고 소프트 밸류 증가도 가속화된다.

　마치 전자·양자·광자 등 소립자는 정상적인 온도에서 고속 운동을 지속하다가 일단 운동 속도가 정상 범주를 넘어서면 물질의 온도가 올라가 기타 물질로 변이할 때까지 타오르는 현상과 유사하다. 소프트 밸류의 운동 규칙이 이와 비슷한데 집단 인지가 불안정한 사회에서는 문화 활동·문화 상품·사치품·생활 및 소비 방식·정보 소프트웨어·금융 상품 모두 단시간 내에 지속적으로 집단을 확대하면서 전파된다. 정상적인 인지 전파는 이들의 가치를 높일 수 있지만 '다단계 판매'식 광기나 계단식·과열식으로 전파되는 경우 지속적으로 감당할 수 있는 인지 범위를 벗어나 '단층斷層 리스크'가 발생하게 된다.

따라서 어떤 소프트 밸류의 전파라도 자신이 감당할 수 있는 한계를 벗어나서는 안 된다. 과열식 전파로 인해 소프트 밸류가 증발·이화異化·변형되는 것을 막기 위해서라도 소프트 밸류의 지속성을 높여야 한다. 그리하여 더 많은 사람들이 소프트 밸류 창조 과정에 참여하여 새로운 스토리와 문화적 의미를 계속해서 부여하게 함으로써 '소프트 밸류가 지속적으로 발효'할 수 있도록 해야 할 것이다.

집단 인지 급변으로 인한 과도한 충격 방지

2010년에서 2015년까지 중국 문화예술품시장은 폭발적 성장을 거두었다. 일반인들에겐 별 인기가 없었던 애백崖柏(측백나무), 주사朱砂 원석 등에서부터 경매가 3억 8,000만 위안을 호가하는 애백으로 만든 〈비룡재천〉 조각까지 참으로 다채롭다. 하지만 비이성적인 발전을 거듭하던 중국 문화예술품시장은 2016년 광기에 가까운 투자 열기가 순식간에 식으면서 냉각기에 접어들었다. 일부 금사난목金絲楠木, 황하리黃花梨 제품의 가격도 2015년 고점 대비 70퍼센트 이상이나 폭락했다.

문화예술품시장에 나타났던 과열 투기나 냉각처럼 극단적인 현상은 거시경제에 영향을 받았을 뿐만 아니라 인간 사고의 비연속적 변화가 반영되며 가격이 급락·급등했었던 것이다. 비이성적인 인지가 소프트 밸류에 미치는 과도한 충격은 금융시장에서 더 확연하게 드러난다.

비트코인이 처음 성행했을 때만 해도 비트코인 수만 개로 겨우 피자 한 판을 살 수 있었다. 하지만 2016년 10월 비트코인 하나의 가격이 6,000여 위안까지 폭등했다가 각국의 중앙은행이 개입하면서 2,000여 위안까지 폭락했다. 2017년 최고 2만 위안까지 올랐던 비트코인이 급락한 것은 소프트 밸류에 대한 사람의 인식이 변화했기 때문이었다.

부동산 증권화[8] 및 주식화로 대표되는 전통적인 금융의 소프트 밸류든, 금리·환율 등 요소의 금융 소프트 밸류든, 아니면 각종 금융 파생 상품으로 대표되는 현대 금융 소프트 밸류든 모두 가격 변동 폭이 크다. 이들 가격이 일정한 파동과 빈도 및 운동 구간 내에서만 변화한다면 감당이 가능하지만 만약 일정한 변동 폭이나 빈도 및 변동 구간을 벗어나게 되면 곧바로 비이성적인 인지가 나타나기 시작하여 시스템의 혼란과 불안 심지어 붕괴를 초래하게 된다.

하드 밸류 시대에서 가격은 생산 원가에 닻을 내리고 변동하기 때문에 비교적 고정적이며 측량이 가능했다. 하지만 소프트 밸류 시대에는 소프트 밸류 상품의 정가가 집단 인지의 영향을 받기 때문에 쉽게 가격이 급등락하거나 추세선을 상향·하향 돌파하게 된다.

그렇다면 어떻게 비이성적인 판단으로 말미암아 과도한 시장 반응이 나타나지 않도록 소프트 밸류의 변동 폭과 리스크를 관리할 수 있을까? 이것이 바로 소프트 밸류 시대 거시적 리스크 관리의 중대 과제다.

'짝퉁 소프트 밸류'를 경계하라

하드 밸류 영역에 기업이 1톤의 석탄을 팔면서 고객에게 2톤의 가격을 받는다든지 혹은 발열량을 부풀려 팔았다면 상업 사기에 해당한다. 소프트 밸류 영역에서도 마찬가지다. 문화예술품시장에서 그램이 적게 나가는 밀랍의 그램을 부풀려 가공해서 가격을 올려 팔았다면, 실제로 소프트 밸류의 유효 투입이 늘어난 것이 아니라면, 이는 짝퉁을 판매한 상업 사기에 해당한다.

2016년 중국 국가자연과학 기금위원회는 브리핑을 통해 〈BMC〉, 〈스

---

8) 부동산권리를 유통시키기 위해 특정 부동산의 재산권을 소액의 증권이나 채권으로 만드는 작업을 말한다. _옮긴이

프링거〉, 〈엘제비어〉, 〈네이처〉에 실린 중국 작가의 117편의 논문을 철회했으며 그중 심지어 과학기금의 지원을 받은 논문도 있다고 발표했다. 조사 결과 집중 조사를 받은 논문 모두 제3자 중개업체에 의뢰하여 윤색한 것으로, 심지어 일부는 논문을 대필해주는 암거래를 통해 집필 및 투고한 것으로 드러났다. 이는 학술의 소프트 밸류를 창조한 것이 아니라 표절 및 학술 논문을 위조한 명백한 '짝퉁 소프트 밸류'에 해당한다.

지식·문화·정보·금융 및 기타 서비스 상품은 다원화된 전파 경로를 통하거나 다원화된 이익 분배 방식을 설계하여 전파 집단의 폭을 넓힐 수도 있다. 적극적으로 분위기를 조성하거나 여론몰이 혹은 화제를 만드는 등 상호 작용을 통해 공감대를 이끌어내어 소프트 밸류의 승수를 높일 수도 있다. 하지만 동시에 소프트 밸류가 어느 정도 경제 분야의 중요한 가치 형태로 자리매김한 후에는 반드시 다음과 같은 행위는 경계해야 할 것이다. 소프트 밸류의 유효 투입도 없이 그저 소프트 밸류라는 기치를 걸고 인간의 사유 활동이 전혀 포함되지 않은 '짝퉁 소프트 밸류'를 소비자에게 판매하는 사기 행각을 철저히 단속해야 할 것이다. 이는 하드 밸류 시대 불량 위조 상품에 '피싱' 당하는 것으로 심지어 범죄에 해당한다 할 수 있다.

소프트 밸류 상품의 다원화된 전파 역시 법률과 도덕적 척도가 필요하다. 한 네트워크 기관에서 웨이보를 대상으로 표본조사를 실시한 결과, 응답자 중 92퍼센트가 스팸 문자나 스팸 전화를 받아본 적이 있으며 그중 64퍼센트는 자주 받는다고 응답했다. 사람들의 정상적인 생활을 방해하는 스팸 문자나 스팸 메일, 그리고 벽에 버짐처럼 덕지덕지 붙어 있는 광고 전단지는 인지 집단을 넓히는 가치 창조 과정이 아니라 즉시 정리해야 하는 대상이다.[9] 마찬가지로 본인의 승인 없이 고객의 정보를 사용·

---

9) 360 인터넷 보안센터에서 발표한 '2012년 중국 스팸 문자와 스팸 전화 관리보고서', 2013년 1월.

판매하거나, 협박 혹은 유인의 방식을 통해 다단계 활동을 진행하는 것 역시 모두 '짝퉁 소프트 밸류'로 위법 행위에 속한다.

영화를 마케팅하는 과정에서 제작사와 배급사가 극장 체인점과 짜고 영화표를 사재기해 전파 집단의 폭이 넓은 것처럼 인위적으로 조작한 사례가 있다. 내막을 모르는 관람객을 현혹하여 영화를 관람하도록 유도하고, 흥행 성적을 위조하여 관련 주식에서 수익을 본 경우도 있었다. 하지만 이는 절대 소프트 밸류의 창조라 할 수 없다.

동시에 소프트 밸류 승수를 높이는 일과 거짓 홍보는 엄격하게 구분해야 한다. 소프트 환경을 통해 유효 투입을 높이거나, 광고 등 홍보 방식을 통해 인지 집단의 폭을 넓힌다거나, 아니면 상호 작용·공감대 형성·스타를 모델로 내세운 광고를 통해 소프트 밸류의 승수를 높일 때도 합리적·합법적·적정 수준을 지켜야 한다. 만약 위조품을 진품으로 선전하거나 허위로 상품의 희소성을 강조하여 가격을 높인다거나, 상품의 성능·용도 혹은 제작 성분을 과도하게 부풀려 '만병통치약'이라 과대 광고하여 소비자를 오도한다면, 이는 소프트 밸류의 승수를 높이는 것이 아니라 허위 광고에 해당한다.

이와 유사한 현상은 웹 드라마 마케팅에서도 나타난다. 그저 허위로 클릭 수를 조작한다거나, 라이브 어플에서 팬 수를 허위로 기재하고, '다상打賞[10)]' 금액을 위조하여 일반 유저의 관심과 소비를 유도하는 등 단순히 전파 집단의 범위를 넓히기 위한 눈속임의 경우, 실제로는 창조적 사유나 기능적 활동에 기반을 두지 않았기 때문에 일종의 '짝퉁 소프트 밸류'에 해당한다.

---

10) 온라인 팁 문화. 위챗 등에 게시된 콘텐츠가 마음에 들면 이용자들이 콘텐츠 제작자에게 자발적으로 지불하는 일종의 팁으로, 우리나라의 '별풍선'과 비슷하다._옮긴이

유효 투입 증가, 인지 집단 범위 확대, 소프트 밸류 승수 제고로 소프트 밸류를 창조했다 하더라도, 모든 투입, 모든 참여 집단 확대, 모든 인지 집단에 대한 영향이 소프트 밸류 창조에 속하는 것은 아니다. 저작권 침해, 학술 논문 위조, 짝퉁 제조 등의 수단으로 제품 혹은 서비스의 내적 가치 투입을 높여서는 유효 투입을 늘릴 수 없다. 그뿐만 아니라 이는 진정한 소프트 밸류를 창조했다 말할 수도 없다. 패왕 조항[11], 다단계 판매, 고객 정보 유출, 스팸 전화 등의 방식으로 홍보 범위를 확대하고자 하는 행위는 진정으로 소프트 밸류의 인지 집단 범위를 확대하는 것이 아니다. 허위 광고, 날조, 평론 조작 등 소비자를 오도하는 마케팅은 진정한 소프트 밸류 창조가 아니다.

과도한 금융화 방지

2011년 중국에서 일부 '문화 재산권 거래소'가 성행했다. 당시 고가의 유명 서화를 1,000만 위안에서 수억 위안까지 지분을 나누어 '일반인도 투자에 참여'할 수 있도록 했으나 결국 당국에서 폐쇄 명령을 내렸다. 실제 현금 흐름도 없는 명화를 금융 상품으로 포장하는 것은 가장 기본적인 금융 원칙에도 위배되는 행위였기 때문이다. 상장기업과 달리 서화는 빈번한 거래가 가능할 만큼 화제성이 풍부하지 않다. 더군다나 지분을 분할하여 겨우 기초생활이나 유지하는 사람들까지 매매에 참여시키는 것은 사회적 리스크를 키우는 꼴이 된다. 이처럼 근시안적이고 유해한 혁신은 소프트 밸류의 기본 법칙에 위배된다.

소프트 밸류의 실현 방식은 가지각색이다. 그리고 비대칭적·우회적·단계적·입체적일 수도 있다. 하지만 기본적으로 내재적 법칙과 원리에 부

---

11) 소비자에게 불공평하고 소비자를 억압하는 조항을 말한다._옮긴이

합해야 한다. 소프트 밸류 발전 초기만 해도 대부분의 사람들이 소프트 밸류의 실현 방식을 제대로 이해하지 못하고, 대충 금융화 방식으로 소프트 밸류를 실현하고자 했었다.

금융 자체가 자산 배분의 효율을 높여, 기타 산업이 발전할 수 있도록 필요 자본을 제공해줄 수는 있다. 하지만 과도한 금융화는 자산 배분의 효율을 높일 수 없을 뿐만 아니라 오히려 '거품'만을 형성하게 된다. 따라서 문화·오락 시장의 리스크를 관리할 수 있는 건전한 제도를 구축할 필요가 있다. 그리하여 금융 분야의 리스크에 대한 모니터링을 강화하고, 부적절한 소프트 밸류 상품을 금융화로 포장하지 못하도록 방지해야 한다. 예를 들어 현금 흐름도 없는 서화 작품을 금융 상품으로 둔갑시켜 지분을 나누어 거래하지 못하도록 해야 한다. 가격을 높이려고 경매에서 자신이 판매하고 구매하거나 허위 매매를 하는 등 가격을 조작하는 행위도 근절시켜야 한다. 금융 특성을 지니는 문화 콘텐츠 펀드 등에 대해서는 손실 분담과 리스크 헤지 메커니즘 구축을 감독하여 사회적 리스크가 촉발되거나 확대되지 않도록 방지해야 한다.

소프트 밸류는 이미 세계를 변화시키고 있다. 과거 낡은 경제 구조와 가치 구조는 이미 무너지기 시작했다. 따라서 소프트 밸류 시대에는 경제적 리스크를 새롭게 재정의하여 적절하게 관리해야만 할 것이다.

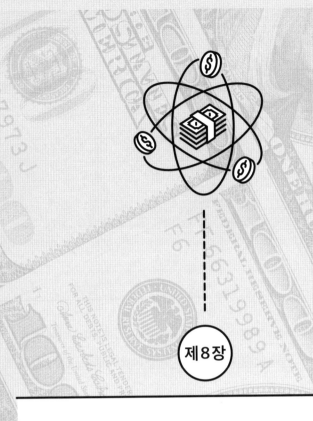

제 8 장

소프트 밸류 전략

가정의 소프트 밸류 전략

소프트 밸류 시대에서는 소프트 밸류 창조 및 흐름의 규칙을 제대로 파악하고, 가정 교육·직업 선택·자산 배분 등에 자신의 실제 상황에 부합하는 소프트 밸류 전략을 제대로 수립할 수 있는 가정만이 좀 더 나은 삶을 영위할 수 있다.

가정의 소프트 밸류 요소 배양

소프트 밸류 시대에 창조적 사유와 기능적 활동은 가치 창조의 주요 원천이다. 각 가정마다 소프트 밸류 창조의 원리에 따라 새로운 소프트 밸류 요소를 배양해야만 '죽도록 일해도 부자가 될 수 없는 상황'을 벗어날 수 있다.

소프트 밸류 요소에는 주로 판권·특허권·소프트웨어 저작권 같은 지식형 소프트 요소와 예술품·골동품·문화재 등 문화형 소프트 요소, 주식·펀드·선물 옵션 등 금융형 소프트 요소가 있다. 하지만 상술한 요소를 창조 및 운용하는 능력, 즉 문화예술 작품을 창작하여 저작권을 소유하는 능력, 예술품의 가치 상승 가능성을 발굴 및 감별할 수 있는 능력, 금융 투자에 참여할 수 있는 능력 등이 더 중요한 소프트 밸류라는 사실을 인식하는 사람들이 많아지기 시작했다.

소프트 밸류 시대에서는 자신의 특정 능력을 소프트 상품으로 전환할 수 있는 사람이 대개 가치 창조에 남들보다 한 발 더 앞설 수 있다.

[사례] 리샤오라이의 '경제적 자유로 가는 길'

중국 비트코인 최대 투자자라 불리는 리샤오라이가 자신이 '경제적 자유'를 얻을 수 있었던 방법에 대해 쓴 글이 있다.

리샤오라이는 다양한 재테크를 해보았지만 돈을 벌기는커녕 여러 차례 돈만 날리고 심지어 빚을 지기도 했다. 신둥팡에서 영어 강사를 하는 동안 첫 번째 저서 《TOEFL 핵심 단어 21일 만에 완성》을 출간했다. 리샤오라이는 이렇게 말했다. "이 책의 인세는 처음 반년을 제외하고 거의 미동도 없었습니다. 그래서 아예 카드도 잃어버린 계좌에 인세가 들어가도록 했죠. 당시 비밀번호도 아무렇게나 입력하는 바람에 아예 잊고 살았습니다. 출판사는 매년 두 차례씩 인세를 넣는데 그때마다 제게 이메일을 보내오긴 했죠. 하지만 전 제대로 읽은 적이 없었습니다. 이 책의 인세가 11퍼센트, 책 한 권의 판매가가 29위안이니까 권당 대충 3위안의 인세가 들어옵니다. 근데 그 책이 10년 동안 꾸준히 팔렸고 지금까지도 계속 안정적으로 팔리고 있더라고요."

이 책이 베스트셀러, 스테디셀러가 된 후 리샤오라이는 다시 《TOEFL iBT 고득점 작문》과 《시간과 친해져라》를 출간했다. 리샤오라이는 지금 그의 생활비를 이 책 두 권의 원고료로 충당하고 있다고 한다.

리샤오라이는 이제 좀 살 만해지자 다른 투자 기회를 찾기 시작했고, 그의 말대로 '딴전을 팔기' 시작했다. 2011년 리샤오라이는 비트코인에서 투자 기회를 포착하고 한 번 시험 삼아 매입했다가 직접 '채굴'하기 시작했다. 그는 결국 중국에서 비트코인을 가장 많이 보유한 사람 중 하나가 되어 큰돈을 벌고 있다.

리샤오라이는 비트코인에 투자하기 전, 이미 두 권의 영어 학습서적을 통해 장기적이고 안정적인 인세 수입을 벌어들이고 있었다.

베이킹 솜씨가 좋은 한 사람이 그저 집에서 간식을 만든다면 지인들만 그의 음식을 맛볼 수 있을 뿐, 소프트 밸류를 창조하는 데는 한계가 있다. 하지만 온라인에서 베이킹 강좌를 진행한다면 자신의 능력을 소프트 밸류 상품으로 성공적으로 전환하여 수입을 크게 늘릴 수 있다.

고등학교 물리 강사가 자신의 수업을 온라인을 통해 상품화하면 일반 교사보다 10여 배나 높은 수익을 벌어들일 수 있다. 이 역시 능력을 소프트 밸류 상품으로 전환하여 성공한 사례다.

소프트 잡 선택

소프트 밸류 시대에는 기업이 보수를 분배할 때 지식형 관리계층과 종사자가 자본가의 이윤을 독식한다. 가드너 역시 뛰어난 증권 중개인이 일반 영업사원보다 더 높은 보수를 받는다는 사실을 알아챈 것이다. 산업 이윤 분배 과정에서는 브랜드와 가격 결정권을 가진 지식형·기술형·브랜드형 기업, 채널 네트워크형 기업이 제조업체의 이윤을 계속해서 잠식해 들어간다. 소프트 요소와 소프트 자원을 소유한 분야가 소프트 포춘의 대표적인 직업군이 된다.

농경사회 및 전통 제조업 시대와는 달리, 소프트 밸류 시대에는 더 이상 토지나 자연 자원에 의존하지 않고 주로 인간의 사유를 통해 소프트 밸류를 창조한다. 따라서 소프트 요소와 소프트 자원이 필연적으로 더 많은 보수를 돌려받는다. 자본가는 상품 수와 시간에 따라 임금을 계산하고, '테일러' 방식으로 노동자들의 생산라인을 감독할 수 있다. 하지만 같은 방법으로 지식형 인재의 예술 창작, 소프트웨어 제작, 아이디어 창출, 금융자산의 가격 결정 및 매매 등 소프트 밸류 생산 활동을 감독 관리해서는 안 된다. 오히려 아이디어와 창작 능력, 기술 및 경영 능력이 있는 경영자가 금융시장에서 수월하게 자본을 얻을 수 있다.

외국의 유명한 창업지원 방송 프로그램으로 미국 ABC 〈샤크탱크〉와 영국 BBC 〈드래곤스 덴〉이 있다. 〈샤크탱크〉에서 소개되었던 밀폐용기 덮개 플레이트타퍼는 부드러우면서도 저렴하고 공간 활용성이 높았다. 그리고 다른 제품과 차별화된 창의적 설계와 독특함 덕분에 투자자들의 관심을 끌 수 있었다. 결국 9만 달러에 8퍼센트의 지분을 팔아 성공적으로 기업을 다시 일으켜 세우고 세계 각국으로 상품을 수출할 수 있었다.

프로그램에 참여했던 창업자들은 사실 전시성이 높고 신기하며 시장 수요에 맞는 특허권, 아이디어, 디자인 심지어 단순한 생각만을 판매한다. 자신은 해당 소프트 밸류의 주주가 되어, 일부 지분을 넘기고 벤처 투자를 유치하여 사업 운영 자금을 마련한 뒤 더 많은 수익과 발전할 수 있는 기회를 얻는다. 소프트 밸류 영역에서 자본은 그저 기술 보유자와 기업 경영 관리의 부속품에 불과하다. 결국 소프트 밸류 시대에는 자본을 가진 사람은 자본 수급 관계에 따라 평균적인 자본 이익만을, 토지를 소유한 사람은 임대료만을, 일반 노동자는 평균 임금만을 받을 수 있을 뿐이다. 잔여 재산 분배 청구권은 모두 소프트 밸류 창조 능력을 지닌 기술 엘리트, 경영 엘리트, 디자인 인재 등에게 돌아간다.

소프트 밸류 시대의 교육과 소비

얼마 전 '공부벌레 칭화 여대생이 게임 스트리머'여서 화제가 된 일이 있었다. 뉴스의 주인공 스 양은 모 지역의 대입시험 이과 부문 1등을 한 수

재로 학사는 칭화대학교 건축학과를, 석사는 베이징대학교를 졸업했다. 그녀는 졸업 후 다른 친구들처럼 건축업에 종사하지 않고 돌연 게임 스트리머로 전향했다. 모 게임 스트리밍 사이트의 팔로워 수가 109만 명에 달하고, 시나 블로그에 친구가 90만 명이 넘는다. 이처럼 특별한 방식으로 자신의 소프트 밸류를 높이는 사람도 있다.

　영국 박물관에 가면 선생님이나 학부형이 귀여운 꼬마들을 데리고 관람 온 경우를 흔히 볼 수 있다. 선생님과 학부형의 간단한 설명이 끝나고 나면 아이들은 바닥에 그대로 앉아 널빤지에 그림을 그리며 서로 이야기를 나눈다. 널빤지 위에는 인쇄물이 붙여져 있는데 아이들이 관람 후 문제에 답하거나 전시품 그림 중 비어있는 부분을 그려 넣도록 사전에 만들어 놓은 자료다. 아이들은 가볍고 즐거운 마음으로 관람을 하면서 진지하게 설명을 듣고 감상하며 그림을 그린다. 그렇게 하면 문제를 탐구하는 창조적인 사고와 문화 예술 공부, 흥미 유발을 모두 자연스럽게 유도할 수 있다.

　'수학 공부만 잘하면 어딜 가도 먹고살 걱정은 없다'는 시대는 이미 지나가고 소프트 밸류 시대가 도래했다. 과거 교육 중 수학 공식 테일러 정리와 아르키메데스의 원리 등은 하드 포춘의 생산 제조 과정에서나 쓸모가 있다. 학부형들은 아이들에게 이런 지식들을 공부시킬 것이 아니라 《해리포터》 작가 조앤 K. 롤링, 농구선수 코비 브라이언트, 아놀드 슈왈제네거는 도대체 어떤 가정, 어떤 교육, 어떤 문화 환경에서 자라서 이처럼 값진 소프트 요소를 지니게 되었는지를 연구해야 한다. 그리고 그것을 어떻게 체화했는지를 먼저 살펴보아야 한다.

　소프트 밸류 시대에 인류는 점점 편안하고 즐거운 정신적 만족을 추구하는 소비 성향을 보인다. 그리고 소프트 밸류 창조 능력을 높일 수 있는 교육에 대한 소비가 점차 늘어나고 있다. 그중 가장 두드러진 분야가 바로 온라인 교육이다. 현재 사람들은 점점 온라인 영어 수업, 컴퓨터 그 래픽 과정을 수강하거나 디지털 도서관 자료 등 지식 상품에 대한 소비를 더 선호하기 시작했다. 인터넷 교육 카페에서 특정 분야에 대한 전문 자료와 온라인 강의를 제공하면서 더 이상 누가 유료로 이용할까는 걱정하지 않아도 된다. 그 밖에 우리가 돈을 지불하면서 여행을 가고 전시회와 연극을 관람할 때도 이 모든 것들이 결국 우리의 경험과 지식을 풍부하게 만들어주고 문화적 소양을 높여준다. 그리고 창조적 영감을 자극하여 소프트 밸류 창조 능력을 향상하는 데 도움을 준다.

소프트 밸류의 창조는 원인과 결과가 서로 가역성을 지닌다. 때문에 우리는 소프트 밸류 상품을 소비할 때 정신적인 즐거움을 얻을 수 있을 뿐만 아니라 직접 소프트 밸류를 창조할 수도 있다. 만약 이 말에 조금이라도 귀를 기울인다면 우리들 가정에도 새로운 부의 원천을 얻을 수 있게 된다. 예를 들어 어려서부터 오락을 좋아했던 스 양은 졸업 후 게임 스트리밍을 하면서 신나게 게임도 즐기고 오락에 대한 생중계도 하면서 적잖은 수입을 벌어들이고 있다. 이 얼마나 행복한 일인가?

생중계, 문답 등 공유형 커뮤니티가 성행하면서 점점 '놀면서 돈도 버는 일'이 많아지고 있다. 최근 여행 생중계 방송도 생겨났는데, 만약 당신이 여행을 좋아한다면, 재미있는 여행지를 발굴할 수 있다면, 혹은 제대로 놀 줄 안다면, 놀면서 생방송도 하고 회원들에게 사이버 팁 '다상'도 받을 수 있다.

소프트 밸류 시대에는 교육 분야도 마찬가지로 창조적인 사고와 문화 소양도 쌓으면서 즐길 수 있는 콘텐츠들이 각광을 받아야 할 것이다. 즐겁지 않은 공부, 흥미도 없는 지식은 즐길 수도, 흡입력 있는 문화 소프트 밸류를 창조해낼 수도 없다. 놀면서 돈도 벌며 소프트 밸류를 창조하는 일은 더더욱 꿈도 꿀 수 없다. 영국 박물관의 어린이 교육 사례 말고도 회화·노래·문학 창작·악기 연주 혹은 게임 스트리밍·동영상 강의는 모두 '공부도 하고 창조도 하면서 함께 교류할 수 있는' 즐거운 인지 과정을 통해서만 창조가 가능하다.

기업의 소프트 밸류 전략

소프트 산업으로의 전환

핸드폰 개발업체 모토로라는 한 시대를 주름잡던 기업이었다. 모토로라는 기술 개발을 특히 중시했다. 지금 생각해도 한참 시대를 앞섰던 '이리듐 시스템[1]'을 야심 차게 내어놓았으나 시장성이 없어 결국 모토로라를 자승자박하게 만든 1등 공신이 되어버렸다. 모토로라 설계자들은 늘 노키아와 삼성이 껍데기와 색깔만 바꾸어 신모델을 출시한다며 비난하기 일쑤였다. 누군들 알았겠는가?[2] 이것이 바로 소프트 밸류 시대의 정확한 판단이었다는 것을…….

　　모토로라가 구글에게 인수 합병된 뒤 직원들은 그제야 자신들의 한계를 인정했다. "모토로라는 상품 주도형 전략을 고수하며 기술 개발과 내구성에만 신경을 쓰다 보니 시장 반응에 둔감할 수밖에 없었다. 반면 노키아는 시장 수요에 민감하게 반응했기 때문에 성공할 수 있었다. 그들

---

1)　미국 모토로라에서 구상한 시스템으로, 저궤도 위성을 이용하여 지구상 어느 곳에서나 이동 단말 간 또는 이동 단말과 고정 단말 간에 음성, 데이터, 메시지, 페이징 등 통신 서비스를 제공하기 위한 시스템을 말한다._옮긴이

2)　吳軍, 《浪潮之巓》.

은 핸드폰을 패스트 소비재로 보고 작고 휴대하기 편한 디자인과 조작이 편리한 상품을 계속해서 개발해왔다."

GE는 이와는 정반대로 50~80년대까지 그 거대하던 기업이 점점 '소프트화'되었다. 대형 기계·군용품·전력 설비·원자력 제품 위주에서 점점 금융·방송·의료 보건 등 소프트 산업으로 구조조정을 거치며 글로벌 기업의 모범 사례가 되고 있다.

미국 연방준비제도 의장 그린스펀은 미국의 GDP가 점점 가벼워지고 있다고 말했다. 당대 미국의 GDP는 50년 전보다 다섯 배나 올랐지만 GDP 중 물질 중량은 전혀 증가하지 않았다고 말했다. 그가 GDP가 가벼워졌다고 말한 것은 정보·문화·지식·금융 및 기타 서비스 산업 등 소프트 밸류 산업이 GDP에서 차지하는 비중이 높아졌기 때문이었다.

하드 밸류 시대에 강철·기계·화학 공업 등 대표적인 중화학 공업과 방직업 등 경공업은 산업혁명에 힘입어 한때 글로벌 경제를 주도하기도 했었다. 주로 '중량·부피·길이'가 큰 규모형 하드 밸류 상품이 시장을 독점했고 막대한 부를 누렸다. 하지만 소프트 밸류 시대에는 다양한 산업, 다양한 업종의 가치 중심이 상품이 내포하고 있는 정보·지식·문화·금융·서비스 등 소프트 요소로 옮겨가고 있다. 각 상품의 소프트 밸류 함량이 모두 하드 밸류를 훨씬 웃돌고 제품의 가격 역시 소프트 밸류를 기준으로 정해진다. 산업 구조 역시 점점 소프트화되어가는 추세에서 기업은 어떻게 소프트 밸류 산업으로 전환해야 할까?

소프트 기업으로 가는 길: 정신적 수요 만족

솽와이와이, 잉양콰이셴, 페이창 콜라 등의 음료는 중국인의 어린 시절 추억 속에나 남아있다. 요즘은 편의점에 들어가서 와하하 상품을 찾아보기 힘들다. 와하하는 90년대 말 한 시대를 풍미했던 음료 생산 기업이지만 최근에는 발전에 병목 현상이 나타났다. 그 이유는 무엇일까?

요즘 젊은이들에게 와하하 이야기를 꺼내면 말이 떨어지기 무섭게 "와하하는 진짜 촌스럽다."고 말한다. 이 말만 들어도 와하하가 왜 쇠퇴기에 접어들었는지를 알 수 있다. 음료의 하드 밸류만을 중시하느라, 좀 더 문화·레저·과시용 소프트 밸류 요인에 신경 쓰지 못했기 때문에 생산업체가 벌어들이는 수입과 이윤에도 한계가 있었던 것이다.

물론 음료 자체에는 소프트 밸류가 없다. 코카콜라도 같은 음료 상품이고 심지어 1886년 창립하면서부터 지금까지 130여 년의 역사를 지니고 있다. 하지만 여전히 젊고 열정적이며 트렌드의 상징처럼 여겨진다. 이에 반해 와하하는 1987년 창립부터 지금까지 30여 년의 역사를 가진, 코카콜라보다는 100살이나 어린 기업이다. 그런데도 왜 사람들에게 '촌스럽다'는 평가를 받게 된 것일까?

이유는 바로 130여 년이라는 시간 동안 코카콜라는 끊임없이 최신 트렌드와 신경향의 사물 및 라이프스타일과 연계시켜, 지속적으로 활력을 불어넣었고, 젊고 트렌디하며 혈기 왕성한 이미지를 잃지 않으려고 노력했기 때문이다. 그뿐만 아니라 이제는 미국을 상징하는 브랜드로 자리매김했다. 코카콜라는 포장 디자인을 바꾸고, 스타를 모델로 내세우며, 광고에 지속적으로 투자를 하기도 하고 스포츠 경기에 협찬하기도 했다. 이렇게 코카콜라는 젊은이들에게 맛이라는 물리적인 만족감 이외에도 심리적인 만족감을 주면서 소비자들을 유인하여 결국 제품을 구매하도록 유도했다. 이때 코카콜라는 더 이상 단순한 음료가 아닌 풍부한 소프트 밸류를 함유한 소프트 밸류 상품이 된다.

반대로 와하하는 너무 영양과 입맛만을 강조했고 광고에서도 민족과 향토적인 특색만을 강조한 나머지, 음료의 최대 소비층인 젊은이들의 정신적인 욕구를 간과했다. 그리고 이제 '90년생' 이후 젊은이들에게 '촌스러운 구닥다리' 취급을 받게 되었다.

심지어 언론조차도 "맛, 이름, 개성, 포장 디자인 모두 제품 개발의 일부다. 그리고 요즘은 오히려 이 부분이 더 강조되고 있다. 소비자들의 정서적 공감을 얻을 수 있는지 여부와 직결되기 때문이다. 하지만 이처럼 소비자의 마음을 움직일 수 있는 제품을 개발하는 능력이 없다는 것이 와하하의 최대 단점이다."라고 평가했다.[3]

소프트 밸류의 무게 중심은 기업이 보유한 하드 포춘도 아닌, 당기 수익 유동량도 아닌 새로운 소프트 밸류 요소에 있다. 현재 구조조정 중인 기업이라면 어떻게 기업을 수정해야 할 것인가? 또 어떠한 리스크가 존재하는가? 이처럼 소프트 밸류 시대로 이행하는 과정에서 비즈니스 기회와 위기에 직면했을 때 대부분의 기업들은 아마도 혼란스러워할 것이다.

코카콜라와 와하하의 원가 비용 구조를 살펴보면 코카콜라는 와하하보다 소프트 밸류 창조에 더 많은 투자를 한다. 결국 기업의 소프트와 하드 밸류 싸움이었던 것이다.

미국에서 마이크로소프트, 오라클, 아마존, 구글 등의 경영진과 지식 노동자의 재산이 몇 년여의 짧은 시간 안에 포드, 제너럴, 크라이슬러 등의 기업 주주를 뛰어넘었다. 그중 마이크로소프트의 빌 게이츠 개인 재산만 무려 500억 달러에 달한다. 제너럴 모터스 등의 기업이 경영난과 재정 위기에 허덕일 때, 마이크로소프트는 전 세계적으로 78개 국가를 대상으로 서비스를 실시하고, 직원만 5만 명이 넘었다. 페이스북의 마크 저커버그, 구글의 래리 페이지와 세르게이 브린, 테슬라의 CEO 엘론 머스크 모두 자신의 지식과 경영 능력으로 가치를 지배한 케이스다.

중국에서 역시 새로운 과학기술과 경영형 부자들이 빠르게 늘고 있

---

3) 계면신문, '와하하 제국의 멸망', http://jiemian.com/article/1273746.html.

다. 알리바바의 마윈, 바이두의 리옌훙, 텐센트의 마화텅, 포커스미디어의 장난춘 등 모두 수천 수백억 위안 이상까지 몸값이 올랐고 소프트 밸류 창조의 상징적 부자가 되었다.

이처럼 소프트 밸류 기업으로 전환하기 위해서는 우선 인간의 정신적 욕구를 만족시키는 데 주력해야 한다.

나이키는 엔터테인먼트 산업인가?

농구를 좋아하는 독자라면 에어조던 시리즈 농구화가 나이키에서 가장 성공한 운동화 브랜드라는 사실을 알 것이다. 1985년 나이키는 당시 신인이었던 마이클 조던과 전속 계약을 맺고 첫 에어조던 운동화를 출시했다. 조던이 농구 코트에서 활약할 때마다 에어조던 역시 농구 팬들 사이에 인기 브랜드로 급부상했다. 그리고 정가 65달러의 운동화 한 켤레를 팔아 1년 사이 무려 1억 달러를 벌어들였다. 이후 나이키는 계속해서 에어조던 시리즈를 개발했고, 모두 업계 대표 상품이 되었다.

나이키의 글로벌 본부를 둘러보게 된다면 야외 공원과 기념관, 운동장 그리고 실험실이 혼재해 있어 여기가 글로벌 최대 운동화 제조업체인가 싶을 것이다. 스포츠와 디자인, 과학 연구소 분위기만 물씬 풍길 뿐, 이곳 어디에도 운동화 제조와 관련된 물건은 찾아볼 수 없을 것이다.

나이키는 시장 마케팅 과정에서 늘 나이키가 활력이 넘치는 기업이며 신발마다 각자의 매력이 있다고 강조한다. 또한 나이키 광고는 매번 사람들이 지금은 무엇을 하는지, 하지만 진짜 하고 싶었던 것은 무엇인지를 완벽하게 재해석하여 사람들이 처음 가졌던 마음을 채워줄 수 있다는 데 매우 자부심을 가지고 있다.

나이키와 에어조던 시리즈가 이처럼 성공할 수 있었던 것도 모두 '나이키는 신발 제조업체가 아닌 엔터테인먼트 업체'라는 경영진의 경영철학

때문이었다.[4]

제품의 소프트 밸류 함량을 높여라

나이키 CEO 필 나이트는 왜 나이키가 엔터테인먼트 산업이라고 했을까?
65달러에 농구화 한 켤레를 사는 소비자라면 정서상 체험과 만족을 중시
한다는 사실을 간파하고 있었기 때문이다. 이들 소비자들은 머리로 느끼
는 만족감을 발의 편안함만큼, 아니 그보다 더 중요하게 생각한다. 소비자
가 농구화를 살 때 농구 코트에서 활약하는 마이클 조던을 연상하기 때
문에 운동화를 소비하는 행위는 오락성을 더 많이 내포하고 있다. 이것이
바로 '에어조던'이 단순한 하드 밸류 상품이었던 운동화의 틀에서 벗어나
하나의 엔터테인먼트 상품이 될 수 있었던 이유다.

　이와 유사한 케이스로 영국의 전통 브랜드 버버리가 있다. 버버리 역
시 현재 디자인 사업만 영국 본토에 남겨두고 나머지 가공 부문은 모두
중국이나 베트남으로 이전했다. 하나에 원가 30달러가 조금 넘는 버버리
셔츠에 버버리라는 라벨만 붙이면 중국 전문 매장에서 500달러에 팔아
도 없어서 못살 판이다.

　평범하고 원가도 30달러밖에 안 하는 셔츠는 비싸게 팔아야 50달러
에 팔 수 있다. 하지만 버버리 셔츠는 어떻게 500달러에 팔리는 것일까?
이렇게 질문하면 일반 소비자들은 아마 그거야 브랜드가 다르지 않냐고
얼버무릴 것이다. 그렇다면 브랜드 안에는 어떤 의미가 숨어있는 것일까?

　이러한 차이는 유효 투입 요소와 전파 집단 범위, 소프트 밸류 승수
에 따라 발생한다. 소프트 밸류 시대의 기업가는 반드시 소프트 밸류의

---

4)　나이키 창업가 필 나이트가 70년대 중반 어떤 콘퍼런스에 참석하여 발언한 내용이다. "우리는 신발 제조 산업이 아닌 엔터
테인먼트 산업에 종사 중이다."라고 말하며 그의 마케팅 전략이 다른 전략과 전혀 다름을 시사했다.

유효 투입 인자를 어떻게 늘릴 것인지, 전파 집단의 범위를 어떻게 넓힐 것인지, 특히 상품의 소프트 밸류 승수를 어떻게 높일 것인지를 파악하고 있어야 한다. 이들 법칙만 잘 파악하면 당신의 독자·관중·소비자가 당신의 가치 창조에 기여하며 당신은 힘을 덜 들이고도 큰 효과를 볼 수 있다.

소프트 밸류의 핵심은 제품의 원가도 제품의 물리적 기능도 아닌, 유효 투입 인자와 전파 집단의 범위 그리고 소프트 밸류 승수에 달렸다.

포드 자동차는 과거 단순하면서도 저렴한 T형 자동차로 미국 자동차 소비시장의 절반을 차지했었다. 당시 포드 자동차가 유행할 수 있었던 것은 뛰어난 성능과 저렴한 가격 때문이었다. 하드 밸류 시대에는 주로 성능과 가격이 상품의 경쟁력을 나타내는 주요 지표였다.

포드는 가격 경쟁력을 집중적으로 높이기 위해 T형 자동차를 대량 생산했고, 자동차 색상 역시 검은색만을 고집했다. 하지만 하드 상품의 공급 능력이 부단히 증가하면서 사람들은 더 이상 하드 밸류 상품에 만족하지 못하게 되었고 그 가치 역시 점점 떨어지게 되었다. 50~60년대 이미 미국에는 자동차가 보급화되었고, 자동차의 물리적 성능에 대해서는 충분히 만족감을 느끼기 시작했다. 그러면서 자동차의 색상과 외관 등 개성을 드러낼 수 있는 요소에 더 관심을 갖기 시작했다. 그때 포드사의 경쟁사인 GM이 자동차의 색상과 디자인에 공을 들이기 시작했다. GM은 캐딜락, 뷰익, 쉐보레 등 서로 다른 품격을 지닌 브랜드를 속속 출시하며 서로 다른 고객의 수요를 충족시켜주었다.

소비자는 자신만의 개성을 드러낼 수 있는 상품에 돈을 아끼지 않았다. 그 결과 다원화된 브랜드를 출시했던 GM이 역전승을 거두었고, 소비자의 다양한 수요를 간과했던 포드의 T형 자동차는 결국 시장에서 퇴출되었다. GM은 전략적으로 하드 밸류 상품에 소프트 밸류 요소를 가미하여 디자인, 트렌드, 계급, 신분(문화 정체성, 신분 과시, 개성 표현) 등 정신적 욕구를 만족시켰고, 상품의 소프트 밸류 함량을 높였다.

요즘 호화 자동차의 설계자나 생산자는 소프트 밸류와 그 핵심 경쟁력을 제대로 파악하고, 호화 자동차에 대한 정의를 새롭게 써내려가고 있다. 즉 호화 자동차는 어셈블리 라인 위의 예술품으로 주로 고객의 심미관과 과시욕을 충족시키기 위해 탄생했으나 어쩌다 보니 교통수단의 기능이 탑재된 자동차가 되었을 뿐이다.

소프트 밸류 시대에 상품의 가격은 제품 자체의 '하드 밸류'와 인간의 정신적 수요를 충족시켜주는 '소프트 밸류'로 나눌 수 있다. 사람들의 생활수준이 점점 높아지면서 소비자가 상품의 소프트 밸류 함량을 어떻게 평가하는가에 따라 기업의 이윤과 향후 발전 가능성이 결정된다. 여기서 기업가가 반드시 알아야 할 사실이 하나 있다. 소프트 밸류를 가미한 후 상품의 가격은 상호 비교가 불가능해진다는 사실이다. 그건 소비자들이 소프트 밸류에 기대하는 정신적 수요가 서로 다르기 때문에 사람마다 인식에 차이가 발생하고, 그 결과 가격에 차이가 발생하는 것이다.

그보다 더 중요한 소프트 자산

나이키는 연구와 글로벌 마케팅에 대한 지속적인 투자에 힘입어 막대한 브랜드 가치를 창출했으며, 하드 포춘 제조의 '소프트 자산과 경자산輕資産[5] 운영 모델'을 추구했다. 나이키의 핵심 자산인 브랜드 문화·디자인 설계·특허권 등만 남기고 하드 제조 분야는 모두 기타 국가의 하드 포춘 생산업체에 외주를 준 것이다.

80년대 나이키는 '소프트 자산 운영' 모델을 추진하기 시작했다. 우

---

5) 고정자산 투자를 작게 운영하는 것을 말한다._옮긴이

선 제품의 연구 개발을 중심으로 산업 사슬에서 부가가치가 낮은 제조 분야를 완전히 포기했다. 나이키는 1980년 연구 개발 실험실을 설립하여 생화학과 생리학 연구 전문가들로 구성하고, '생화학과 생리학으로 인간의 행동을 분석한다'는 슬로건을 내걸었다. 1995년부터 나이키는 매년 5,000만 달러를 기술 연구와 상품 개발에 투자했고, 생물역학·공학기술·산업 디자인·화학·생리학 등 다양한 각도에서 상품을 연구하기 시작했다. 나이키는 연구위원회, 고객위원회를 설립하고 코치와 운동선수·시설관리자·발 관련 질병 전문가와 정형 전문가 등을 초빙하여 공동으로 각종 디자인 및 원료를 심의함으로써 인체공학적 관점에서 운동화를 설계하고 있다. 누구도 흉내 낼 수 없는 제품의 연구 기술을 갖추게 되면 생산을 완전히 다른 제조업체에 위탁해도 전혀 문제가 되지 않는다.

마찬가지로 제약업체 메르크앤드컴퍼니의 핵심 자산은 방대한 제조 공장이 아니라 실험실과 각종 브랜드 및 특허권이다.

하드 포춘 시대에 기업은 주로 하드 자산에 의존해 가치를 창조했다. 하지만 소프트 밸류 시대에 지속 가능한 발전을 하고 싶은 기업이라면 반드시 나이키를 본받아 신기술, 자체 브랜드, 경영 모델, 전파 채널 등 소프트 자산에 의존해 상품의 유효 투입을 확대하고 더 나아가 시대를 앞서는 자원 집적화 플랫폼과 클럽을 구축해야 할 것이다. 소프트 자산이 일단 희소성과 남들이 쉽게 따라할 수도 대체할 수도 없는 메리트를 갖추게 되면 추가 투입 비용이 낮아진다. 자산의 밸류에이션이 투입 원가와 물건 자체의 가치를 훨씬 초과하여, 기업의 주가 역시 상승하게 된다. 심지어 주가가 매출액과 이윤보다 선행하여 큰 폭으로 치솟기도 한다.

확실히 소프트 자산, 경자산의 운영 모델은 과거 중자산 혹은 경자산에 과도하게 의존적이었던 전통의 하드 포춘의 생산 모델과 자산 증식 모델을 변화시켰다. 투자 사이클은 짧아지고, 업무 과정 재설계(bpr) 주기가 빨라졌으며, 당기當期에 직접 자본시장에서 유통할 수 있는 시가총액으로도 전환이 간편해졌다.

소프트 자산과 경자산의 운영 모델은 지식·정보·문화·금융·서비스에서는 필연적인 선택이다. 소프트 밸류를 핵심으로 하는 새로운 경영 전략이다. 특정 지식·정보·문화·금융 혹은 서비스 기능의 장점을 활용하여, 우수한 경영 시스템을 통해 소프트 자산의 모델을 확장하면 좀 더 빠르고 좀 더 높은 수익을 창출할 수 있다.

제약회사는 공장이나 설비에 자원을 더 투자할 수도 있고, 과학 연구 인력 모집과 실험실에 투자할 수도 있다. 영화제작사는 더 많은 자금을 무대장치나 의상·소품·특수효과에 투자할 수도 있고, 각본·연출·연기자 및 배급·마케팅에 투자할 수도 있다. 하지만 소프트 밸류 시대에 굳이 하드 요소나 하드 자원에 더 많은 투자를 한다면, 그 기업은 와하하처럼 소프트 밸류 요소가 점점 사라지면서 경쟁에서 도태될 것이다. 따라서 소프트 요소와 소프트 자원에 투자를 늘려야만 코카콜라처럼 소프트 밸류의 날개를 달고 높이 비상할 수 있다.

소프트 밸류 시대에는 기업 내부적으로 소프트 밸류 창조가 기업의 운명을 결정짓는다. 소프트 밸류 비중이 높아지며, 소프트 밸류 창조에 대한 자원 투자가 점점 늘어난다. 그리고 소프트 밸류 창조 기업으로 돌아가는 수익이 점점 증가한다. 이처럼 성공한 기업은 하드와 소프트의 각축전에서도 단연 두각을 나타낸다.

기업의 소프트 밸류 창조 전략

'생산적 사유'에서 '창조적 사유'로

폭스콘, 잉예다 그룹 하면 무엇이 떠오르는가? 드넓은 생산 부지, 줄줄이 늘어선 공장과 생산 설비, 끝없는 어셈블리 라인, 수십만의 노동자 등이 떠오를 것이다.

그렇다면 구글은? 미국 캘리포니아주에 위치한 구글은 실리콘 밸리의 'AAA급 경관'이라 불릴 정도로 업무 환경은 편안하고 자유로우며 활력이 넘친다. 엔지니어들은 아이를 데리고 출근하기도 하고, 피곤하면 사내에서 탁구나 당구를 치기도 한다. 아예 밖으로 나가 축구나 비치발리볼을 하기도 한다. 소파에서 잠을 자도 되고 심지어 개를 산책시킬 수도 있다.

미국의 할리우드 하면 어떤 생각이 드는가? 아름다운 자연경관, 충분한 일조량, 적당한 기후, 유니버설 스튜디오의 다양한 촬영 세트, 특수 기술 등 영화 촬영하기에 최적의 조건을 지녔다. 거기에 소니 픽처스, 디즈니, 워너사 등 다양한 거물급 영화 기업들이 이곳에 운집하면서 미국 영화 산업의 중심지가 되었다.

생산적 관점에서 본다면 폭스콘과 같은 하드 포춘을 생산하는 기업은 그 핵심 자산이 토지·공장·설비 및 생산 라인이다. 완제품 재고가 수시로 변화하는 것이 바로 그 생명력을 말해준다. 자금 회전과 인력 투입은 생산 과정에 없어서는 안 될 부분이며, 석유와 광산 등 원자재 공급에 대한 의존도가 높다.

이러한 제조업체는 반드시 이윤을 창출해야 한다. 온갖 방법을 다 동원해서라도 최대 이윤을 얻어야 한다. 그래야만 점진적 발전을 이룰 수 있다. 그렇지 않으면 겨우 생산만 가능하거나 혹은 겨우 적자만 면할 수 있을 뿐이다. 때문에 생산 원가는 최대한 낮추고 생산량과 판매량을 최대한 늘려 최대 이윤을 얻어야 한다. 예를 들어 공장 부지는 해상과 육로 교통이 편리하고 물류가 저렴한 지역을 선택해야 한다. 그래야 원자재 운송 비용을 낮추고, 제품의 운송·판매가 용이하다. 공장을 설립할 때도 가능한 원자재가 풍부한 지역을 골라야만 원자재 구매 비용을 대폭 낮출 수 있다. 동시에 공장은 노동력이 밀집되어 있고 저렴한 지역을 골라야 인건비를 절감할 수 있다. 그 밖에 부지 선정 시 넓은 면적에 저렴한 토지와 공장 역시 중요한데 그래야 생산라인을 구축하기 편리하기 때문이다. 이러한 이유로 이들 기업은 토지·원자재·노동력·공장 등 생산 원가 하나하나의 변화에 지나치게 민감하게 반응할 수밖에 없다.

폭스콘과 달리 구글·모건 스탠리와 같은 기업들은 대규모 기계 공장은커녕 고정된 사무실조차 없다. 자연 자원을 거의 소모하지 않고 순전히 인간의 창조적인 영혼과 사고에 의존하여 거대한 소프트 밸류를 창조하고 이를 통해 더 많은 부를 창출한다.

빼어난 자연경관, 편안한 업무 환경, 창조적인 문화, 자유로운 업무 시간, 이 모든 것이 인간의 창조적 사유를 극대화시킨다. 소프트 밸류 창조에 대한 시간 및 공간적 제약을 최소화하고 소프트 밸류 창조 방식을 다양화해야 한다. 소프트 밸류 시대에 기업가는 반드시 전통 제조업의 생산적인 사고를 벗어나 소프트 밸류 시대의 창조적 사유로 전환해야 할 것이다. 효율적인 소프트 환경을 제공하여 창조적 사유를 가진 인력을 유치해야 한다. 그렇게 인재의 창조적 사유와 기능적 활동을 적극 활용하여 소비자의 정신적 수요를 만족시킬 수 있는 상품을 개발해야 한다. 기업에서 가장 주요한 부의 창출 방식 역시 하드 밸류 제조에서 소프트 밸류 제조로 전환해야 할 것이다.

소프트 수요를 정확하게 겨냥한 개발

한때 중국 중소도시 노인들 사이에 건강보조제 나오바이진이 유행했었다. 성분의 원가도 저렴하고 기술 함량도 낮은 나오바이진은 어떻게 원가의 몇 배나 되는 가격에 팔렸던 것일까? 나오바이진의 성공 비결은 무엇이었을까?

나오바이진을 잘 안다는 한 구매자가 이런 대답을 했다. "포장도 근사하고 하루가 멀다 하고 텔레비전에 광고를 해대니 모를 수가 있나요? 어차피 자기가 먹으려는 게 아니라 선물을 할 거니까, 좀 더 솔직하게 말하면 이게 '건강 보조품'인지는 잘 모르겠고, '선물'로는 제격이잖아요."

나오바이진이 단계적으로 성공을 거둘 수 있었던 원인은 사람들의 소프트 수요를 정확하게 겨냥하여 개발하는 고수였기 때문이다. 나오바이진은 주요 소비층으로 현대 도시인이 아니라 지방도시의 노인을 집중 공략했다. 나오바이진은 노인들의 생활 상태, 심리 상태 그리고 자녀들의 효심을 자랑하고 싶은 부모들의 심리를 정확하게 이용했다. 그리고 그런 부모들의 잠재적 심리 수요를 만족시키기 위해 자녀들이 나오바이진을 계속해서 조공할 수밖에 없도록 만들었다. 수년간 지속적으로 광고 세례를 퍼부은 결과 나오바이진은 한동안 불패 신화를 지속할 수 있었다. 하지만 특정 단계가 지나게 되면서 해당 레벨의 선물을 찾는 이가 줄어들게 되었다.

온라인 게임 '정도'를 개발하는 과정에서 스위주는 인간의 심리적 수요를 개발하는 자신의 능력을 십분 발휘했다. 스위주의 말을 빌자면 만약 게임에서 수영의 가치를 드러내고 싶다면 먼저 게임에 하나의 미션을 부여한 뒤, 유저가 먼 길을 계속해서 달리게 하고 다리 위의 각종 장애물을 넘어서 맞은편 해안에 도달하도록 설정한다. 갖은 노력을 다해 심신이 피로해졌을 때쯤 '수영'이 가능하다고 알려주면, 이때 수영 스킬의 가치가 극대화된다.

전통적인 경제학에서는 일반적으로 경제인과 이성적인 사람만이 수요를 분석할 수 있는 유일한 수단이었다. 하지만 소프트 밸류 시대에는 고객의 수요가 대부분 비생산적이고 비물질적인 정신 영역에서 나타난다. 때문에 좀 더 감정과 심리적 반응의 특징이 두드러지며 다양화·개성화·세분화된다는 특징을 지닌다. 이런 상황에서 기업이 소프트 밸류 체계를 구축하고자 한다면 먼저 고객의 소프트 수요를 정확하게 파악해야 한다. 고객의 수요에 최대한 부합하고 고객의 심리적 체험을 정확하게 충족시켜줄 수 있는 소프트 밸류 상품을 제공하는 것이 제일 중요하다. 정신적 수요에 대한 정확한 예측과 개발은 기업 혁신의 핵심이다.

사실 고객의 소프트 수요를 정확하게 개발한다는 것은 소프트 밸류 상품으로 최대한 수용 집단의 심리적 공감대를 형성하여 심리적 인지도를 높인다는 것을 의미한다. 유효 투입 요소와 소프트 밸류 승수라는 2대 변수를 이용한다면 소프트 밸류가 산술적·기하급수적으로 성장하고 빠르게 증가한다.

테슬라는 소프트 수요를 정확하게 개발하는 고수 중의 고수다. 테슬라의 충전 시간 및 속도 등은 테슬라의 수많은 매력 중 하나일 뿐이다. 테슬라의 외관에서 내부까지 그 자체가 하나의 예술품으로 고객의 마음을 사로잡는다. 이 예술품은 단순한 교통수단을 벗어나 인간 내면의 환경 보호와 혁신에 대한 욕구까지 제대로 공략한 전기자동차다. 테슬라를 소유하고 있다는 것만으로도 당신은 환경 보호와 혁신, 예술과 효율의 개념을 지닌 대변인이 된다. 그러니 무엇이 테슬라보다 더 트렌디하고 더 고귀할 수 있을까?

'이상적 흑체' 발굴

일반적으로 창의력을 지닌 소프트 기업은 그 창시자나 경영인이 창조적인 천재인 경우가 많다. 이들을 양자 이론에서는 이상적인 흑체라 하는데, 애플의 스티브 잡스, 구글의 래리 페이지와 세르게이 브린, IBM의 토머스 왓슨 등이 있다. 이들은 외부 세계의 '복사'를 계속해서 흡수하여 소프트 밸류의 '열복사'를 최대치로 끌어올려 기업 및 산업 전반 심지어 전 세계적으로 영향을 미친다. 만약 소프트 기업의 지도자가 모두 이상적인 흑체인 경우 그 위대한 소프트 밸류 기업 역시 모두 질량과 밀도가 무한대인 '특이점[6]'이 되어 신비한 마력을 지닌다. 그 마력에 이끌려 혁신적인 천재 직원들이 대거 유입된다. 그러면 기업은 직원들이 창조력을 충분히 발휘할 수 있도록 적합한 환경을 조성한다. 이것이 바로 물리학에서 말하는 치밀한 '특이점'에 '강착[7]'되는 과정이다.

사실 소프트 밸류 기업에만 이상적인 흑체를 이루는 핵심 인물이 필요한 것이 아니다. 각각의 소프트 밸류 상품 역시 외부 복사를 흡수하여 소프트 밸류 복사를 최대한 창조할 수 있는 이상적인 흑체가 필요하다.

---

6) 시간과 공간의 시작점. 블랙홀은 밀도도 중력의 세기도 무한대인 특이점과 그 주위의 '사건의 지평선'으로 이루어져 있다. _옮긴이

7) 어떤 천체가 중력적 작용으로 가스 등의 물질을 흡수하여 원반 형태의 가스분포를 만드는 경우를 말한다. _옮긴이

예를 들어 2000년, 설립된 지 얼마 되지 않은 알리바바는 기업도 마윈도 인지도가 낮았다. 마윈은 돌파구로 IT 동종업계 인사가 한자리에 모여 중국 IT업계의 발전에 대해 논의할 수 있는 '시후룬젠'을 기획했다. 제1차 '시후룬젠'에 마윈은 '대협' 김용을 회의의 핵심 인물로 초청했다. 김용은 그야말로 '이상적 흑체'가 되어 시나닷컴의 왕즈둥, 소후닷컴의 장차오양, 넷이즈의 딩레이 등 헤비급 귀빈과 비중 있는 언론 매체를 단번에 끌어들였다. 그리고 성공적으로 회의를 개최한 결과 알리바바의 인지도도 높일 수 있었다.

혁신을 위한 휴식시간

구글이 어떻게 대량의 첨단기술을 배양하는 인큐베이터가 될 수 있었을까? 디즈니는 어떻게 사람들의 사랑을 받는 애니메이션 캐릭터를 끊임없이 만들어낼 수 있었던 것일까? 골드만 삭스는 금융위기 때마다 어떻게 오뚝이처럼 쓰러지지 않을 수 있었을까?

이는 마치 강수량이 풍부하고 습하며 무더운 기후를 가진 남미에서만 무성한 아마존 밀림이 조성될 수 있는 것과 같다. 소프트 밸류 창조에 적합하고 독특한 소프트 환경을 지닌 기업만이 지식·정보·문화·금융·서비스 소프트 밸류를 끊임없이 길러내는 성공한 기업이 될 수 있다.

창조적 발명에 뛰어난 지식형 기업은 연구 개발에 대한 투자를 확대하는 등, 흔히 우리가 생각할 수 있는 방법 말고도 확실히 생산형 기업과는 차별화된 비결을 가지고 있다.

편안하게 혁신을 창조할 수 있는 분위기는 소프트 밸류 기업에 반드시 필요한 환경이다. 다원화 기업으로 유명한 3M은 500대 부자 기업 중 연구 개발에 가장 많이 투자하는 회사 중 하나다. 현재 컴퓨터의 터치스크린, 수세미, 정수기, 청소포, 리튬전지, 틀니, 접착테이프, 연고, 황사마

스크 등 5만 5,000여 종의 상품을 판매한다. 3M만의 독특한 기업 문화에서는 하루 근무시간 8시간 동안 업무에만 매진하지 않아도 된다. 그중 15퍼센트의 시간은 기발한 아이디어를 구상하는 데 사용할 수 있다. 이것이 바로 '부트레깅'이다. 구글이 유일하게 직원에게 요구하는 것은 동료들과 자신의 아이디어를 나누는 것뿐이다. 3M의 또 다른 전략은 수평적 공유로, 분야가 다른 직원들 간의 지식 공유를 격려함으로써 가치 있는 영감과 아이디어를 촉발한다.

부트레깅과 수평적 공유 전략은 결국 3M에 충분한 보상을 돌려주었다. 기업 고위층을 대상으로 실시한 설문 결과 3M이 애플과 구글의 뒤를 이어 세 번째 혁신적인 기업으로 꼽혔다. 그뿐만 아니라 5년 내 출시된 상품은 3M 전체 매출에서 30퍼센트나 차지하는데, 이는 3M의 뛰어난 혁신 능력을 보여준다.

구글은 3M의 15퍼센트 전략을 벤치마킹해 '혁신을 위한 휴식시간'을 시행한다. 즉 엔지니어들이 근무시간 중 20퍼센트의 시간을 자기가 좋아하는 것을 할 수 있도록 허용하는 제도다. 이 계획은 성공적이었다. 이메일(Gmail), 음성 서비스(Google Now), 구글 뉴스(Google News), 구글 지도(Google Map), 교통 정보 등은 모두 20퍼센트의 시간이 낳은 성과물이다. 구글의 한 고위급 관계자는 구글의 50퍼센트 이상의 신상품이 '혁신을 위한 휴식시간'에 이루어진 사고 덕분이라고 말했다.

타 업무 분야 간의 교류와 협력을 격려하면 역시 소프트 밸류가 폭발할 가능성이 높아진다. 누구나 자신만의 분야에서는 특별한 지식과 정보를 가지고 있다. 하지만 대부분은 자신의 생활 반경을 벗어나지 못하기 때문에, 다른 분야에서 자신의 지식과 정보가 어떤 역량을 발휘할는지는 모르는 경우가 많다. 다른 분야의 전문가와 자신의 지식을 나눌 기회가 생긴다면 다른 사람에게 새로운 영감과 기회를 줄 수도 있다. 반대로 내가 다른 사람에게서 영감이나 도움을 받을 수도 있다.

유명한 애니메이션 영화제작사 픽사는 원래 영화 특수효과를 제작하는 컴퓨터 기술업체였다. 스티브 잡스가 픽사 경영을 인계받은 후 기술과 창작, 관리 부서의 사무실을 분리할 계획이었다. 그러나 결국 큰 사무실 하나에서 모두가 함께 근무하도록 계획을 바꾼다. 식당과 카페, 기념품 가게 심지어 화장실까지 큰 사무실 중간에 배치하여, 직원 간 우연한 만남의 기회를 늘렸다. 사람들은 자연스럽게 식당에서, 카페에서 혹은 복도에서 서로 이야기를 나눌 수 있게 되었다. 누군가는 시간 낭비라고 생각할 수도 있겠지만 대다수의 아이디어가 이러한 타인과의 교류를 통해서 탄생한다.

소프트 밸류 복제 전략

소프트 밸류 시대에 기업 내부 문화, 관리, 기술 등 소프트 요소가 일단 인큐베이팅에 성공하면 전 세계적으로 저렴한 원가 혹은 제로 원가에도 전달이 가능하다. 하나의 상품, 서비스, 비즈니스 모델 모두 전국 혹은 전 세계적으로 진출할 수 있다. 그 결과 기업의 소프트 밸류가 폭발적으로 증가한다.

하지만 기업 자체의 성장이든, 가맹점 확장이든, 기업 인수 합병을 통한 구조조정이든, 하나의 기업이 고속 성장을 하려면 반드시 확장 및 복제 가능한 문화적 기반을 다질 수 있는 오랜 기간의 인큐베이팅이 필요하다. 맥도날드와 KFC의 글로벌 확장은 일종의 문화 확장이자 소프트 자원과 비즈니스 모델의 확장이었다.

홈 인의 중국 성공 스토리 역시 같은 원리다. 홈 인 체인 가맹점은 우선 홈 인 문화에 따라 경영 방식을 수정해야만 한다. 그래야만 전 세계 각지에 홈 인의 표준화된 서비스를 제공할 수 있다.

경영과 기술은 소프트 밸류의 주요 투입 요소로 대부분 복제가 가능하다. 하지만 소프트 요소의 문화적 기초는 고려하지 않고 단순히 관리와 기술만을 복제한다면 성공하기 어렵다. 이 모든 것이 소프트 밸류의 상대성과 참조 체계의 원리 때문이다. 우버와 같은 공유 경제의 비즈니스 모델이 어떻게 중국에서 빠르게 복제 및 확산되었던 것일까? 중국인은 이미 서양의 문화와 경영 방식을 쉽게 받아들이고 있다. 심지어 맹목적이기까지 하다. 따라서 이들 글로벌 기업이 자신의 경영 모델과 기술을 중국 시장 실정에 맞게 적절하게 복제한다면 중국 본토 기업보다 훨씬 더 경쟁력을 갖추게 된다.

하지만 기본 문화적 기반 없이 중국에 진출하려다 실패한 유럽 및 미국 기업이 있다. 바로 구글이다. 구글은 창립 초기, 콘텐츠의 자체 검열을 중시하는 문화가 있었다. 그리고 중국에 진출할 때도 중국 문화와 중국인의 가치관을 전혀 이해하지 못했다. 미국인이 피부색에 대한 이야기를 터부시하듯이 중국인 역시 중국만의 금기 문화가 있다. 예를 들어 인터넷에 폭력이나 색정적인 내용이 넘쳐나서는 안 된다. 이는 중국인이면 누구나 다 아는 사실이다. 하지만 구글은 이런 기본적인 문화 기반조차도 존중하지 않았다. 중국에 진출하면서 중국의 문화적 기반을 배려하지 않고 소프트 밸류만을 복제하는 전략은 필연적으로 실패할 수밖에 없다.

뜻밖의 소득

아이폰 5가 출시된 후 모 가수가 트위터와 인스타그램에 팬과 함께 찍은 사진을 게재했다. 그리고 애플 카메라에 대한 짧은 글을 덧붙였다. 그는 전 세계 젊은이들에게 영향력 있는 유명 연예인이었기 때문에, 그가 올린 사진과 간단한 소감이 그를 주목하고 있던 젊은이들의 주관적인 심리에 영향을 미쳤고 동일한 제품을 구매하고 싶다는 욕구를 자극했다. 그리고 그의 트위터가 많은 젊은 팬들의 구매욕을 촉발하는 역할을 했다. 그가 애플을 구매하고 사용 소감도 올렸지만 그렇다고 그 대가로 전속 모델 제안을 받았다거나 대가를 받은 것은 아니었다. 사실 유명인사의 경우 협찬을 받지 않은 개인 용품이, 스타의 영향력으로 팬들의 사랑을 받기도 한다. 즉 연예인과 같은 공인은 어떤 보수를 바란 것도 아닌데 결과적으로 집단 인지의 감성을 배가시켜주는 역할을 하는 경우도 있다.

'연예인 누구의 제품'이 점점 각광을 받으면서 업체들도 하나둘 연예인을 대표 모델로 내세워 소프트 밸류 승수를 창조하기도 하고 직접 협찬하기도 한다. 연예인 효과를 이용해 언론 매체에 상품을 자주 노출시키면 제품의 집단 인지도와 소비자의 관심도가 높아진다. 광고 전속 모델만큼이나 소프트 밸류 승수 증가에 유리하다.

이처럼 소프트 밸류 승수의 창조자가 소프트 밸류를 창조하는 과정에서 모두 이에 상응하는 보상을 받는 것은 아니다. 따라서 소프트 밸류 상품 생산자와 인지 집단 창조자가 이러한 방식을 잘만 이용한다면 적은 비용으로도 소프트 밸류 승수를 높일 수 있다.

기업의 소프트 밸류 경영 전략

집단 인지 유도, 대중 가치 확립

아이폰 3 발표 때부터 애플의 최고경영자 스티브 잡스는 불문율처럼 신제품 출시 때마다 직접 특별한 발표회를 주최했다. 신제품 언랩 행사에서 스티브 잡스의 매력을 사람들은 이렇게 말한다.

"그가 입을 열기도 전부터, 그가 목까지 올라온 스웨터를 입고 파란 PPT를 배경으로 등지고 서 있는 모습만 보고도 사람들은 이미 열광하기 시작한다. '오늘은 저 사람이 어떤 대단한 물건을 소개할까?' 하고 궁금증을 자아낸다. 이후 스티브 잡스가 흥분을 절제하는 듯한 목소리로 참신한 기계와 기능들을 하나하나 공개하며 제품의 '재정의'를 마치고 나면, 침묵의 2초 후 관중석에서 열렬한 박수가 터져 나온다. 어떨 때는 그가 힌트를 주기도 전부터 무대 아래 관중석에서 먼저 환호가 쏟아지기도 한다. 그러면 그는 잠시 웃으며 박수 소리가 끝나길 기다렸다가 계속해서 손 안의 물건에 대한 소개를 이어나간다. 그리고 마지막으로 그의 트레이드마크인 손바닥을 쭉 펴며 '원 모어 띵one more thing'을 외친다.

스티브 잡스는 이미 세상에 없지만 신제품 발표회는 이미 IT업계의 관례가 되었다.

스티브 잡스는 왜 신제품 발표회를 통해서 직접 소비자와 소통하고자 했을까?

도파민이 작용하면 대뇌피질의 네트워크는 계속해서 새로운 외부 자극에 적응하며 새로운 수용체를 형성한다. 이렇게 인지 상태가 변화하게 되면 각자 개인은 자신의 상태에 맞게 이를 조절하기도 하고 외부 요인의 영향을 받아들이기도 한다. 스티브 잡스가 바로 이 점을 이용한 것이다. '지도자와 추종자의 원리'를 이용하여 능숙하게 집단 인지를 이끌어냄으로써 애플 상품에 대중적 가치를 창출한 것이다.

소프트 밸류 시대의 비즈니스 모델은 단순히 수익 모델로 이해해서는 안 된다. 소프트 밸류의 창조 모델로 이해해야 한다. 소프트 밸류의 본질은 인간의 심리적 수요를 만족시키는 것이다. 때문에 기업은 반드시 갖은 방법을 동원해서라도 집단 인지를 이끌어내어 대중적 가치를 창조해야만 그 후 수익 모델을 수립할 수 있다.

만약 자동차의 최고시속이 100킬로미터인데 판매자가 200킬로미터라고 과장했다면 이는 분명한 사기다. 하지만 화가가 자신의 그림을 호평하며 그림에 다양한 스토리를 입히고, 세미나를 열어 토론을 진행하며 그림의 가격을 올린다면 이는 사기가 아니라 오히려 정상적인 범주 내에서 집단 인지를 유도한 것이 된다. 충분한 인지 집단을 형성하여 이들이 그림에 담긴 이야기를 감상하고, 세미나에서 이 그림의 함의를 이해할 수 있게 되었다면 이 그림은 더 이상 세미나를 열기 전의 그 그림이 아니다. 관람객과 소유자가 느끼는 소프트 밸류가 실제로 높아졌기 때문이다.

전통 제조업 세계에서 상품의 가치는 아무리 등락을 거듭해도 결국 평균점으로 수렴되었고, 계산도 가능했다. 아무리 과장하고 사기를 쳐서 가격을 고평가했다고 해도 결국 원점으로 회귀하게 되어 있었다. 심각하게 저평가되었다고 해도 결국 바로잡히게 되어 있었다.

하지만 소프트 밸류 영역에서는 신뢰와 사람의 인지가 소프트 밸류의 기본이자 원천이다. 심지어 전체 소프트 밸류 체계의 원동력이자 핵심 요소다. 따라서 소프트 밸류 세계에서는 적당히 집단 인지를 유도하는 일은 반드시 필요할 뿐만 아니라, 소프트 밸류 기업이 반드시 갖추어야 할 덕목이다. 소프트 밸류의 종류에 따라 집단 인지를 유도하는 전략도 달라진다. 예를 들어 그림·골동품·콘서트·자문과 창의적 방안·영화 등 집단 인지 형태별로 조직 방법도 달라진다.

예를 들어 어떤 영화는 중국에서 상영한 지 1주 만에 흥행 수익이 10억 위안을 돌파했고, 중국에서의 총 흥행 수익은 20억 위안을 돌파할 것으로 예상했다. 하지만 미국에서의 예상 수익은 3억 달러에도 못 미쳤다. 이처럼 대박 난 영화들은 영화 촬영과 제작 과정에 따라 결정되는 것이 아니라 집단 인지에 따라 결정된다. 집단 인지를 이끌어낼 능력이 없는 영화제작사는 아무리 영화가 좋고 많은 돈을 투자해도 대박 난 영화들의 흥행 수익을 부러워만 할 수 있을 뿐이다.

대중적 가치 창출에 있어 애플과 스티브 잡스는 가장 성공한 기업이자 기업가다. 그렇다면 이번에는 실리콘 밸리의 다른 기업들은 어떻게 집단 인지를 이끌어내어 대중적 가치를 창출하는지 살펴보자.

구글은 창립 역사가 얼마 되지 않은 하이테크 기업이지만 주로 대중에게 자신만의 업무 방식과 가치관을 어필함으로써 집단 인지를 이끌어냈다. 설립 후 얼마 되지 않았을 때 구글의 무료 식사와 무료 마사지, 사무실 내 헬스장과 오락실 등 남다른 업무 환경과 다양한 이야기가 인터넷에 퍼졌다. 게다가 구글의 관리 방식과 경영 철학이 외부의 화젯거리가 되면서 구글에 관한 몇 편의 서적이 베스트셀러가 되었다. 그리고 외부에서는 구글의 '기업에 대한 재정의'를 받아들이기 시작했다. 구글은 애플 다음으로 전 세계 혁신 벤처기업의 모범 사례가 되었다. 그리고 소비자들 사이에서는 집단 인지를 형성하며 좋은 대중적 이미지를 심어주었다.

〈아이언맨〉의 토니 스타크는 본래 마블이 1963년 미국 기업가 하워드 휴즈를 모티브로 삼아 만든 만화 캐릭터였다. 하지만 21세기 사람들은 아이언맨 하면 일론 머스크의 이름을 떠올린다. 이는 집단 인지를 성공적으로 이끌어낸 사례다.

중국 기업가 중 마윈은 각종 포럼과 회의석상에서 전자상거래와 인터넷 및 신경제 모델에 대한 의견을 자주 개진한다. 마윈의 이러한 행보는 자신의 관점을 알리려는 의도도 있지만 그보다도 사람들의 이목을 알리바바에 집중시켜 집단 인지를 높이고 그 소프트 밸류 승수를 올리려는 목적이 더 크다.

화웨이 회장 런정페이는 마윈과는 정반대다. 그는 공개석상에서 강연을 하는 일도 언론의 인터뷰를 받는 일도 드물다. 하지만 그의 이러한 겸손한 자세가 오히려 화웨이의 집단 인지를 높이는 결과를 낳았다. 사람들은 그의 그런 행동을 높이 평가한다. 한 번은 공항에서 런정페이가 캐리어를 끌고 공항버스를 타는 모습을 본 팬이 사진을 찍어 유포하면서 한동안 이슈가 된 일이 있었다. 최근에는 '화웨이 회장의 이메일'이 화제가 되었는데 다른 경영자들도 인정하는 그의 주옥같은 명언이 담겨 있다. 하지만 만약 화웨이가 진심으로 언론 노출을 꺼렸다면 어떻게 우리가 화웨이 회장이 사내 직원에게 보내는 개인적인 메일을 읽을 수 있었겠는가?

선 대중적 가치, 후 수익 모델

애플, 구글, 알리바바, 화웨이가 성공할 수 있었던 핵심 요인은 모두 대중에게 유용한 어떤 서비스나 편의를 제공했기 때문이다. 오랜 투자 기간 동안 이들 기업은 특정 분야에 대한 대중의 소프트 수요를 어떻게 충족시킬 것인가에 집중했지, 어떻게 빨리 돈을 벌 것인가를 고민하지 않았다.

소프트 밸류 기업의 창립 단계에는 공통적으로 대중적 가치를 추구하며, 처음부터 상업적인 의도를 드러내지 않는다. 마찬가지로 사람들도 타오바오, 시나 웨이보, 텐센트 위챗, 공유 자전거 모바이크가 제공하는 상품과 서비스를 무료로 사용하기 때문에 이들이 상업적 회사라는 사실을 거의 의식하지 못한다.

기업이 대중을 위해 서비스한다는 이미지를 심어주기 위해 성공한 소프트 밸류 기업들은 '어떻게 하면 좀 더 좋은 상품과 서비스를 더 많은 사람에게 제공할 수 있을까?', '어떻게 하면 우리의 환경을 보호할 수 있을까?', '어떻게 해야 인간의 삶의 질을 높일 수 있을까?', '어떻게 하면 사람과 사람 간의 원활한 교류를 이끌어낼 수 있을까?', '어떻게 하면 좀 더 편리하게 이동할 수 있을까?' 등과 같은 내용의 기업 문화를 만든다. 무엇이 되었든 이 문제 중 어느 하나라도 해소되어 대중이 사용하게 되고, 일정 정도의 사용자와 트래픽이 쌓이게 된다면 아무리 무료 서비스라 하더라도 이들 소프트 밸류 기업은 사회 대중적 가치를 지니게 된다. 사회 대중적 가치를 통해 어떻게 수익을 낼 수 있는지, 그 이후의 부차적인 문제는 더 이상 걱정할 필요가 없다. 글로벌 최대 자동차 공유 서비스 우버 역시 기업의 목표가 주주들의 이익 창출이나 직원의 발전 기회 제공 등이 아니다. '수도꼭지를 돌리면 물이 나오듯 모두를 위한, 어디에서나 접할 수 있는 믿을 만한 교통수단'을 제공하는 것이 목표다. 도시 사람들에게 전통적 택시보다 더 효과적인 교통 서비스를 제공했을 때 막대한 소프트 밸류는 자연스럽게 창출되었다. 그리고 밸류에이션이 무려 600억 달러를 초과했다.

소프트 밸류의 길목에서는 누가 요금을 징수하는가?

중국 희극을 보면 산적이나 강도가 나타나 이런 재밌는 대사를 던진다. "이 길은 내가 낸 것이고, 이 나무는 내가 심은 것이다. 그러니 이 길을 지나려거든 통행료를 내라!" 물론 이 길을 그들이 내고, 이 나무를 그들이 심었다면 '통행료'를 받는 것은 요즘 세상에 고속도로 통행료와 지방의 도로 유지보수비를 받는 것처럼 당연한 일이다.

마찬가지로 각 업종마다 반드시 거쳐야 하는 길목이 있는데, 이들 기업이 그 길목의 요충지를 점령하게 된다면 부는 알아서 들어오게 된다. 어쩌면 돈을 싹싹 긁어모을 수도 있다. 당송 이래 경항대운하 경로에 있는 항저우, 난징, 양저우, 지난에서부터 실크로드를 잇는 베이징, 바오터우, 시안, 란저우, 둔황, 러우란을 거쳐 다시 지중해 북쪽을 잇는 로마, 베니스, 제네바, 피렌체 모두 주요 상로商路 위에 부의 채널을 점하고 있었다. 그 덕분에 다른 도시보다 더 많은 발전 기회와 세금을 얻을 수 있었다.

농경 시대에는 토지 자원을 가진 사람 역시 부의 채널을 지배한 사람이었다. 하드 밸류 시대에는 광산 자원, 희귀 자원, 독점 기술, 무역 채널을 가진 사람 모두 부의 채널에서 요금을 징수하는 사람이었다. 심지어 수천수만 위안에 달하는 특허기술 역시 전통 제조 상품을 생산하는 부의 채널이었다.

하지만 현대 소프트 밸류 경제 시대에는 반드시 거쳐야 하는 길목마다 요금을 징수하는 사람이 있었던가?

지식형 소프트 밸류는 과거 모든 학교·도서관·서점이 그 채널이었다. 하지만 지금은 온라인 강좌, 온라인 서점, 자료 데이터베이스, 전자책 리더기 등 새로운 지식형 소프트 밸류 채널이 등장했다.

문화 오락형 소프트 밸류는 전통의 영화관 체인, 극장, 유명 전시관과 같은 실물 채널 외에도 인터넷의 동영상 사이트, 오락 채널, 핸드폰 음악 재생 프로그램, 위챗 구독 계정, 그리고 미래의 VR(가상 현실) 설비 등 모두 필수 채널이 된다.

정보형 소프트 밸류에서는 전통적 유선 TV, 통신망, 인터넷 외에도 사물 인터넷 기술이 발달하면서 향후 자동차나 냉장고 등 사물 인터넷으로 연결되는 가전 역시 정보의 채널이 될 것이다.

소프트 밸류 개발 분야에서는 데이터베이스, 응용 프로그램이 모두 채널이다. IT기업은 데이터베이스에 의존해야 하고, 서비스 인력은 반드시 재무 프로그램에 의존해야 한다. 예술 및 디자인에 종사하는 사람들은 그래픽 프로그램이 반드시 필요하다. 그러니 이 모든 것이 곧 소프트 밸류의 채널이 된다.

금융형 소프트 밸류에서 전통적인 거래소나 은행 지점 외에도 거래 프로그램, 모바일 뱅킹, 알리페이, 텐센트의 위챗페이 모두 채널이 된다.

텐센트 위챗은 이미 중국에서 가장 영향력 있는 최대 SNS가 되었다. 위챗은 소셜 채널을 제공할 뿐만 아니라 일상 서비스, 금융투자, 교통 등 소프트 밸류 산업의 정보화 채널이 되었다. 매월 9억 명가량의 액티브 유저가 위챗의 다양한 기능을 이용하면서 막대한 소프트 밸류가 창출한다. 텐센트는 채널의 소유자로 적지 않은 소프트 밸류를 분배받는데 2016년까지 광고 수익만 51억 6,800만 위안에 달한다.

일단 부의 채널을 손에 넣기만 하면 기업은 소프트 밸류 시대의 우위를 점하게 된다. 물론 많은 후발주자들이 '산 정상'을 계속해서 탈환하려 들겠지만 먼저 우위를 독점하고 있기 때문에 주인을 바꾸는 일은 쉽지 않다.

소프트 밸류 채널의 쟁탈전

소프트 밸류 시대에 소프트 밸류 부의 채널을 차지하기 위해 소프트 밸류 기업들은 갖은 술책을 사용한다. 어떤 소프트 밸류 기업은 신기술을 응용하여 자금 플로우나 정보 플로우, 지식 상품, 문화 오락 상품을 가지고 새로운 채널을 만든다. 동시에 지적재산권, 기술 장벽 등을 통해 채널을 오랜 기간 차지하고자 한다. 예를 들어 알라바바는 알리페이를 통해 일상적인 소비로 발생하는 자금 플로우가 자신의 금융 시스템으로 흘러들도록 유도한다. 그리고 다시 위어바오로 사람들의 재테크 자금까지 유치하고 있다. 그렇게 전통 은행업은 가지고 있던 케이크 중 가장 큰 부분을 이들 기업에 내어주어야만 했다. 텐센트 위챗이 개발한 위챗 홍바오[8], 위챗 페이, 위챗 재테크 모두 알리페이의 개념을 본뜬 것이다. 그리고 이것이 바로 신기술을 이용해 부의 채널을 구축한 예다. 또 다른 예로 아마존은 초기 소니 기업 등 리더기 기술을 바탕으로 E-잉크 기술을 이용하여 킨들이라는 전자책을 개발했다. 아마존은 기존에 장악하고 있던 대량의 도서 판권과 이 기능을 융합하여 전자책 리더기를 개발했다. 전자책 리더기는 많은 소비자들의 사랑을 받고 있으며, 새로운 지식 상품의 채널을 개척했다.

어떤 소프트 밸류 기업은 기존 부의 채널에 신기술을 접목해 업그레이드하기도 한다. 예를 들어 텔레비전의 기존 문화 오락형 소프트 밸류 상품의 채널을 광뎬네트워크(라디오 TV 방송총국)를 통해 전송하고 있다. 네트워크 기술이 진보하면서 광뎬은 자체 셋톱박스 상품을 출시, 기존 텔레비전 상품을 업그레이드해 기본적인 상호 연동성과 고해상도 기능을 갖추게 되었다. IT 업체들도 텔레비전의 오락성이 가치 있다고 판단하여 기능도 많고 상호 연동성이 강하며, 다양한 프로그램을 송출할 수 있는 샤오미 미박스 같은 셋톱박스를 개발하기 시작했다. 온라인 엔터테인먼트 회사도 직접 텔레비전을 개조하여 인터넷에 직접 접속할 수 있는 '슈퍼 TV'를 생

---

8) 세뱃돈이라는 훙바오에서 파생된 개념으로 액수 제한이 있는 모바일 송금 서비스를 말한다. _옮긴이

산한다. 그리고 소비자들의 시간을 자신의 부의 채널로 유인하고 있다.

웹브라우저 역시 인터넷의 중요한 인터페이스로 정보 상품의 핵심 채널 중 하나다. 당시 마이크로소프트는 이 채널을 확보하기 위해서 소송까지 불사했다. 인터넷 익스플로러를 무료로 제공하면서까지 넷스케이프 사의 넷스케이프를 무너뜨렸다. 그러나 인터넷 익스플로러가 웹브라우저 시장을 평정한 후에도 도전자들은 끊임없이 등장했다. 도전자들은 기본 기능은 같지만 부가 기능은 많고 사용자 체험이 더 다양한 웹브라우저를 주무기로 도전장을 던졌다. 구글은 크롬, 애플은 사파리, 그리고 독립회사 가 오페라와 맥스톤 등을 개발했다. 중국 IT기업도 경쟁 대열에 합류하며 상품을 개발하고 있다. 창퍄오[9]와 차일드 락, 멀티 코어 등의 기능을 추가하여 인터넷 접속자를 자신의 상품 쪽으로 유도하고 있다.

소프트 밸류 플랫폼 기업으로 변신

소위 소프트 밸류 플랫폼 기업은 사회 대중 활동 플랫폼이든 정보 열람·정보 공시·무역·연구 개발·창업 플랫폼이든 모두 다음의 세 가지 공통점을 지닌다. 첫째, 사회 대중적 가치를 지니고 있어 오락 콘텐츠를 교류하고 무료 자원을 로딩하여 흥미가 서로 다른 주체나 이익 주체의 욕구를 충족시켜준다. 둘째, 자료 접목, 자료 전환, 자료 확장 등의 기능을 지니고 있어 안정적인 비즈니스 모델을 갖추었다. 셋째 복제성을 지니고 있어 빠르게 인큐베이팅이 가능하다.

현재 이미 많은 소프트 밸류 플랫폼형 기업이 존재한다. 예를 들어 타오바오는 수천수만의 판매자를 위해 교류 플랫폼을 구축했고, 유쿠는 무수히 많은 동영상 제작자들을 위해 이를 송출할 수 있는 플랫폼을 제공한

---

9) 표를 예약한 사람이 결제하지 않아 취소된 표를 사는 시스템을 말한다. 옮긴이

다. 치덴은 수많은 인터넷 작가를 위해 창작할 수 있는 공간을 제공하고, 우버나 디디추싱은 수많은 자가용을 예약할 수 있는 플랫폼을 제공한다.

하지만 소프트 밸류 플랫폼형 기업이 직접 서비스 혹은 콘텐츠를 제공하는 것은 아니다. 타오바오가 직접 제품을 판매하지 않고, 유쿠가 직접 동영상 자료를 올리지 않으며, 치덴이 직접 문학작품을 창작하지 않는 것과 같은 이치다. 이들 업체는 플랫폼을 개설하고 무료 혹은 저렴한 가격으로 광범위한 사회 역량을 끌어들여 서비스를 제공하거나 콘텐츠를 업로딩한다. 이처럼 플랫폼은 그저 서비스 혹은 콘텐츠 제공자(통상적으로 '판매자'에 해당)들이 경쟁할 수 있는 무대를 마련해줄 뿐이다.

판매자는 자신의 서비스 혹은 상품을 통해 일정 정도의 소프트 밸류를 창출하고, 판매 및 유료 구독, 칭찬 사례금 등의 방식을 통해 소프트 밸류를 실현한다. 무엇보다 플랫폼 기업은 판매자의 서비스나 콘텐츠 제공을 통해 수많은 구매자를 끌어들임으로써 자신의 전파 집단 구간을 형성한다. 이처럼 광범위한 서비스와 콘텐츠 역시 플랫폼의 소프트 밸류 승수를 높여준다. 그 결과 플랫폼의 소프트 밸류가 빠르게 상승한다.

이처럼 성공한 소프트 밸류 플랫폼형 기업은 다음의 규칙성을 지닌다. 1단계, 사회 대중 가치가 쌓인다. 이 단계에서는 어느 정도의 투입이 필요하지만 바로 보상을 받을 수 있는 것은 아니다. 디디추싱처럼 교통 서비스 플랫폼을 제공하는 기업은 설립 초기 대중이 그나마 쉽게 받아들일 수 있었던 택시를 그 돌파구로 삼았다. 거액의 자금을 투자하여 모바일 콜택시 업무에 참여하는 택시 기사들에게는 장려금을 주고, 이 서비스를 이용하는 승객에게는 대량의 훙바오를 선물하며 승객이 모바일 콜택시 서비스를 사용하도록 유도했다. 이 단계는 사회 대중의 가치를 구축하는 단계로 전파 집단의 범위를 창조하는 과정이기도 하다.

2단계, 소프트 밸류 플랫폼형 기업이 자원을 흡수 및 통합하기 위해 소프트 밸류 승수를 높이는 단계다. 이번에도 디디추싱을 예로 들어보자. 승객 사이에서 모바일 콜택시 서비스가 알려지게 되고 초보적인 전파 집단의 범위가 구축된 후 대량의 자가용 자원까지 통합하여 자가용(개인 자가용 콜快車, 카풀順風車) 예약 서비스를 시행하면서 전통적인 택시 운수 사업을 훌쩍 뛰어넘는 차량 공유 서비스 기업이 되었다.

3단계, 소프트 밸류 플랫폼형 기업이 빠르게 복제되면서 사업은 입체적으로 확장되고 다원화된 소프트 밸류 이익이 실현되는 단계다. 디디 콰이처(개인자가용 콜) 등의 서비스가 어느 정도 무르익자 디디추싱은 또다시 도시의 버스 자원까지 통합하여 이번에는 디디버스 서비스를 실시했다. 그리고 다시 대리기사 자원도 통합하여 디디 대리기사 서비스를 실시했다. 이에 그치지 않고 디디추싱은 계속하여 셔틀버스, 전용차, 시승, 렌터카 등으로 사업을 확장했다. 업계에서는 디디추싱이 유저와 트래픽, 데이터가 일정 수준에 이르면 전자상거래나 금융, 자동차 제조산업까지 손을 뻗칠 것이라고 예상하고 있다.

소프트 밸류의 지도자 전략과 클럽 전략

인간의 잠재된 정신적 수요는 무한하지만 개인의 주의력은 유한하다. 소프트 밸류 함량이 높은 분야에 일단 선발주자가 어느 정도 고객과 브랜드 파워를 확보하여 소비자의 관심과 이목을 끌고 추종자들을 거느리게 되었다면, 후발주자가 선발주자를 뛰어넘기란 말처럼 쉽지 않다. 때문에 소프트 밸류 함량이 높은 대부분의 업종에는 1등, 2등만 존재할 뿐, 그 나머지는 살아남기 힘들다.

예를 들어 옥외광고 분야에서 포커스미디어가 규모의 경제 효과를 톡톡히 누리기 시작하면서 기타 기업들은 더 이상 대적이 어려워졌다. 이렇게 업계를 세분화한 지도자 장난춘이 기본적으로 옥외광고 천하를 제패하면서 중국에서 가장 빨리 자수성가한 젊은 부자에 이름을 올렸다.

텐센트 위챗이 큰 성공을 거둔 후 수억 명의 중국인은 이미 '위챗 종족(단톡방)' 사이에 그들만의 '정신적 아지트'를 구축했다. 알리바바 같은 거대한 자원을 지닌 기업도 더 이상 대중의 주의를 자신 쪽으로 돌리기엔 역부족이었다. 결국 위챗의 상호 교류 매체를 복제하려던 시도는 물거품으로 돌아가게 되었다.

이처럼 대중의 주의력을 독점하는 소프트 밸류 전략을 '지도자 전략'이라 한다.

지식 경제·정보 경제·문화 경제·금융 경제·서비스 경제 등의 영역에서 대중의 주의력을 '독점'할 수 있는 차선책으로 집단의 주의력을 분산하는 '클럽 전략'이 있다.

클럽은 느슨한 결합조직으로 일반적으로 구성원 간의 느슨한 구속력을 지닌다. 클럽을 하나 창설하기 위해서는 강한 연결고리와 다양한 자원의 통합, 이를 수행할 능력이 있는 인재 혹은 독특한 자원, 혹은 타고난 지도자[10]가 필요하다. 일단 구성원의 주의력을 집중시켰다면 이미 거대한 소프트 밸류가 탄생한 것이다.

기업가 클럽을 예로 들어보면, 유럽이나 미국뿐만 아니라 중국에서도 하이클래스 클럽이 우수 기업가의 주의를 끌기 위해 애쓰고 있다. 중국에서 2006년 설립된 '중국 기업가' 클럽은 영향력 있는 기업가 클럽 중하나다. 중국 기업가 클럽은 각종 국제 방문, 이사회 간의 교류, 중국 기업

---

10) 정치 클럽 역시 유사한 특징을 가진다. 사실 UN도 사실상 미국을 필두로 하는 큰 정치 클럽에 해당한다. G7(선진 7개국) 역시 선진국 클럽이고, WTO(세계무역기구) 역시 무역 협정에 특화된 클럽이다. 이들 클럽은 의심의 여지 없이 모두 미국을 중심으로 하는 주권 시대에 소프트 파워와 소프트 자원을 통해 대화와 소통, 자원 집적화를 실현한 '클럽'에 해당한다. 일단 이들 클럽이 주요 회원국의 주의력을 집중시켜 중심 교류 플랫폼이 되고 나면 기타 유사한 클럽들이 조직되기 어렵다. 물론 클럽은 제일 먼저 지도자의 이익을 보장해야 한다. 그렇지 않으면 주도자가 딴살림을 차릴 수도 있기 때문이다. 예를 들어 WTO는 전세계 무역 클럽으로 자연스럽게 설립 국가인 미국이 주도하고 있었다. 하지만 중국이 WTO 무역 규정을 준수하며 섬차 전통적인 무역 분야에서 중국의 발언권이 강해지자 미국은 새로운 무역 클럽인 TTP(환태평양경제동반자협정)와 같은 클럽을 만들기에 이른다.

가 글로벌 유학 계획 등의 활동을 실시하여 클럽의 결속력을 높인다. 그리고 2012년 잡지사 〈중국 기업가〉 사장 류둥화가 발족한 '정허다오'에 현재 활약 중인 기업가들이 대거 참여했다. 또한 기업가 회원들과 정허다오 회원 '다오린'은 다양한 온오프라인 교류 활동을 자주 개최하며, 액티브 회원이 3,000명에 육박한다고 한다. 중국 A주 차스닥 상장기업이 성장하면서 만들어진 클럽은 차스닥 상장기업의 이사장을 주체로 자주 각종 교류 활동을 진행한다.

중국에서 가장 활약하고 있는 클럽은 푸젠福建상회, 후이徽상회, 저浙상회, 산시山西상회와 같은 각종 상회인데 전통적으로 강한 결속력을 지닌다. 지방 부호들이 모여 결성한 상회 클럽은 강한 지연地緣성을 지니고 있기 때문에 신뢰 구축이 용이하다. 이 특징은 자금 융자 시 특히 두드러진다. 일반적인 금융기관을 통해서는 빌리기 어려운 자금도 상회 내부에서는 손쉽게 해결된다.

각양각색의 부자들의 취미 클럽 역시 막대한 소프트 밸류를 지니고 있다. 예를 들어 슈퍼카 클럽, 골프 클럽, 승마 클럽, 축구 클럽 그리고 다양한 독서 살롱, 독서회, 음악 살롱, 미술 살롱, 스포츠 살롱처럼 서로 같은 관심을 가진 사람끼리 모여 사회 대중적 가치를 형성한다.

당연히 '들불'처럼 빠르게 퍼져나가는 클럽에는 중국의 '위챗 단톡방'과 같은 인터넷 클럽이 있다. 겉으로 보기에는 단순히 친구 단톡방, 테마 단톡방처럼 보이겠지만 단톡방 내의 회원들은 매일매일 서로 이야기를 나누기 때문에 사실상 그들에게 이곳은 '정신적 아지트'나 다름없다.

하나의 클럽을 만들려면 대상을 확정하고 클럽의 기능을 확정해야 한다. 일반적으로 특별한 자원의 도움을 받으며, 전문적인 조직자의 장기적인 관리가 필요하다. 예를 들어 정허다오의 류둥화는 〈중국 기업가〉 잡지사 사장을 역임하면서 장기적으로 쌓은 기업가 인맥이 있었고 오랜 관리자로서의 경험도 있었다. 오랜 기간 〈영재〉 잡지사 사장을 역임했던 쑹리신朱立新 여사 역시 뛰어난 클럽 창립자다. 그녀가 매년 주최하는 각종 행사에는 지명도 있는 기업가와 학자, 자산 사업가가 대거 참석한다.

　플랫폼 전략과 마찬가지로 클럽을 창립할 때도 처음부터 상업적 가치를 실현하려고 들어서는 안 되며 사회 대중 가치 혹은 집단 가치를 최우선으로 삼아야 한다. 예를 들어 기업가 클럽은 기업가의 사회적 책임을 촉구하고, 기업가 간의 자원 교류·자원 융합·자원 확장을 추진하여, 기업가의 정서와 생활의 질을 높여야 한다. 상회는 특히 현지 상인의 이익을 먼저 보장해야 한다. 각종 취미 클럽, 학술 살롱, 예술 살롱은 클럽 회원이 클럽 활동을 통해 얻고자 하는 바에 더욱 귀를 기울여야 한다. 심지어 인터넷 위챗 단톡방도 다른 정보에 휘둘리지 않도록 명확한 테마를 가지고 클럽 구성원의 주의를 집중시켜야 한다.

　이들 클럽이 회원들에게 정신적 만족을 주는 과정에서 이미 거대한 소프트 밸류가 서서히 발생하기 시작한다. 이뿐만 아니라 미술 작품, 고급 예술 오락 등 소프트 밸류 상품은 특히 특정 클럽이 그 가치를 실현하는 주요 방식이다. 때문에 특정 클럽 전략이 없이는 소프트 밸류는 아예 생각조차 할 수 없다.

국가의 소프트 밸류 전략

1905년 캉유웨이의 《물질구국론》을 보면 캉유웨이 역시 이미 중국의 가치 전략이 시대에 뒤떨어졌음을 희미하게나마 의식하고 있었던 듯하다. 열강이 산업 개화기에 접어들었지만 중국 생산은 여전히 농경 단계에 머물러 있어 반드시 도태될 것이라고 직감하고 있었다. 그리고 100여 년이 지난 오늘, 여전히 수천 년 전의 중농주의에서 완전히 벗어나지 못한 중국인이 '하드 가치론'의 사상에 갇혀버리는 것은 아닐까 우려된다.

어제의 이론으로 오늘을 경영하지 마라

중국은 '물질적 부를 중시하고, 비물질적 부를 경시'하는 사상이 예로부터 존재했다. 수백 년 전에도 어떤 이는 중국의 산업을 '기기음교奇技淫巧'라고 폄훼하며 중국의 방직과 의류산업은 그저 면화의 모양에 변화만 준 것뿐 어떤 창조적 가치도 들어있지 않아 중국 산업에 발전이 없는 것이라 비판했다. 수십 년 전 누군가는 상업이 그저 '상술'로, 물건을 이곳에서 저곳으로 옮겨 차익을 실현하는 것뿐 절대 부의 창조가 아니라 비난하며 상인을 체포한 일도 있었다. 하지만 오늘날은 더 이상 이러한 논리로 소프트 밸류와 경제경영체제를 공격할 수 없다.

사실 '근면 성실'과 '물질적 자산'이 부를 창출한다는 하드 밸류식 부의 관념은 그저 하드 요소를 무의미하게 반복적이고 지속적으로 투입하여 부를 축적하는 것에 불과하다. 하지만 지구의 하드 자원과 하드 요소의 보존량에는 한계가 있어 노동·자본·토지 등의 요소 투입만으로 얻을 수 있는 가치는 정해져 있다. 하지만 소프트 밸류의 창조는 지구 자원의 제약을 받지 않기 때문에 토지·노동·자본 등의 요소 투입보다 인간의 창조적 사유와 기능적 활동을 통해 더 많은 소프트 밸류가 창출된다. 또한 자원 요소의 보존량의 제약을 받지 않기 때문에 가치 상승의 상한선이 없다.

하지만 중국은 여전히 저렴한 가격과 상대적으로 고정된 하드 밸류를 가지고 선진국의 기하급수적 성장을 보이는 소프트 밸류와 교환한다. 이는 마치 당시 봉건적 농경사회와 유럽의 산업 자본주의의 싸움처럼 부의 전략 차원에서도 도저히 그들을 이길 수 없다. 낙후된 가치 전략으로는 민족의 부흥을 꿈꿀 수도 없다. 만약 아직도 '근면 성실'로 부를 창출하고자 하는 국가가 있다면 하드 밸류의 생산 영역에만 시선이 꽂혀, 하드 밸류의 '산술적 성장'으로 소프트 밸류의 '기하급수적 성장'을 따라잡으려는 것이나 마찬가지다.

근현대 제조업에서는 전통 가내수공업이 사라지고, 농촌과 농업 역시 완전히 달라졌다. 현재 미국의 600여만 명만 농업에 종사해도 4억여 미국인을 먹여 살리고도 남아 수출도 가능하다. 앞으로는 인터넷, 인공지능, 빅 데이터 등의 신기술의 발전에 힘입어 전통 제조업이 완전히 달라질 것이다. 생산 과잉과 공급 노후화 등의 원인으로 타격을 받고 있는 전통 제조업은 어떻게 신금융·신기술·신모델을 적극적으로 활용, 자신의 공급 체계를 업그레이드하여 소프트 밸류 시대를 개척해나갈 것인가?

지식형 소프트 밸류 전략

현재 중국의 지식 산업은 모두 빠른 성장세를 보이고 있다. 하지만 전통의 교육 산업이든 신흥의 자문 산업·싱크탱크 산업·콘퍼런스·포럼 산업이든 모두 역사상 유례없던 전략적 기회와 각종 도전에 직면하게 되었다.

교육 경제 분야에서는 중국 전통의 초중고 교육 역시 철저한 개혁이 필요하다. 과거 하드 밸류 시대에나 어울렸던 주입식 교육과 입시 위주 교육, 성인이 된 후 사회 직급과 직결되는 학급 간부 제도 역시 소프트 밸류 시대의 시장과 사회 수요에 발맞추어 개혁해야 할 것이다.

전통적 교육 분야 외에도 다양한 분야에서 사이버 교육의 편리성이 부각되고 있다. 이렇게 교육과 훈련은 지역과 시간적 제약을 점차 벗어나 탄력성과 효율성이 높아지고 있다. 이제는 전통적 의미의 학교라는 울타리에서 벗어나 다양한 지식 전파와 기능 훈련 방식이 발전하여 점차 개방적이고 평등하며 다원화된 특징을 보인다. 특히 인터넷이 발전하면서 과거 얻기 어려웠던 지식이나 정보 역시 클릭 한 번이면 바로 얻을 수 있게 되었다. 다양한 학술 사상과 명강사의 강의, 교안 등을 어디서든 구매하고 다운로드받을 수 있게 되었다. 누구라도 언제라도 평등하게 인터넷에서 원하는 지식과 기능을 얻을 수 있게 되었다. 그러니 이제는 중국의 교육 훈련 경제도 급변하는 환경에 빠르게 적응해야 할 때다.

과학 연구 경제와 과학 연구 산업의 발전 동향을 살펴보면 중국은 여전히 국가 주도형 과학 연구 체제에서 벗어나지 못하고 있다. 이러한 방식은 과학 연구 분야에 투자가 활발하게 이루어진다는 이점이 있긴 하지만 충분히 시장화하기 어렵다는 단점도 있다. 정부 출자형 과학 연구소와 기업 내부의 과학 연구 기관 외에도 특화된 시장화 과학 연구 기관을 양성하는 데 힘써야 할 것이다. 실리콘 밸리와 중관춘 산업단지처럼 우수한 과학 연구 경제가 일단 형성되고 나면 자연스럽게 선순환이 일어나며 다양한 측면의 과학 연구형 소프트 밸류가 지속적으로 발전한다.

중국의 자문형 경제는 90년대 태동하기 시작하여 재무회계 분야의 자문기관들은 이미 독점적인 지위를 안정적으로 누리고 있다. 하지만 기타 기업 전략 관리, 헤드헌터와 인력 자원, 세무, 법률, 시장, 광고 기획, 자본시장 시가총액 관리, 여론 조사 분야의 자문형 경제는 아직도 초보적인 단계에 머물러 있다. 이후 시장은 더욱 세분화될 것이며 경쟁 구도 역시 더욱 심화될 것이다. 중국의 가정 자문업 역시 새로운 소프트 밸류의 성장점으로 부상하게 될 것이다. 그중에서도 건강 자문, 교육 자문, 보건 자문, 재테크 자문 모두 전망이 밝은 소프트 밸류 산업이다.

경제체제 전환 과도기에 처해 있는 중국의 싱크탱크 경제는 수익 규모뿐만 아니라 국제적 영향력, 정치적 영향력, 시장화 정도, 인적 소양 역시 선진국 싱크탱크에 크게 못 미친다. 사실 리포트를 기준으로 한 실적 평가, 수직적인 계급 구조, 프로젝트 수익을 목표로 하는 전통적인 싱크탱크의 기능을 벗어나 상대적으로 독립적인 민간 기구를 설립해야만 가치 있는 의견을 독립적으로 개진할 수 있고, 실천 가능한 정책 방안을 수립할 수 있다.

민간 싱크탱크의 발전을 지원하기 위해서는 중국 정부는 비영리 민간단체의 사업 등록 장벽을 낮추어 다양한 기업 및 사회 집단이 국가 개혁에 이바지할 수 있도록 격려해야 한다. 그 밖에도 사회 간접 자본이 민간형 싱크탱크 설립에 적극 참여할 수 있도록, 먼저 현재 중국 민간형 싱크탱크에 보편적으로 나타나고 있는 자금 부족 문제를 해소해주어야 한다. 또한 비영리 민간 사회 조직의 소득에 대해서는 세금 감면 혜택을 강화해야 할 것이다.

중국의 콘퍼런스 혹은 포럼 경제 역시 초보적 단계에 머물러 있어, 수적으로나 영향력 혹은 조직 구조 면에 있어서 선진국에 크게 못 미치는 수준이다. 중국의 콘퍼런스와 포럼 경제의 발전을 위해서는 각 사단, 미디어, 기업, 고등 교육, 학술 단체가 주최하는 각종 콘퍼런스와 포럼을 지원 및 격려해야 한다. 정부 당국은 기반 구축을 적극적으로 지원하거나 직접 구축하여 콘퍼런스와 포럼 경제의 규모와 수준을 지속적으로 높여 콘퍼런스와 포럼 경제가 각광받을 수 있도록 지원해야 할 것이다. 각 포럼의 전문성·권위성·브랜드 특화를 강화하여 콘퍼런스와 포럼이 기업·시민·정부·사단 모두 만족할 수 있고 경제적 특수도 누릴 수 있는 신흥 소프트 밸류 산업으로 거듭날 수 있도록 지원해야 한다.

정보형 소프트 밸류 전략

정보의 파급 속도가 빨라지면서 국경을 초월한 온라인 커뮤니티를 통해 국가와 국가 간의 거리가 좁혀졌다. 그 결과 이제는 전 세계적으로 통제 범위를 벗어나는 정보 관리상의 문제가 대두되기 시작했다. 상대적으로 정보 전달이 빨라지면서 강대국의 권력은 약해지고, 약소국과 기업 및 초국가적 행위체의 권력은 강화되었다.

중국은 국가 전략적 차원에서 정보형 소프트 밸류 기술의 응용과 보급을 더욱 중시해야 한다. 또한 정보형 소프트 밸류를 경제 구조 조정 및 개혁의 중요한 동력원으로 삼아야 할 것이다. '길더의 법칙'에 따르면 가장 비싼 자원을 아끼기 위한 최선의 방법은 가장 값싼 자원을 마구 쓰는 것이다. 최근 중국에서 가장 저렴한 자원은 어디에나 있는 신흥 정보 소프트 밸류 자원인데, 관건은 '이 정보 콘텐츠를 어떻게 자발적으로 창조하고 공급하도록 유도하는가, 어떻게 정보 매체를 효과적으로 개발하여 빠르게 정보를 전달할 수 있을까? 어떻게 정보 매체에 대한 사회 간접 자본 투자를 늘려 세대교체를 촉진할 수 있을까? 어떻게 정보통신 융합을 추진할 수 있을까?'에 달렸다.

정보 상품은 본질적으로 인간 대뇌의 사유 활동의 산물로 사유를 언어·음성·영상의 형식으로 표현한 것뿐이다. 정보 콘텐츠의 발전은 어떻게 국민 개개인이 창조성을 발휘하는가에 달렸다. 중국은 인구도 많고, 인터넷 사용자도 많아 정보 콘텐츠 창조 잠재력 역시 풍부한 국가다. 정부는 불건전 정보의 창조와 전파를 효과적으로 제한하면서도 인터넷의 개방성과 호환성을 높이는 데 주력해야 한다. 관료·학자·관리자·일반 국민 등 다양한 계층의 사람들이 정보 자원의 공유에 참여하여 더 많은 과학 연구 성과와 사회 인지·기술 혁신·비즈니스 정보·창업 소감·경영 노하우·경제 문제·정책 비판·제안 분석 등에 관한 자료를 공유할 수 있도록 해야 한다. 그리하여 정보 산업으로의 구조조정 과정에서 제대로 기회를 포착하고, 네트워크 구축과 차세대 이동통신 기술의 인프라 구축을 강화할 수 있도록 지원해야 할 것이다. 인터넷·빅 데이터·정보기술 등 정보 자원의 전략적 의의를 중시하고 정보 자원의 개발·수집·가공·이용 등 종합 처리 능력을 높여 정보를 다시 배포함으로써 정보 우위를 선점하여야 한다. 빅 데이터 분석·인터넷 플러스·클라우드 컴퓨팅 등 정보기술의 혁신 능력을 높임으로써 인터넷 플러스·빅 데이터와 전자정부·의료·군수 산업·금융 등 산업과의 융합과 혁신을 가속화하여 정보화·디지털화·네트워크화·스마트화로의 전략적 전환을 촉진해야 한다.

문화형 소프트 밸류 전략

자체적으로 창조력이 부족한 기업들은 해외 문화 상품은 너무 저속하고 배외사상이 두드러진다며 공격한다. 시장에서 국민적 사랑을 받는 문화 오락 상품은 조잡하다며 비난한다. 하지만 실상 자신이 만든 상품은 너무 딱딱하고 생명력이 없으면서도 중화 문화의 위상을 드높이겠다고 떠벌린다. 그러나 그들이 제작한 작품들은 말만큼이나 번지르르하지 않아 국민들의 외면을 받기 일쑤다.

어째서 유럽과 미국의 대중가요와 할리우드 블록버스터가 중국에서 큰 인기를 얻는 것일까? 그건 국민들의 사랑을 받기 때문이다. 예를 들어 영어라는 언어 뒤에는 유럽·미국 경제와 서양 문명의 흡입력을 내포하고 있고, 한자 뒤에는 중국 경제의 급부상과 중국 문명의 흡입력이 숨어있다. 하지만 왜 신둥팡은 중국에서 큰 발전을 거두고, 공자학원은 해외 진출을 위해 정부가 적극 지원했는데도 불구하고 맥을 못 추는 것일까? 물론 대중에게 어필되는 포인트가 다르기 때문이기도 하다. 하지만 그보다도 신둥팡은 시장화의 산물로 창업자가 어떻게 하면 사람들의 영어 수요를 개발할 수 있을까 고심한 끝에 설립된 회사다. 반면, 공자학원은 시장화가 아닌 정부가 개입하여 지어진 기관으로 어떤 세력을 등에 업고 시장에 진출했기 때문이다. 이처럼 시장에서 충분한 상호 소통·교류·적응을 거쳐야만 그 문화에 자연스럽게 녹아들어 장수할 수 있는 것이다.

제조 환경 측면에서 정부는 자국의 정치체제와 사회 도덕적 범위 내에서 각 문화 오락 상품의 창작에 대한 최소 기준을 법률로 규정해야 한다. 그리고 법률로써 사전에 각 위법한 문화 오락 활동에 대응하는 처벌을 명확히 규정해야 할 것이다. 기본적으로 제도에 관한 건전한 법률을 구축하고 사회적 리스크를 관리해야 한다. 동시에 규제를 완화하여 양호한 시장화 환경을 조성해야 한다. 이를 통해 다양한 민간 문화 오락 산업의 발전을 촉진하고 문화의 공급 능력을 높여야 할 것이다.

동시에 참여 집단과의 상호 교류를 강화하여 문화에 대한 참여 의식과 수용도를 높여야 한다. 최적화된 문화 전파 및 교류 메커니즘을 구축하여 간행물·텔레비전 등 전통 미디어와 네트워크·위챗 공공계정 등 뉴미디어 간의 융합 발전을 촉진해야 한다. 다원화 채널의 커버리지가 높은 전파 네트워크를 구축하여 문화의 국제 파급력을 높여야 한다.

금융형 소프트 밸류 전략

경제 수요가 금융 산업을 파생시켰다면 금융은 부의 창출을 촉진한다. 하지만 금융이 경제 발전의 수요를 넘어서면, 부를 쟁탈하기 위한 단순한 도구로 전락하고 만다. 서브프라임 모기지 사태가 글로벌 금융위기로까지 확산된 데는 금융이 부의 창출의 수요를 초과하여 과도하게 발전했기 때문이다.

실물자산이 일정 단계까지 발전하게 되면 필연적으로 화폐와 금융자산이 파생되는데, 이는 신용에서 파생된 '소프트 밸류'다. 어떤 금융 소프트 밸류라도 일단 발생하게 되면 본체에 완전히 종속되지 않고, 자체적인 운동 규칙을 갖게 된다. 그 가치는 주로 집단적 인지의 영향을 크게 받아 시장의 변동 폭도 커진다.

금융 소프트 밸류의 창조는 신용 대출을 감당할 수 있는 범위를 벗어나서는 안 된다. 시중 은행 혹은 신용 대출 기관은 소비자에게 신용 대출을 제공할 때 반드시 상환 능력을 고려해야 한다. 하지만 미국 서브프라임 모기지론 사태는 신용 불량자와 부동산 계약금마저 지불할 능력이 없고 수입이 일정하지 않은 사람에게 신용 대출을 제공하여 발생한 결과다. 이처럼 금융 소프트 밸류 창조의 기본 원칙조차 무시한 금융 활동은 신용의 디플레이션 현상이 나타나며 신용도 깨지고 부도 사라지게 된다.

중국은 전 세계 예금 자원이 풍부한 나라로 수백 조 위안에 달하는 국민·기업·정부의 예금과 3조 달러의 외환 보유고를 가지고 있다. 하지만 유럽과 미국은 무이자인데 반해, 중국은 전 세계에서 이자가 가장 높은 나라 중 하나다. 심지어 2013년 여러 차례 '통화 결핍' 사태가 발생한 바 있다.

금융이 존재하는 근본적인 이유는 예금주와 기업 간에 교량 역할을 하여 최소의 비용으로 국민의 저축을 기업에 전달하는 데 있다. 하지만 중국의 금융 제도와 금융 메커니즘은 오히려 예금주와 기업 간에 끝도 없이 깊은 골을 만들었다. 이편에서는 돈이 넘쳐나는데, 저편에서는 고리 대금에 허덕이는 괴리 현상이 나타났다. 어떻게 하면 전 세계에서 돈이 제일 넘쳐나는 중국의 위안화 가치를 평가 절상시킬 수 있을까? 중국의 금융 소프트 밸류 전략은 좀 더 금융 규제를 완화하여 금융의 경락經絡을 풀어주는 방향으로 진행되어야 한다. 또한 위험 투자·주식시장·채권 시장과 전통의 시중 은행·인터넷 뱅킹 등 다양한 차원의 자본시장을 구축해야 한다. 자본의 가치가 저축과 신용 대출 수요관계를 실질적으로 반영하도록 해야 한다. 그리고 금융 자원의 배분 과정에서 시장이 주도적인 역할을 할 수 있도록 유도해야 한다.

금융 소프트 밸류 전략에는 적절하게 신용도를 높이고, 자본시장을 중시하는 등 다양한 전략이 있다. 하지만 그중에서도 통화의 글로벌화 전략이 매우 중요하다. 위안화의 글로벌화는 중국이 신용 소프트 밸류를 창조할 수 있는 중요한 돌파구 역할을 하기 때문에 적극적으로 추진해야 한다. 하지만 중국의 국제 수지 상황을 고려하지 않은 채 맹목적으로 추진해서는 안 된다. 개방된 금융 환경에서 만약 국가가 환율에 탄력적이지 못할 경우 중국 경제는 오히려 외부 세계의 영향을 받아, 중국 내 통화정책·무역정책·취업정책·경제성장·물가정책이 타격을 받게 된다. 따라서 위안화의 글로벌화를 순차적으로 추진하되, 위안화 환율 조정 메커니즘을 개선하여 국제 금융 분야에서 중국의 소프트 밸류 창조 능력을 높여야 할 것이다.

소프트 밸류 시대, 부의 지도자와 신요소

어떤 시대이든 부의 국가 간 흐름과 분배에 가장 큰 영향을 미치는 요인은 바로 희소성과 비유동적 요소였다. 즉 희소성과 비유동적 요소를 장악하는 사람이 가치의 분배에서 주도권을 쥘 수 있었다.

인류사회 초기 노예 시대에서는 노예가 생산 요소의 핵심이었고, 노예를 얼마나 소유하는가에 따라 부의 흐름을 장악할 수 있었다. 농경사회에서는 토지가 사회의 핵심 생산 요소로, 토지를 장악하는 사람이 부를 장악할 수 있었다. 그리고 토지를 통제하는 사람이 바로 지주와 봉건주였기 때문에 그들이 가치 분배의 주도권을 쥐며 당시 부자 집단을 이루었다. 전 세계 차원에서 보자면 비옥한 토지를 가장 많이 소유하는 국가가 바로 최대 부자 국가가 된다. '4대 문명' 모두 하천으로 충적된 평원에 위치하며 토지 자원이 풍족한 4대 유역에서 발전했다. 당시 고대 이집트의 나일강 유역, 고대 바빌로니아의 티그리스-유프라테스강 유역, 고대 인도의 인더스강과 갠지스강 유역, 중국의 장강과 황하강 유역이 있다.

항해와 상업기술이 보급되어 원자재를 쉽게 얻을 수 있게 되었다. 그렇게 농업에서 이탈한 노동자들이 점차 제조업으로 흘러들었고, 자본이 희소한 자원이 되었다. 도시와 국가 간, 국가와 국가 간의 실력 차는 유형의 지역과 인구가 아닌 무형의 자본에 의해 벌어지게 되었다. 전쟁의 주목적 역시 인구와 토지 쟁탈이 아닌 자본을 둘러싼 시장과 원자재 생산지 쟁탈에 있었다. 따라서 토지 양도, 상업 및 원거리 무역, 재산 매각 혹은 저당, 융자 이용, 주식 발행, 재정자금 지배 등의 방법과 심지어 원시자본을 축적하고 있는 '자본가'를 약탈 및 강탈하는 방법으로 당시 부의 분배에서 주도권을 쥐기도 했다.

전 세계적으로 생산 능력 과잉이 나타나는 시대에는 시장과 소비 능력을 지닌 인구가 부의 흐름을 주도하는 주요 요소가 된다. 이처럼 시대마다 국가를 부강하게 해주는 핵심 요인이 달랐다. 그리고 매번 인류의 가치 창조 방식에 혁명이 일어날 때마다 한 시대의 흥망성쇠가 결정되었다.

하지만 소프트 밸류 시대에는 자본이 신속하게 증가하면서 생산 요소 간의 희소성에도 변화가 일어났다. 자본가는 '테일러' 방식으로 노동자의 생산라인을 감독할 수는 있겠지만, 소프트 밸류 연구 개발과 예술 창조, 금융 상품의 가격 결정 등 소프트 밸류 활동을 관리할 수는 없다. 반대로 아이디어와 창조 능력, 기술과 경영 능력을 지닌 경영자는 금융시장을 통해 쉽게 자본을 얻을 수 있다. 또한 인류의 창조적 사유 활동이 희소한 자원이 되었으며, 지식·문화·정보·기술 등 소프트 자원이 부의 흐름을 주도하기 시작했다.

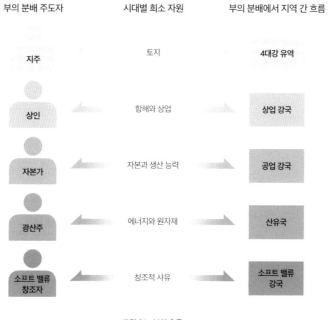

그림 8.1 _ 부의 흐름

소프트 밸류 시대에 부의 원천은 자연 자원이 아니라 인력 자원이다. 한 나라가 지속적으로 발전할 수 있는가는 제조업의 하드 밸류가 포화 상태에 이른 지금 얼마나 빨리 하드 자원에서 지식·정보·문화·금융 및 기타 서비스의 신요소로 전환 가능한가에 달렸다. 이들 신요소는 지구 자원을 소모하지도 오염시키지도 않으며 그저 인간의 사유와 지혜만을 소비하는 미래 경제 및 미래 가치의 주요 원천이다. 부의 지역적 흐름을 볼 때 지식형 인재의 이민에 대한 규제가 완화된 가운데 창조적 사유에 가장 유리한 자연 및 인문 환경을 가진 지역이 소프트 밸류 시대 부의 최종 집결지가 될 것이다.

소프트 환경 개선을 통한 소프트 파워 강화

자연 자원과 생태 환경 등 경제 발전을 제약하는 '하드한 환경' 요인과는 반대로, 소프트 밸류 발전을 유도하는 배경적 요인은 '소프트한 환경'이다. 소프트한 환경에는 사회 도덕·법률·경제 및 기업 제도 등 서로 다른 차원의 개념을 내포하고 있다. 제도 경제학의 개척자 로널드 해리 코스의 정리[11]에 따라 우리는 상품과 서비스 시장 경제체제를 구축해야 한다. 하루빨리 자유로운 사상 시장을 개척하여 다양한 학술과 상업에 관한 사상이 백화제방, 백가쟁명할 수 있도록 격려해야 한다. 다양한 인재가 자신의 가치를 충분히 발휘할 수 있도록 지원해야 한다.

　신용은 소프트 밸류 사회의 기초이자 가장 흡입력 있는 소프트 파워다. 한 나라가 소프트 밸류 세계의 패권을 장악하려면 반드시 건전한 사회 신용 체계가 필요하다. 가정에서 기업, 금융에서 제조업, 제조업체에서 전자상거래에 이르는 플랫폼은 모두 신용에 근거한다. 동시에 건전한 사회신용 체계는 다른 국가와 지역의 자원과 요소까지 흡수하며 소프트 밸류를 창조한다. 만약 한 국가의 신용도가 떨어지면 그 지역의 소프트

---

11) 개인 간에 비록 외부성이 존재한다 하더라도, 거래 비용이 적고 각 개인의 소유권이 명확히 설정되어 있는 경우 등 일정한 조건 아래서는 시장에 대한 정부의 개입이 불필요하다는 코스의 주장을 말한다. 옮긴이

밸류 산업 역시 그 미래를 보장할 수 없다. 그리고 자연스럽게 소프트 파워도 큰 폭으로 하락하게 될 것이다. 한 지역의 신용 체계가 건전해지면 소프트 산업 역시 점차 발달하게 된다.

저명한 학자 조지프 나이가 처음으로 도입한 '소프트 파워'란 개념은 문화적 영향력을 의미하여, 그는 향후 중국이 아시아와 전 세계를 뛰어넘는 거인이 될 것이라고 예언했다. 소프트 밸류라는 새로운 시대적 흐름 속에서 소프트 밸류 요소를 배양할 수 있는 '소프트한 환경'을 조성하는 것은 소프트 파워와 국가 경쟁력 향상에 도움이 된다.

과거 하드 포춘 시대에는 정부 부처가 자금 지원과 보조 등 정책적 지원을 했었다. 하지만 소프트 밸류 시대에는 '소프트 환경' 개선과 '소프트 파워' 향상에 더 치중해야 할 것이다. 최적화된 기업 재산권과 지적 재산권 제도를 통해 경제 조세 부담을 낮추어야 한다. 사회보장 제도를 개혁하여 양호한 '소프트 환경'을 조성해야 한다. 혁신 기업의 경영 환경을 개선하여 혁신 인재의 창조력을 자극함으로써 소프트 파워를 높이는 데 더 주력해야 한다.

소프트 밸류: 현대 경제학에 양자 이론을 도입한 값진 시도

_옌즈제(전 베이징대학교 경제학원 원장)

양자 이론을 경제학에 접목하려 한 값진 시도

현재 사회 발전 요구에 부합하는 가치 이론을 구축 및 개발하는 일은 이론과 실천적 의의를 지니는 중차대한 임무다. 이러한 이론은 사회의 생산 능력 발전을 유도 및 촉진하며, 당대 시장 경제 발전의 기본 규칙과 추세를 반영한다고 생각한다. 동시에 당대 자연과학 연구의 최신 성과물을 흡수 및 참고하거나 혹은 동시에 발전시킬 수도 있다.

지난 300여 년간 경제학 가치론의 발전사를 되돌아보면 경제학 가치론은 시대 변천과 사회 실천의 반복적인 검증을 거치며 오늘날에 이르기까지 꾸준히 발전 과정을 거듭해왔다. 그리고 지금의 '다원화 가치론'에 이르렀다. 윌리엄 페티가 제창한 토지와 노동의 '2대 생산 요소론' 이래, 자본이 추가된 세이의 '3대 요소론', 경영관리가 추가된 마셜의 '4대 요소론'을 거쳐, 현재 과학기술이 추가된 '5대 요소론'이 대두되었다. 하지만 '5대 요소론'이 경제 가치론의 종착역이라 생각지는 않는다.

지금의 과학기술은 이미 제1의 생산력이자 경제 가치 제1의 창조력이었다. 이는 최근 반세기에 걸친 세계 각국의 사회 경제 발전사를 총괄 및 개괄하는 표현이다. 하지만 이런 결론을 얻기까지 오랜 시간의 준비와 토론을 거쳐 많은 사람들의 보편적인 인정을 받아야 했다. 처음 누군가 "과학기술이 만약 제1의 생산력이라면 노동 가치론은 어디로 간 거죠?"라며 터무니없이 시비를 거는 사람도 있었다. 게다가 전쟁 후 컴퓨터 기술, 우주항공, 심해 탐사, 생명과학, 신소재, 신에너지 등과 같은 새로운 과학기술들이 계속해서 쏟아져 나오고 그 영향력이 막강해지면서 마땅히 이를 정의할 수 있는 적절한 개념과 용어를 찾지 못하고 있었다. 각 분야의 최신 동향과 성과를 반영한, 정보·초전도·기술·유전자 등 일일이 나열하기도 힘든 다양한 논조들이 등장하기도 했었다. 이는 경제 가치론이 발전하면서 발생하는 피할 수 없는 현상으로 극히 정상적인 현상이다.

과학기술과 시장 경제가 급성장하면서 끊임없이 등장하는 새로운 현상과 사물로 사람들은 새로운 난관에 봉착하게 되었다. '과학기술'의 다양한 요소 중 혹은 그 배후에 더 근본적인 요소와 힘이 존재하는 것은 아닐까? 이러한 요소들이 가치 창조를 이끌고 결정하는 것은 아닐까? 만약 그런 것이 존재한다면 그건 무엇일까? 더 나아가 만약 진짜 그런 것이 존재한다면 그건 이 요소와 힘이 확실히 상대적인 독립성을 지닌다는 것을 의미한다. 예전 노동과 자본·경영 관리가 역사적 발전 과정 중 각각의 시기에 새로운 동력원으로 작용했던 것처럼 말이다. 그렇다면 이 새로운 요소와 힘은 과학기술 범주 안에 갇혀 최근 과학기술을 해석하는 데만 활용해야 할까? 이는 과학기술에서 발원했지만 과학기술에서 독립된 새로운 동력이며, 5대 요소론 이후의 제6대 요소라고 설명하는 것이 더 합리적이지는 않을까?

이러한 고심에 빠져 있을 때 텅타이 박사의 《소프트 밸류》를 읽게 되었고 그때 나는 기쁨과 흥분을 감출 수 없었다. 상술한 문제에 대한 해답의 실마리를 찾을 수 있을 것 같았기 때문이다. 작가는 우선 물질 재산인

'하드 밸류'와 비물질 재산인 '소프트 밸류'로 구분했다. 그리고 '소프트 밸류'의 원천이 '창조적 사유와 기능적 활동'에서 기인한다고 밝혔다. 나는 그의 이론이 과학기술 요소에 대한 새로운 해석이자 어쩌면 가치 원천의 제6의 요소를 향한 값진 탐색 작업이었다고 생각한다.

'과학기술 요소'에 대한 새로운 해석이라고 말한 이유는 작가가 말하는 당대 창조적 사유와 기능적 활동이 당대 과학기술의 범주에 속한다 할 수 있기 때문이다. 그럼에도 가치 창조의 '새로운 원천'의 탐색이라 표현한 이유는 기존의 과학기술이라는 개념으로는 '창조적 사유와 기능적 활동'의 함의를 모두 포괄하기 어렵기 때문이다. 하지만 이것을 혁신 가치의 독립적 새로운 요소라고 하기에도 역시 뭔가 미심쩍은 부분이 있다. 하드 밸류의 원천을 포함하지 않아 너무 편협하고 부족함이 있기 때문이다. 마찬가지로 가치 원천의 기타 요소(노동·자본·경영관리·과학기술 등)로 묘사하기에는 각 요소가 역사 시기별 서로 비슷한 역할을 한다. 때문에 가치 원천의 요소라 표현하기에는 너무 의미가 방대하고, '창조적 사유'와 '기능적 활동'이라 표현하기에는 너무 가볍다. 어쨌든 '과학기술' 안팎에서 가치 창조의 원천을 탐색하려는 그의 시도는 용감하고 가치 있는 시도였고 인정할 만하다.

작가는 이를 근거로 소프트 밸류의 각종 규칙과 소프트 밸류의 실현 요건 등을 논술했다. 이 책은 소프트 밸류의 다양한 규칙과 가치 실현 조건 등을 서술한 책이다. 최근 다양한 사회 현상들을 생동적으로 묘사했을 뿐만 아니라 이를 다시 세분하여 전혀 새로운 의견을 내놓았다. 그의 참신한 견해는 정독하며 찬찬히 음미해볼 필요가 있다. 이 모든 것이 가능했던 이유는 그가 당대 세계, 특히 중국 개혁개방 이후 사회 경제 전반에 나타난 다양한 신문물과 새로운 현상을 세심하게 관찰하고 깊이 분석했기 때문이다. 또한 양자역학 원리를 깊이 이해한 덕분이기도 하다. 이

책은 분명한 시대적 특징과 과학적 품격을 지니고 있다.

《소프트 밸류》가 양자 이론을 경제 가치론에 도입한 시도를 한 첫 번째 서적은 아니지만 이처럼 체계적으로 이론화한 책은 텅타이 박사의 《소프트 밸류》가 중국에서는 처음이고 현재까지는 유일하다. 현재 중국 경제 발전 단계에서는 특히 이처럼 창조적인 사유가 필요하다. 물론 논점이 다소 미숙한 부분이 있긴 하지만 새로운 발상과 새로운 분석법은 인정할 만하다.

양자 이론의 연구 대상은 자연 현상이고 경제 가치론의 연구는 사회 경제 현상임에도 불구하고 둘 사이에 분명한 연관성이, 특히 깊은 관계가 존재한다는 점은 한 번 더 생각해볼 부분이다. 양자 이론에 대한 이미 많은 사회 경제의 성과물이 존재할 뿐만 아니라, 양자 이론은 다양한 분야에서 핵심적인 역할을 하고 있다. 하지만 이 둘 사이에는 차이도 존재하기 때문에 양자 이론을 그대로 적용하기에는 무리가 있다. 어떻게 양자 이론의 사상과 이론에 관한 과학적 성과를 경제학에 적용할 것인지는 향후 더 자세하고 지속적인 연구가 필요하다.

양자 이론에 대한 짧은 식견으로도 다음의 내용은 특히 눈여겨볼 만하다. 양자 이론에서 보면 객관적인 세계는 사람의 의식을 떠나서는 생각할 수 없다. 외부의 사물을 연구할 때는 반드시 사람의 의식이 개입되게 마련이다. 이 점은 경제 현상을 연구하는 데도 도움이 된다. 즉 경제학 연구 역시 인간의 의식, 즉 관측자의 의식이 개입된다. 이는 전통적 인식론과 큰 차이가 있다. 과거에는 객관적인 규칙이 인간의 의식에 의해 달라지지는 않는다며 사물의 객관성을 강조했다. 인간의 주관적인 인식은 외부 객관적인 사물에 대한 반영일 뿐이라고 강조했다. 또한 인간의 의식이 외부의 객관적인 사물에 어느 정도 반작용을 한다고 인정해도, 객관적인 외부 세계가 1차적이고, 인간의 의식은 부차적인 것으로 여겨졌다. 하지만 양자 이론은 고정관념을 근본부터 뒤집으며 객관적인 외부 세계가 존재한다 해도 그것을 당신이 감지하지 못한다면 그 외부 세계는 당신에게 중첩성과 불확정성을 지닌다고 말한다. 당신이 그것을 감지할 때, 비로소 유일하면서도 확정적인 것으로 변하게 된다고 주장한다. 물론 인간의 주관적인 의식이 모든 것을 결정한다는 의미도, 주관적인 의식이 사물의 근원이라고 인정하는 것도 아니다. 다만 인간의 관측과 인식이 사물을 중첩 상태에서 어느 유일한 형태로의 전환을, 불확정적 상태에서 확정적인 상태로의 전환을 결정한다는 것을 말하고 싶은 것이다. 이러한 관점이야말로 현실적이고 충분한 설득력을 가진다. 이를 기초로 경제학을 관찰 및 연구한다면 그 첫 번째 대상이 바로 가치론이다. 《소프트 밸류》 뒷부분은 소프트 밸류 규칙과 소프트 밸류 실현 요건 등에 관한 내용을 담고 있는데 모두 이를 근거로 제시한 관점이기 때문에 기본적으로 설득력이 있다.

경제학의 발전이 양자 이론의 영향을 받았는가?

양자역학 원리로 경제학 가치론의 발전을 관찰한, 즉 인간의 관측과 체험을 바탕으로 경제 가치의 존재를 '확인'하고 그 크기를 결정한 사례는 서양의 근대 경제학 발전사에서도 찾아볼 수 있다. 우선 양자 이론과 거의 동시대에 출현했던 경제학의 '한계효용의 혁명'을 눈여겨볼 필요가 있다. 한계효용 혁명을 완성한 사람은 주관 효용 가치론의 3명의 창시자, 제본스, 독일의 멩거, 스위스의 왈라스다. 이후 멩거가 창시한 오스트리아 학파(뵘바베르크와 프리드리히 폰 비저가 2세대 주요 대표), 3세대(미제스, 메이어)와 4세대(하이에크, 매클럽)를 지나 세계대전 후 5세대(로스바드, 라흐만, 커즈너 등)부터 신오스트리아 학파로 불리기 시작한다. 중간에 6세대(리조, 라부아, 개리슨, 화이트, 블록, 살레르노 등)를 지나 현재 7세대(셸진, 뵈케, 호르위츠, 프리치트코 등)에 이르렀다. 당시 주류 경제학자가 강조하는 '시장은 공급과 수요의 균형점으로 회귀한다', '시장 경제에는 객관적인 규칙이 존재한다'는 학설과 달리, 이들 학파는 언제나 시장 과정의 불확정성을 강조한다. 또한 기업가의 주관적인 의식과 지식 등이 시장 형성 과정에 영향을 미친다고 주장한다. 이들의 이론에 따르면 경제 과정은 자발성과 불확정성을 가지며, 주관적인 의식으로 관찰한 경제 현상과 규칙만이 확정적이며 믿을 만하다. 이들의 관점은 양자역학과 유사한데, 사람의 관측을 통해서만 불확정적이었던 외부 사물이 확정적으로 바뀐다고 주장하고 있다.

케인스 경제학은 양자역학과 특히 깊은 인연이 있다. 케인스는 양자 이론의 창시자 막스 플랑크와 동시대 사람으로 독일 베를린에서 만나 이야기를 나눈 적도 있다. 케인스는 훗날 마셜을 기념하는 글[1]에서 이 날에 대해 생동적이고 구체적으로 묘사하기도 했다. "저명한 양자역학의 창시자 베를린의 플랑크 교수가 예전에 경제학을 공부하려고 했으나 결국 너무 어려워 포기했다는 말을 했다. 플랑크 교수라면 며칠이면 수리 경제학의 모든 내용을 통달할 수 있었을 것이다. 하지만 그가 어렵다고 말한 것은 그 부분이 아니었다. 경제학은 논리와 직관, 두 가지 능력이 모두 필요하다. 특히 정확하지 않은 사실적 자료에 대한 해박한 지식을 요구한다. 하지만 플랑크와 같은 과학자들은 주로 상대적으로 간단하지만 정확도가 높은 사실에 대한 의미를 탐구하거나 연역법적 사고를 요하기 때문에 경제학이 어렵게 느껴졌을 것이다."

좀 더 자세히 이야기하자면 케인스의 대표작 《고용, 이자 및 화폐에 관한 일반이론》(이하 '일반이론'이라 칭함)에는 따끈따끈한 양자론의 원리가 이미 담겨 있다. 예를 들어 케인스 경제학의 중요한 특징인 인간의 주관적 의식이 경제생활의 변동성에 중대한 영향을 미친다며 경제생활의 불

---

1) J. M. Keynes, 《Essays in Biography》.

확정성을 강조했다. 바로 양자원리와 일맥상통하는 원리다. 다만 그가 이 점을 명확하게 언급하지 않았고, 우리도 그동안 이러한 관점에서 바라보려 하지 않았을 뿐이다. 케인스는 현대 자본주의 사회에 취업 불균형이 일어나는 원인이 유효 수요의 부족 때문이며, 이 유효 수요가 부족한 원인을 3대 심리적 요인 때문이라고 여겼다. 즉 '한계 소비 체감'이 소비 수요의 부족을 결정하고, '한계 투자 체감'과 '유동성 선호 경향'이 투자 수요의 부족을 결정한다. 시장경제 요건 중 기업가와 소비자의 주관적인 인식이 현실 생활 판단(관측)에 미치는 역할을 제일 우선순위에 두고 경제생활의 추세와 흐름을 결정한다고 판단했던 것이다. 이처럼 케인스 이론과 양자 이론은 동시대에 발전했기에 둘 사이에 필연적인 관계가 존재한다.

《일반이론》이 경제학에 미친 가장 큰 공헌은 과거 미시적 차원에서 거시적 차원의 분석을 시도했다는 점이다. 과거 미시적 측면에서 공급과 수요의 균형을 찾고자 했던 것을 거시적 관점에서 그 균형점을 실현하기 위해 각 조건을 연구 및 분석하여 관련 정책을 제안했다는 점이다. 이러한 사고의 맥락 역시 양자 이론의 발전 과정과 일치한다. 양자 이론은 미시적 관점에서 중첩 효과와 얽힘 현상 등을 밝혀냈고, 이후 이러한 인식을 자연계의 거시 운동 규칙에 적용했다. 미시적 관점에서 거시적 관점으로의 확산은 인식의 비약적인 발전을 보여준다.

사실 케인스가 《일반이론》보다 앞선 1921년에 집필한 《확률론》에서는 양자론과 비슷한 세계관이 내포되어 있다. 그는 "세계는 본질적으로 감지할 수는 있지만 불확정성으로 충만하여 우리가 할 수 있는 일은 그저 불확정한 세계에서 최대한 그것을 파악하는 것뿐이다."라고 언급했다. 따라서 빈도에 근거한 귀납법으로는 분석이 불가능하며, 구체적인 수치와 사실을 취합하여 귀납하는 방식 또한 부적절하다. 당연히 확률론과 연역적 추리를 통해 사물의 발전 추세와 흐름 및 규칙을 파악하고 이해해야 한다. 그리고 이후 《일반이론》에서 이러한 분석 방법이 충분히 활용되었다.

케인스는 1946년 세상을 떠났지만 그의 사상은 신고전 종합학파인 새뮤얼슨 등이 여전히 계승하고 있다. 그들은 양자 이론이라는 단어를 사용하지는 않았지만 인간의 신념과 관측 작용을 굳게 믿으며 사회 경제 발전의 불확정성 등을 강조하는 관점을 계승하고 있다. 그뿐만 아니라 이를 더욱 발전시켜 소위 신고전 종합학파를 만들었다. 마셜의 경제학 이후, 서방 경제학의 가치론에 새로운 가치론이 더 이상 등장하지는 않았지만 경제학은 멈추지 않고 발전을 거듭했다. 그 과정에서 양자 이론의 영향을 받지 않았다 할 수 없다. 오스트리아 학파, 케인스 학파, 신고전 종합학파 등과 같은 발전을 거듭해왔다.

가치의 본질은 주체와 객체의 관계, 소프트 밸류 역시 예외는 아니다
'소프트 밸류'라는 개념은 '하드 밸류'에 상대되는 개념으로 소프트 밸류는 비물질 상품의 가치를 말하며 하드 밸류란 물질 상품의 가치를 말한다. 이 두 개념은 가치의 형태를 아주 구체적으로 구분하여 설명하고 있다. 하나는 물질로 볼 수도 만질 수도 있다. 다른 하나는 마치 허상처럼 보이지 않지만 지식·정보·문화·금융 산업 및 기타 서비스 산업처럼 실제로 존재한다. 이처럼 구체적인 묘사를 통해 일반인들도 쉽게 받아들일 수 있도록 설명했다.

경제학 가치에 대한 정의는 지금껏 서로 상이하고 심지어 완전히 대립되는 경우도 있었다. 하지만 결국 주체와 객체의 관계로 귀결되며 이것이 경제학 가치론의 주류를 이룬다. 우리 모두 알고 있는 현대 경제학과 고전 경제학의 기초를 다진 애덤 스미스의 《국부론》은 두 가지 가치론을 제시했다. 하나는 상품의 가치가 '수고로움과 번거로움'이라는 노동 가치설이고, 또 다른 하나는 상품의 가치가 보수·이윤·지대 등의 '3대 소득'으로 귀결된다는 이론이다. 프랑스 경제학자 세이는 전자를 버리고, 후자를 노동·자본·토지 등의 3요소로 수정했다. 애덤 스미스의 충실한 계승자 리카도는 노동 가치론을 고수하며 이를 바탕으로 자신만의 경제학 이론 체계를 확립해 나갔다. 하지만 노동 가치론으로는 자본주의 조건하에 가장 중요하고도 가장 보편적인 두 종류의 상품 교환(하나는 노동과 자본의 교환, 다른 하나는 이윤과 노동의 비율이 아닌 이윤과 자본량의 비율)에 대해 설명할 수 없었고 결국 노동 가치론의 붕괴와 리카도 학파의 해체를 초래했다. 이는 매우 중요한 의의를 지닌다. 이후 경제학 이론의 기초인 가치론은 고전파 노동 가치론에 이별을 고한다. 그리고 효용 가치론-생산 원가론-한계효용 가치론인 주관 효용 가치론 그리고 주관 평가에 기초한 한계 비용론과 한계 효용론을 종합한 가치론의 계보를 잇게 된다. 물론 그 사이에도 수많은 변화와 기복이 있었지만 결국 가치는 주체와 객체 사이의 관계, 즉 상품과 인간의 수요 사이의 관계에 대한 관점과 이론으로 귀결되며 지금까지 그 명맥을 이어오고 있다. 이는 철학적 의미의 가치, 즉 주체와 객체라는 통일된 관점이다.

여기서 말하는 주체와 객체의 관계는 주관과 객관의 관계가 아니라, 두 개의 객관적으로 존재하는 실체 간의 관계를 의미한다. 즉 인간의 수요 자체(주체)와 그 수요를 충족시켜주는 상품(객체)처럼 객관적인 존재이자 주관적인 수요와 관련한 객관적 사실을 의미한다. 20여 년 전 다원화 요소 가치론을 제창했을 때만 해도 나는 그것이 양자론에서 강조하는 핵심 이론인 외부 사물(가치 현상 포함)에 대한 인지라는 것을 알지 못했다. 반드시 주체가 객체를 관측 및 인지해야 한다는 사실과 관련이 있다고는 생각지 못했다. 《소프트 밸류》로 나는 주류 가치론이 양자 이론과 완벽하게 일치한다는 사실을 깨닫게 되었다.

《소프트 밸류》의 저자 텅타이는 뉴턴 물리학이 주도하는 제조업과 그 물질적 자산에 대해서만 전통 가치론이 여전히 유효하다고 말한다. 즉 '하드 밸류'는 다원화된 물질 요소에 의해 결정되며, '소프트 밸류'의 원천은 거의 '창조적 사유와 기능적 활동'에서 기인하고 기타 물질적 요소의 작용은 없거나 거의 적다고 판단하고 있다. 하지만 이 점은 좀 더 생각해보아야 할 부분으로 다음과 같이 이야기하는 것이 더 타당하지 않을까 싶다. 사유와 활동은 그 발생하게 된 환경을 벗어나서 생각할 수 없기 때문에, 기타 요소의 역할도 무시할 수는 없다. 그 밖에도 가치는 소프트이든 하드이든 거의 모두 공통의 가치와 창조 원천을 지니고 있다. 즉 가치가 소프트이든 하드이든 모두 주체와 객체 사이의 관계로 나뉜다. 이는 경제생활의 현실에 가장 부합하고, '가치'라는 범주에 가장 일반적이고 가장 보편적인(그 철학적) 의미와도 잘 맞아떨어진다.

결론적으로 말하자면 《소프트 밸류》는 양자 이론의 시각과 관점에서 현대사회의 경제 현상을 새롭게 관찰하여 일련의 결론을 도출한 책이다. 그렇게 도출된 창조적 사유 방식과 참신한 사고의 방향은 매우 긍정적이고 고무적이며 칭찬할 만하다. 다만 좀 더 다듬고 발전시킬 필요가 있다. 우리는 《소프트 밸류》 작가 텅타이가 정상에 서서도 부단히 정진하며, 현재 자연과학 성과와 현대 경제학의 접목을 끊임없이 시도하여, 더 많은 성과를 거둘 수 있기를 기원한다.